前80年代，全イタリアを巻き込んだローマの内乱の後，イタリア各地の都市に
退役兵植民が実施され，それら都市は存続の危機に直面した。本書は，対象都市の立場や経緯のほか，
特に地方貴族のローマとの交渉を分析し，これまで見えなかった，帝政ローマへ至るまでの
イタリアのあり方，イタリアに政治的一体化がもたらされた道のりを明らかにする。

Sulla's Veteran Settlement and Its Impact in Italy

北海道大学大学院文学研究科
研究叢書

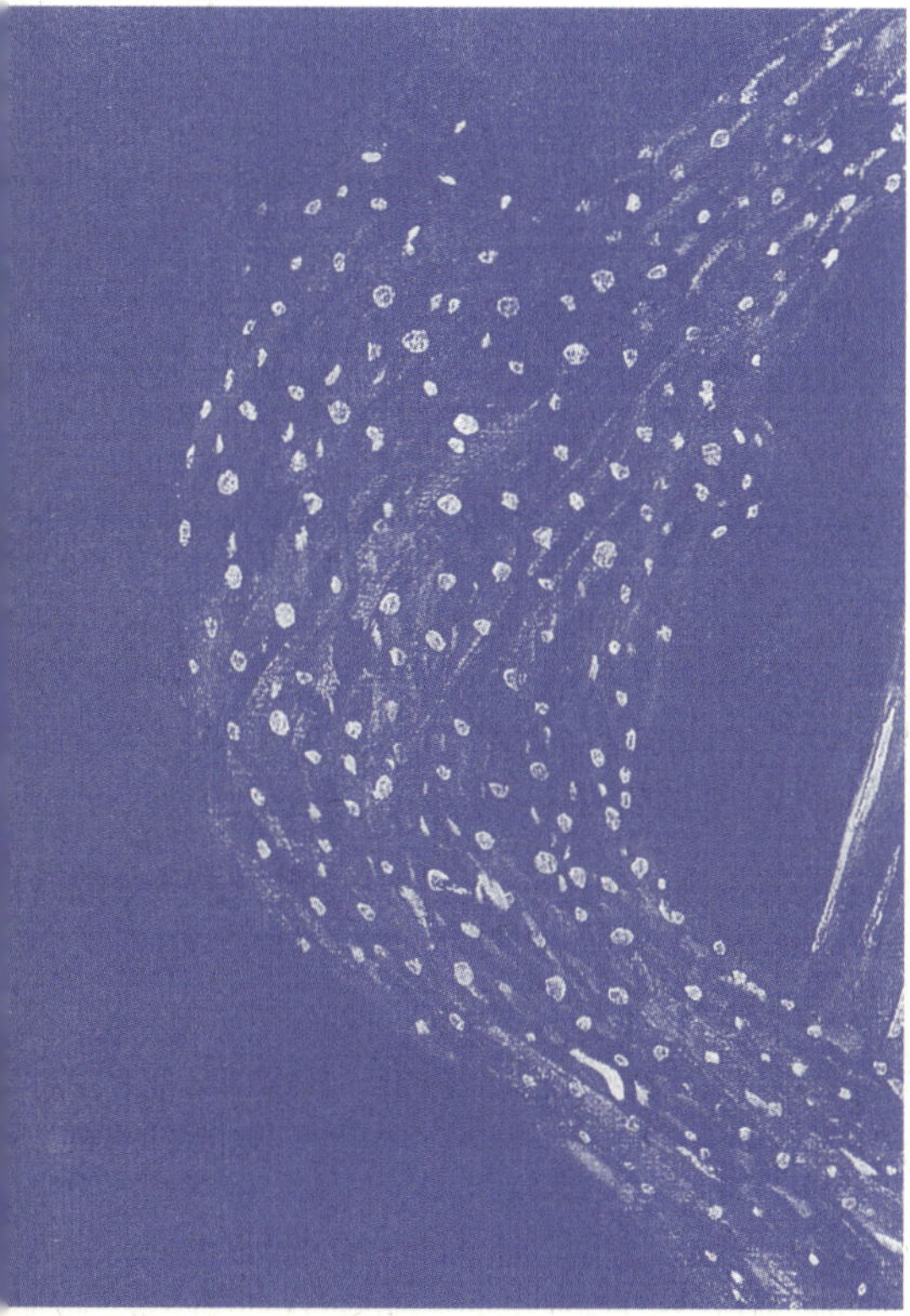

共和政ローマの内乱とイタリア統合

退役兵植民への地方都市の対応

砂田 徹

北海道大学出版会

研究叢書刊行にあたって

北海道大学大学院文学研究科は、その組織の中でおこなわれている、極めて多岐にわたる研究の成果を、より広範囲に公表することを義務と判断し、ここに研究叢書を刊行することとした。

平成十四年三月

目次

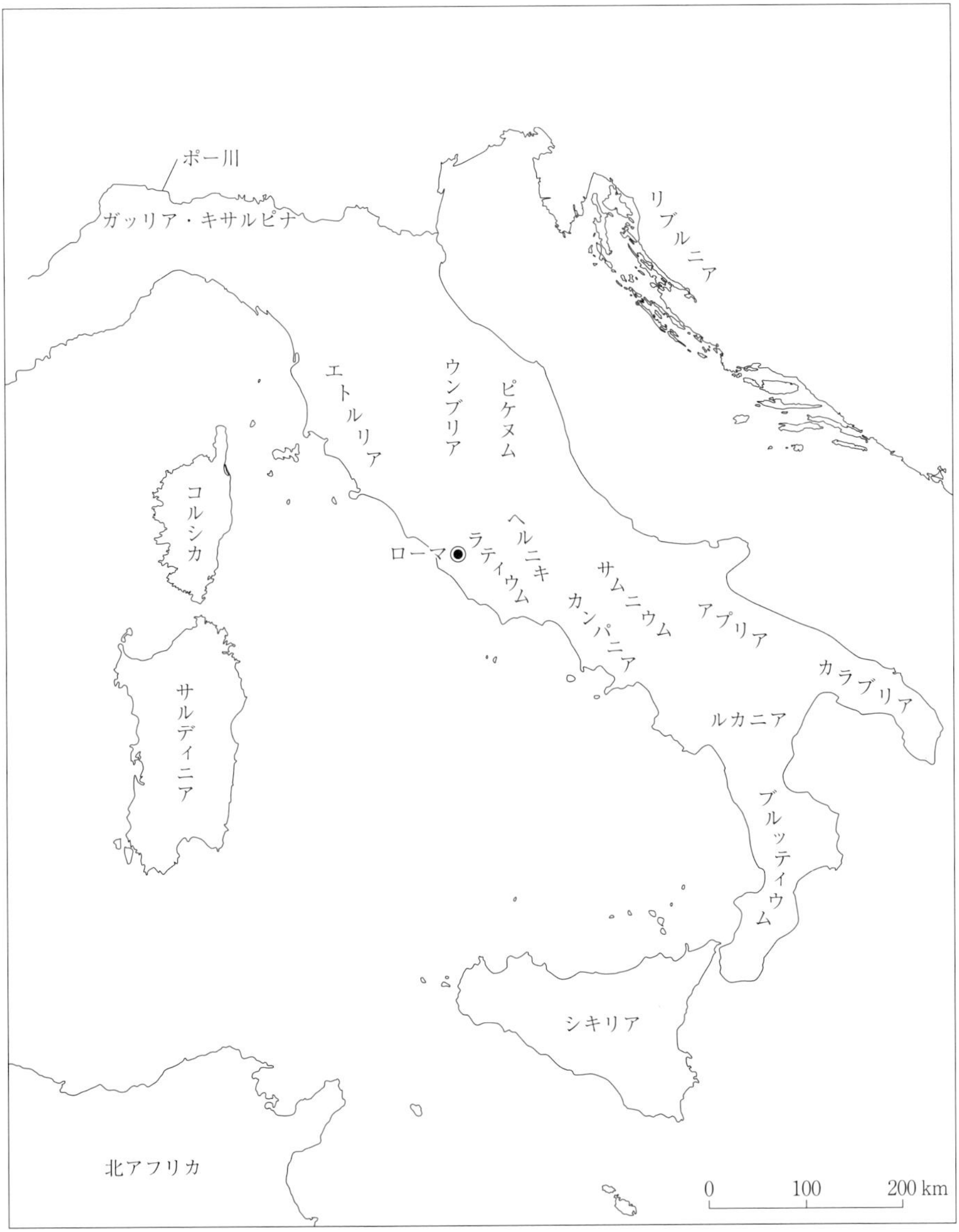
ポー川
ガッリア・キサルピナ
リブルニア
エトルリア
ウンブリア
ピケヌム
コルシカ
ヘルニキ
ローマ
ラティウム
サムニウム
カンパニア
アプリア
カラブリア
サルディニア
ルカニア
ブルッティウム
シキリア
北アフリカ
0
100
200 km

イタリアの地方

序章　課題と方法

1　本書の課題

古代ローマは、一都市国家として出発しながらも世界帝国の形成にいたったが、その過程において長いイタリア支配の歴史を持っていた。このローマによるイタリア支配を「征服」と呼ぶにせよ、「統一」「統合」と呼ぶにせよ、あるいは「同盟」「連邦」と呼ぶにせよ(1)、その終着点は前九一年に勃発した同盟市戦争と全イタリアへのローマ市民権付与に求められるのが一般的といってよいだろう(2)。

前九一年時点のイタリアには、少なくともローマ市民と同数の、多ければその二倍にあたる同盟市民が住んでいた。同盟市民とはその名の通りローマと同盟関係にあった人々のことである。彼らは法的には、独立した政治共同体の構成員をなしていたが、しかし外交・軍事面では実質的にローマに従属していた。ローマのイタリア支配にとって大きな試練であったハンニバル戦争が終わるや、イタリア内においてローマの支配は次第に横暴化し、他方で、ローマの支配圏の拡大にともないローマ市民権の価値が高まってきた。このような状況の変化を受けて、同盟市民はローマ市民権を求めるようになる。前九一年、それを実現しようとする護民官ドルススの改革が挫折するや、彼らは蜂起にいたった（同盟市戦争）[3]。同盟市民との戦争は、これまで共に戦ってきた人々との戦争を意味する。この危機的状況をいち早く理解したローマは早々に譲歩し、前九〇年、蜂起に参加しなかった人々およびすでに武器を置いている人々に対して、ローマ市民権の付与を決定した（ユリウス法）。最後まで戦っていたイタリア中南部のサムニウム人や南部のルカニア人など、その後に降伏したイタリア人もおそらく前八七年までにはローマ市民権を手にしたものと思われる。こうして、ローマによるイタリア支配は終わりを告げ、ポー川以南の全自由人にローマ市民権が付与され、イタリアはローマ市民が居住する均質な空間になったとされてきたのである。同盟市戦争＝ローマ市民権付与はまた、「都市国家」から「領土（領域）国家」への転換点とされることもある[4]。

もちろん私も、このように同盟市戦争をローマ史上の一大画期とすることに異論はない。というよりむしろ、わが国の歴史教科書や概説書では、この点の強調が不十分ではないかとさえ思っている。しかしここで気掛かりなのは、転換点としての同盟市戦争の意義が強調されればされる程、それ以降のイタリアの姿が見えにくくなっているのではないかという点である。というのも、ローマによるイタリアの統合にとって、同盟市戦争＝ローマ市民権付与はあくまでもその道半ばにすぎず、多様な制度と伝統を有するイタリアにおいて、市民権の付与だけでは政治的・社会的な一体化は不可能であったと考えられるからである。イタリアがローマの一部となっていくための道のり、あるいはローマがイタリアを含み込んだローマとなっていくための道のりは[5]、少なくともアウグストゥス時代まで続くといえよう。ちなみにこれは、R・サイムの『ローマ革命』の時期にあたるが[6]、この魅力あふれる学説と本書の主張との異同については、本論での考察を経たのち終章で改めて論じることとしたい。

同盟市戦争後のイタリアの姿が見えにくくなっている一因は、この時代の性格そのものにある。同盟市戦争後の時代は、周知のごとく、ローマが帝政へ向けての最終段階を迎えた時期にあたる。グラックス改革以来の政治闘争は一段とエスカレートし、ローマは何度かの内乱を経験した。マリウスとスッラの内乱、ポンペイウスとカエサルの内乱、そしてアントニウスとオクタウィアヌス間の内乱と続き、われわれの目はつい有力政治家が躍動する内政史へと向けられがちとなるのである。他方、この時代は、ローマによる対外的な関与が一段と活発化した時期でもあった。すでに前二世紀半ばの時点で地中海世界の最大勢力となっていたローマは、東方ギリシア世界やガッリアでさらなる征服戦争を展開した。東方では、ヘレニズム世界の強国であったセレウコス朝シリアやプトレマイオス朝エジプトを最終的に滅ぼし、その領土を併合している。また、ガッリアはカエサルによりローマ領とされた。そこで、視野は「帝国」全体へと一気に拡大するのである。カエサルの例に見られるように、属州で力を蓄えた軍隊指揮官が翻ってローマの内政へと介入するという点で、内乱と「帝国」支配とは密接に関連してもいた。そしてこのような状況を反映してか、ローマと「帝国」との中間に位置するこの時代のイタリアのあり方は盲点となってきたように思えるのである。しかしながら、先述のごとく、ローマによるイタリアの統合過程を見ていくためには、少なくともアウグストゥス時代までのイタリアに注目しなければならないであろう。

このような問題関心のもと、本書は同盟市戦争後のローマによるイタリア再編あるいはイタリア統合の過程を解明することを大きな目的とし、そのための手がかりとしてまずはスッラの退役兵植民を考察することにした。それにしても、なぜスッラなのか、またなぜ退役兵植民なのか、この点についてもう少し説明していく必要があるだろう。

2　なぜスッラの退役兵植民なのか?

一般的にいって、同盟市戦争後のイタリアで何が起きていたのかを直接史料から読み取るのは難しい。ローマ市民権を付与された同盟市はローマの自治都市(ムニキピウム)となるが、[7]順調にローマの一部となっていった同盟市民の動向を、史料はほとんど語らないからである。ローマへと組み込まれていく過程において摩擦・軋轢が生じた場合に初めて、われわれはそれを捉えることができるといえよう。そこで本書において注目したのが、前八二年に独裁官となったスッラの「イタリア政策」である。同盟市戦争の結果、大量の新市民を受け入れることになったローマは、著しく拡大した市民団をどのように編成するのかという、ローマ市民団再編の問題に直面した。ところがローマは、その直後に最初の内乱(「前八〇年代の内乱」)へと突入したため[8]、この課題は内乱の勝者であるスッラの手に委ねられることとなった。スッラは、周知のごとく、〈友 - 敵〉関係の区分をとりわけ重んじた政治家である[9]。それゆえ、スッラに対抗するマリウス - キンナ派に与したいくつかの都市は、戦後に共同体として存続の危機に直面した。そこで、これらの都市の体験、つまりローマとの摩擦・軋轢を通して、同盟市戦争後のイタリアで一体何が起きていたのかについてわれわれは知ることができるようになるのである。

ところで、スッラといえば、「冷血な独裁者」あるいは「頑迷固陋な保守政治家」といったイメージで捉えられがちである。しかし彼は、古代ローマの歴史において稀有な改革者でもあった。スッラが実施した広範囲な改革の中には、カエサルやアウグストゥスによって実質的に引き継がれたものも少なからずある。共和政期の政治家としてスッラに匹敵するのはガイウス・グラックスぐらいであり、この点でカエサルはこれまで過大評価されてきたと私は思っている[10]。スッラの改革はイタリアに関するものだけでも多岐に及ぶが[11]、中でもその影響力という点からして重要なのが退役兵植民である。ここではそれを伝統的なローマの植民政策の中に位置づけることにより、なぜ退役兵植民を考察するのかをより明確にしていこう。

王政期あるいは共和政初期からアウグストゥス時代にかけて、イタリアには約一五〇の植民市が建設されたといわれている[12]。共和政期のローマは、「ローマ市民植民市」と「ラテン植民市」という二種類の植民市を使い分け、イタリア支配を進めていったのである[13]。ローマ市民植民市はその名の通りローマから送り出されたローマ市民からなる植民市であった。基本的な定員は三〇〇名と少人数ながらも軍事的な要衝に建設され、それはまさにローマの一部としてローマ支配の安定化に寄与した[14]。他方、ラテン植民市は、その名が示すように、もともとはローマ人が近隣に住む他のラテン人とともに作った植民市である。しかし、ローマ人と近隣のラテン人とが戦いローマ人が勝利したラテン人戦争（前三四〇～三三八年）以降になると、新たに建設されるラテン植民市にはローマ人の占める割合が多くなっていったとされている。その規模はというと、六〇〇〇名になる場合さえあった。ローマ市民植民市とラテン植民市の大きな違いは、ラテン植民市が法的には独立の都市国家を形成したという点にある。すなわち、ラテン植民市はたとえその大部分がローマ市民からなっていた場合でも、構成員は当該植民市建設の時点でローマ市民権を失い新たな植民市の市民となったのである。とはいえ、これにより彼らとローマとの関係が絶たれたのかというと、もちろんそうではない。たとえば、ハンニバル戦争時にはひとつのラテン植民市もローマから離反することはなかったし、また同盟市戦争時には、地政学的な理由から同盟市民側についたウェヌシアを除いてすべてがローマ側についた。つまりラテン植民市は、イタリアに危機が到来した際、常にローマを支持し続けローマのイタリア支配に貢献していたのである。

さて、このようなローマの植民政策も、前一世紀に入ると、その性格が大きく変化すると考えられている[15]。帝政期の歴史家ウェッレイウス・パテルクルスは、前一〇〇年建設のエポレディア植民市に関連させて、「この年以降に関し、軍事要衝以外の植民都市を挙げるのは容易ではない」と述べている（Vell. Pat. 1. 15. 5）。ちなみにエポレディアは、マリウスの退役兵のために北イタリアに建設された植民市である。このウェッレイウスの記述をもとに、前一〇〇年以降の植民市を「軍事植民市」（coloniae militares）と呼ぶのが一般的であるが、それに対しては、植民市研究の大家であるE・T・サーモンが強く反発している。前一〇〇年以降も軍事的ではない多くの植民市が建設されたし、他方で、それ以前にも退役兵のための植民市が存在したという理由からである[16]。しかしながら、サーモン自身も認めるように、退役兵への配慮が植民市建設の主たる目的となったのはやはり前一〇〇年以降といってよいだろう。スッラの退役兵植民も基本的にはこのパターンに当てはまる。それは、東方でポントス王国のミトリダテス六世と戦った兵士、あるいはイタリア帰還後の内乱でスッラとともに戦った兵士への配慮であった。

この退役兵植民という現象は、わが国でもよく知られたマリウスの「兵制改革」および「軍事的クリエンテラ」と呼ばれる保護＝被護関係と密接に関連してくる。すなわち、マリウスが無産市民を軍隊に登録したことにより、除隊後に土地獲得を望む兵士が増加し、将軍たちもそのような要求を無視することができなくなった。またこれにより、除隊後もかつての指揮官と一般兵士との間には緊密な結びつきが継続し、その種の人的結合関係は指揮官＝有力政治家にとっての重要な権力基盤になっていた、とする理解である。このうち、マリウスの「兵制改革」の問題点については、かつて論じたことがある。[17] また、除隊後における兵士と旧指揮官との強い結びつきを想定する「軍事的クリエンテラ」論に関しても、その過大評価に対する批判が以前から見られ、私も基本的にはこの批判的立場に与する。たとえば、スッラの死去(前七八年)以降の前七〇年代は「スッラ体制」の崩壊期にあたるが、この時期、イタリア各地に入植したスッラの退役兵たちが、ローマ政界の動向に呼応して「スッラ体制」の維持に努力していたようには思えない。[18] ポンペイウスやカエサルの時代以降はともかく、本書で取り扱うスッラ時代において、「軍事的クリエンテラ」の存在はかなり疑わしいといえようか。

話をもとに戻そう。イタリア内における退役兵の植民は、同盟市戦争後に特殊な意味合いを帯びてくる。というのも、それ以前の植民は、征服地の一部を利用したものや、ハンニバル戦争後に見られたように離反した同盟者への処罰によるものなど、イタリア内における「敵」への対処を基本としていた。それに対して、全イタリアにローマ市民権が付与された後の植民政策は、同胞市民を排除した形での植民、あるいはその傍らへの植民とならざるを得ないからである。[19] もちろん、スッラの場合にもそれに先行して「前八〇年代の内乱」が生じているので、「敵」への対処といえなくもない。しかし退役兵植民によって不利益をこうむる住民が法的に「ローマ市民」なのかどうか、この違いは植民を実施する側とそれを受け入れる側双方に大きな影を落とすことになるだろう[20]。

この点を鋭く衝いた同時代人としてカエサルがいる。アッピアノスによれば、カエサルは次のようにスッラを批判したという。すなわち、スッラは土地所有者から土地を奪って植民を実施し、旧所有者と植民者とを一緒に住まわせた結果、彼らの間には永続的に敵対関係が存在することになった。それに対して自分は、公有地か自らの土地を分配し、さらに必要な分は追加で購入する予定であると(App. *BC*. 2. 94)。またスエトニウスの記述によれば、カエサルは「[軍団の古兵には]畠地も分配したが、所有者を一人も追い立てないように、飛び飛びにあちこちの土地を与えた」(Suet. *Iul*. 38. 1)という。カエサルは、同じ独裁官としてスッラを強く意識しスッラとの差異を強調しがちなだけに、この発言も一種のプロパガンダとしての性格を持っている。カエサルがどこまで自らの主張を実践したのかは疑問の余地があろう。だが、カエサルはスッラに続いてイタリアで大々的な退役兵植民を企画した政治家であっただけに、スッラの政策の本質を見抜いていたのかもしれない。ちなみに、スッラに先立つマリウスの退役兵植民においては、この問題は巧みに回避されていた。というのも、マリウスのために前一〇三年と前一〇〇年にこの問題を処理した護民官のサトゥルニヌスによって実施された退役兵植民の場所は、アフリカ、アカイア(ギリシア)、マケドニア、シキリア(シチリア)、コルシカといった、あくまでもイタリア外の土地だったからである。北イタリアに作られた前述のエポレディアにしても、そこはガッリア・キサルピナ(「アルプスのこちら側のガッリア」の意：ポー川の流域)と呼ばれる属州の地であった[21]。

以上の事情からして、同盟市戦争後にイタリアで生じた摩擦・軋轢を捉えるにあたって、スッラによる退役兵植民は格好の素材を提供するのではないかと予想されるのである。

3　本書の方法

前項で述べたような問題の考察にあたって、スッラに関する研究や、[22]植民市に関する研究[23]が基本文献となるのはいうまでもない。このうち、スッラの退役兵植民に関する研究動向については、第二章で少し詳しくふれる予定である。しかしながら、本書はスッラの退役兵植民を素材としてあくまでもイタリアの実態を解明していくことを目的としているので、そもそもこの種の研究とは問題関心を異にしている。そこで、むしろ重要となってくるのが、「イタリア研究」とも呼べるような分野の研究である。[24]たとえば、『ケンブリッジ古代史』新版第一〇巻（前四三年から紀元後六九年に当てられた巻）には、「スッラからアウグストゥス時代にかけてのイタリアとローマ」と題するM・クロフォードの論文が収められている。[25]クロフォードはまず、ムニキピウム（自治都市）化や都市法など都市制度の確立といった観点から同盟市戦争後の変化を論じた後、言語、宗教、家族制度そして埋葬の様式といった文化的な側面からイタリアの変容を問題とする。全体としての主張は、アウグストゥス時代にいたってかなりの画一化がイタリアにはもたらされたという点にあるようだが、その際、この画一化をもたらした要因として住民移動が挙げられ、それとの関連でイタリア内での退役兵植民が論じられているのである。ちなみに、住民移動は、デモグラフィ（人口動態・歴史人口学）研究の進展もあって、最近頓に注目されている研究領域のひとつである。[26]

このように「イタリア研究」は、植民市を研究するにあたって、非常に示唆に富む指摘を含んでいる。しかしこの種の研究にあっても、個々の植民市の姿は全くといってよいほど見えてこない。あくまでも全体としてのイタリアが問題とされているからであろう。そこでこの状況を打開するために本書が依拠したのが、イタリア各地で進行している地方史研究の成果である。具体的には以下の諸章で見ていくように、イタリアの各地では考古学調査の進展と相まって、非常に活発に地方史研究が展開され、多大な成果が生み出されてきている。それを本書では最大限に利用すべく努めた。ただし、この地方史研究にも独自の課題が残されている。それは、地方史研究をそれだけで完結させることなく、いかにしてローマ史研究に架橋するのかという点である[27]。幸いスッラの退役兵植民は、ローマの内政史研究と地方史研究とが比較的ストレートに結びついてくるテーマといえるが、この点の取り扱い方をめぐって、本書が大きな影響を受けているのがF・サンタンジェロの近著である[28]。

サンタンジェロの研究は、「帝国」形成という観点から政治家スッラの再評価を試みたものであり、その際、東方ギリシア政策と並んでイタリア政策が柱のひとつとなっている。サンタンジェロによれば、ローマの帝国支配を理解する鍵は、地方エリート(domi nobiles)とローマ・エリートとの友好・協力関係にあるという。そして、この友好・協力関係は前九〇～八〇年代に一旦破壊されたが、その再構築こそが政治家スッラの課題であったとするのである。スッラのイタリア政策は、従来、もっぱらネガティヴな側面のみが強調されがちであっただけに、これはその再評価を促す斬新な視点といえよう。またその際、イタリアの地方史研究の成果をもとに地方レベルでの権力の再編が問題とされ、中央政界で生じたことがいかにイタリアの隅々にまで影響を与えたかが指摘されているのである。

もちろんこのサンタンジェロの研究においても退役兵植民は取り上げられている。しかし、政治家スッラの再評価という課題からして当然のことながら、中心に据えられているのはあくまでもスッラの施策である。それに対して本書は、地方貴族(地方エリート)の動向に焦点を当て[29]、イタリア地方都市の側にもう少し視点をずらす形でサンタンジェロの研究を発展させることにした。すでに述べてきたように、同盟市戦争および前八〇年代の内乱の結果として危機に直面した都市は、あらゆる手段を駆使してこの難局を乗り越えようとしたが、そこにあって重要な働きを示したのが当該都市の地方貴族(地方エリート)であったと思われるからである。なるほど、このような地方貴族(地方エリート)の存在とその役割は、共和政ローマによるイタリア支配の考察において以前から注目されてきた。たとえば長谷川博隆氏は、同盟諸市の有力者（「都市貴族」「イタリア貴族」）とローマの元老院議員（「ローマ貴族」）との連携をもとにローマのイタリア支配が貫徹していったとし、そのメカニズムを非常に明快に提示している[30]。それに対して本書における考察の力点は、どちらかといえば地方貴族（地方エリート）が自己の利害だけではなく都市共同体の生き残りのために果たした役割に置かれている。このような役割の重要性は、まさに同盟市戦争後に顕著になるといえよう。

N・テッレナートの研究では、彼ら地方貴族（地方エリート）は「界面」(interface)に位置する人物と表現されている[31]。各都市とローマとの間にあって彼らはどちらにも所属し、まさに二つの世界を生きる人物として両者を結びつける役割を果たしていたのである。また、そのような彼らの活動は、「交渉」(negotiation)と表現されている[32]。ここで「交渉」と呼ばれているのは、時には公式のルートを通じて、しかしその多くは人的結合関係（姻戚関係や友誼関係や保護＝被護関係）を駆使して、地方貴族が彼ら自身とその都市共同体のために展開した活動のことである。同盟市戦争後のイタリア再建・再編という点で強調されるべきは、サンタンジェロの指摘するスッラのイタリア政策そのものというより、むしろそれによって引き起こされた事態にどう対処していくのかをめぐる地方都市と地方貴族によるこの種の模索だったのではなかろうか[33]。ローマ政界で活躍した政治家たちに比べ、彼ら地方貴族の活動は歴史の表面に現れ出ないのが常であるが、本書では、プロソポグラフィ（人物研究）の成果を用いて、時には史料的にギリギリのところまで推測をめぐらしながらこのような人々の析出に努めた。

4　本書の構成

最後に、本書の構成を簡単に述べておこう。まず一章を設けて、「前八〇年代の内乱」について論ずる。やや煩雑なきらいはあるものの、その経過を少し詳しく取り上げることにしたい。この内乱は、わが国ではこれまでほとんど紹介されることがなく、しかもスッラの退役兵植民を考えるにあたって非常に重要な前提となるからである。ついで、スッラの退役兵植民の概要と研究史を紹介するが（第二章）、そこでは、スッラの略歴と彼の独裁官職の特色についてもふれることにする。その後、順に、カンパニア地方のポンペイ（第三章）、エトルリア地方のファエスラエ（第四章）、同じくエトルリア地方のウォラテッラエとアッレティウムとクルシウム（第五章）、そしてカンパニア地方のカプア（第六章）といった諸都市を取り上げていく。これらの都市を取り上げた理由は、主に史料の残存状況にある。事情はそれぞれに異なってはいるものの、いずれの都市の場合も、ローマとの関連で比較的多くの史料が残されているのである。しかしそれだけではない。これらの都市の選出にあたっては、様々なパターンを窺うことができるという点も重要視した。同一の枠組みでのこととはいえ、個々の都市の体験は、時に大きくまた時に微妙に異なっていたのである。

このような構成からして、本書はスッラの退役兵植民についてその全体像の提示を意図するものではない。繰り返しとなるが、本書は、イタリアの地方史研究の成果をローマ史研究の文脈で読み直しながら、スッラの退役兵植民がイタリアに与えたインパクトを、あくまでもいくつかの地方都市の具体的な体験に即して捉え直そうとした試みである。これは、イタリア内の地方都市がその生き残りをかけてローマ当局とやり合った駆引きの歴史であり、いずれイタリア内の諸都市と皇帝権力（ローマ当局）との駆引きとして帝政期へと引き継がれていくことになる。(34) つまり、本書が取り上げたのは、帝政期に皇帝権力とイタリア都市との関係が生み出されてくる前段階の歴史といえるが、従来の研究においては、同盟市戦争後からアウグストゥス時代へかけての、まさにイタリア都市の変容期の解明が不十分だったのである。スッラの退役兵植民を手がかりに、このイタリア都市の変容の一端を明らかにしていくこととしよう。

註

（1）ローマによるイタリア支配については、以下の文献が重要である。長谷川（一九六三／二〇〇一）、吉村（一九八一）、石川（一九九一）、岩井（二〇〇〇）、毛利（二〇〇七）（二〇〇九）（二〇一〇a）（二〇一〇b）。他に砂田（二〇〇八b）。また当該期の政治体制については、安井（二〇〇五）参照。
（2）平田隆一氏は、古代イタリア史を単なるローマの征服と支配の歴史としてではなく、「イタリア諸民族間の相互関係」として捉えるべきとの指摘のもと、国制史的画期を四つ挙げている。すなわち、（i）王政都市国家の形成（前七世紀）、（ii）貴族政的共和政の成立（前六世紀後半〜前五世紀）、（iii）ローマ「拡大キウィタス国家」の成立（前三三八年）、（iv）「イタリア国家」（「Civitas-municipia 体制」）の成立（前八九年）、がそれである。このうち最後の（iv）が同盟市戦争＝ローマ市民権付与にあたるが、これによってもたらされた国制は、帝政の成立を越えて基本的には二一二年のアントニヌス勅法まで続くという。平田（一九八二）、三三五―三四一頁。
（3）同盟市戦争に関する新しい研究としては、Dart（2014）; Bispham（2016a）参照。
（4）詳しくは、長谷川（一九六六／一九七一／二〇〇一）、四一七頁参照。邦語文献の事例としては、桜井／本村（一九九七）、二九三頁。
（5）Crawford（1996a）, 414 は、ローマの「イタリア化」（Italianization）と表現する。
（6）サイム（一九三九／二〇一三a）（一九三九／二〇一三b）。
（7）以後、この「自治都市」（municipium）と「植民市」（colonia）を合わせて「地方都市」、あるいは「都市共同体」と呼ぶこともある。
（8）「前八〇年代の内乱」に関して詳しくは、第一章参照。
（9）〈友‐敵〉関係といった表現は、カール・シュミットの論にもとづく。カール・シュミットの政治思想については、『田中浩集　第三巻　カール・シュミット』未来社、二〇一四年に収められた諸論考参照。
（10）黒田日出男責任編集『歴史学事典　12　王と国家』弘文堂、二〇〇五年、〈カエサル〉（砂田執筆）の項目参照。
（11）Dahlheim（1993）.

(12) Patterson (2006a).

(13) 関連するモノグラフとしては、Salmon (1969) が今もって基本となる。わが国における研究としては、石川（一九九一）参照。

(14) もっとも、前二世紀になると二〇〇〇人規模のものも建設されている。

(15) たとえば、石川（一九九一）、六二頁。

(16) Salmon (1969), 128. 前二世紀における退役兵植民の重要性を強調する研究としては、Tweedie (2011) がある。

(17) 砂田（一九八六）、二二頁。

(18) Marshall/Beness (1987); Dzino (2002). Santangelo (2014), 2 は、スッラの退役兵が集団で活動したのはスッラの葬儀が最後とする。

(19) Broadhead (2007), 158.

(20) この問題を史料がどのように記述しているかについては、Patterson (2006a) 参照。

(21) Lintott (1994), 95, 98-99.

(22) スッラに関して、近年、最も活発に研究を行っているのはキーヴニーである。特に、Keaveney (2005) は、参考文献はもちろんのこと本文自体も改訂されており現時点での基本書といえよう。同書の初版 Keaveney (1982c) については、拙評『西洋古典学研究』三四号、一九八六年、一二五―一二七頁参照。

(23) 本書が対象とする時代より少し下るものの、三頭政治時代からアウグストゥス時代にかけての退役兵植民に関しては、Keppie (1983) が基本書である。また、古代ギリシアにおける植民市に関する研究としては、篠崎（二〇一三）が、とりわけ入植者と土着住民とのかかわりを考える際に非常に参考となった。

(24) Dyson (1992); Galsterer (2006); Patterson (2006b) (2016); Lomas (2004/2014); Bispham (2016a) (2016b). 日本語で読めるものとしては、ラッフィ（二〇〇二）が極めて重要である。

(25) Crawford (1996a).

(26) Scheidel (2006); Patterson (2012).

(27) 坂井聰氏はポンペイに関して、この点を「小歴史」=ポンペイと「大歴史」=ローマ世界の「交点」と表現している（二〇一三年一二月一五日開催の「属州研究会」の報告レジュメによる）。

(28) Santangelo (2007). 同書については、拙評『西洋古典学研究』五九号、二〇一一年、一五七―一五九頁参照。

(29) ラテン語史料では、domi nobilesと、研究書では、「地方貴族」(local aristocracy)、「地方エリート」(local elites)、あるいは「名望家」(notables)等と表記される。共和政期ローマの研究においては、「地方エリート」が一般的か。本書では、「地方貴族」と「地方エリート」をあまり区別することなく用いたが、「地方貴族」の語を用いた場合には、「地方エリート」の中でもとりわけ伝統的な名門家系といったニュアンスを込めている。

(30) 長谷川(一九八六/二〇〇一)。

(31) Terrenato (1998), 108.

(32) Terrenato (1998), 107-109; Santangelo (2007), 189-191.

(33) ただし、サンタンジェロはごく最近の論考では、カエサルとポンペイウスとの内乱期以降にまで時代を下りながら、イタリア都市の生き残り戦術＝「交渉」の方を強調している。Santangelo (2016).

(34) 帝政期になると、都市の正式の決議により都市の保護者(都市パトロン)が選任され、この種の都市パトロンは、各都市の便宜のために皇帝との仲介役になるとともに、各都市に様々な善行(公共建築物の建設、金銭や不動産の贈与、各種競技・宴会の主催等々)を施していたことが知られている。帝政期イタリアの都市パトロンについては、島田(一九九〇)(一九九二)、飯坂(二〇一四)参照。また、帝政期の都市全般については、新保(二〇一六)に収められた諸章が詳しい。

第一章　前八〇年代の内乱
――退役兵植民までの過程――

はじめに

独裁官スッラによる退役兵植民の前提となったのは前八〇年代の内乱である。ここでいう「前八〇年代の内乱」とは、前八八年のスッラによる「ローマ進軍」で始まり前八二年末にスッラの最終的な勝利で終わった一連の争いを指している。これは、同盟市戦争後にそれと連動して生じたローマ最初の内乱であった。

「前八〇年代の内乱」は、わが国の概説書等では「マリウス対スッラ」の内乱として紹介されるのが一般的である。だが、マリウス当人はというと、前八六年に七度目の執政官に就任した直後、つまり内乱のかなり早い段階で没している。なるほど、内乱の最終段階でマリウスの息子である小マリウス(1)が執政官として担ぎ出されていることからも窺われるように、彼の名前は大きな影響力を持ち続けていた。しかしながら、マリウスの死後、この党派の実権を握ったのはキンナという政治家であった。それゆえ、前八七年から前八四年までは、「キンナ時代」(Cinnanum tempus)と呼ばれることもある。(2)そもそも前八六年にマリウスの執政官就任へといたった争いは、前八七年の執政官キンナが仕掛けたものだった。それにマリウスが便乗したのである。そこで私はこの党派を、マリウス派ではなく、「マリウス－キンナ派」あるいは単に「キンナ派」と呼んできた（本書四頁）。実はそのキンナも前八四年、つまりスッラがイタリアに帰還する以前に殺害されているが、混乱を避けるため、以後、本書では「キンナ派」という呼称で統一したい。前八三年のスッラ帰還時にこの党派を実質的に率いたのはカルボという人物であり、様々な思いを抱きながらカルボのまわりに結集した「キンナ派」の政治家たちが、スッラとの間にローマ史上初の本格的な内乱を戦うことになるのである。ちなみに、カエサルとともに第一回三頭政治を行うことになるポンペイウスやクラッススがスッラ派の一員として活躍し、政治的な台頭の足掛かりを得たのもこの内乱であった。

本書全体の導入部として、まずはこの前八〇年代の内乱の経過から見ていくことにしよう。やや細かな記述となるが、それは、この内乱がスッラによる退役兵植民の前提として重要なだけでなく、わが国ではこれまでほとんど取り上げられることがなかった出来事だからである。

なお、その際、以下の二つの論点に留意しながら叙述を進めていく。第一に、マリウスの「兵制改革」に伴う軍隊の変質、つまりローマ市民からなる市民軍の「私兵化」(client army)・「職業軍人化」といった観点からする説明がどこまで有効かという点である。前八〇年代の内乱時におけるいくつかの事件は、これまでこの観点から、ローマ軍が変質していたことの例証のように説明されてきた。しかし私はこのような説明には無理があると考えているので、関連する事件に即してこの点を検討していきたい。

第二に、同盟市戦争の結果としてローマ市民権を手にしたイタリア人が、この内乱にどのような形でかかわっていたのかという点である。前一三三年のグラックス改革以降、前二七年の帝政の成立にいたる時代は、共和政ローマの歴史において「内乱の一世紀」と呼ばれる。だが、前一三三年、前一二三～一二一年そして前一〇〇年と、争いの舞

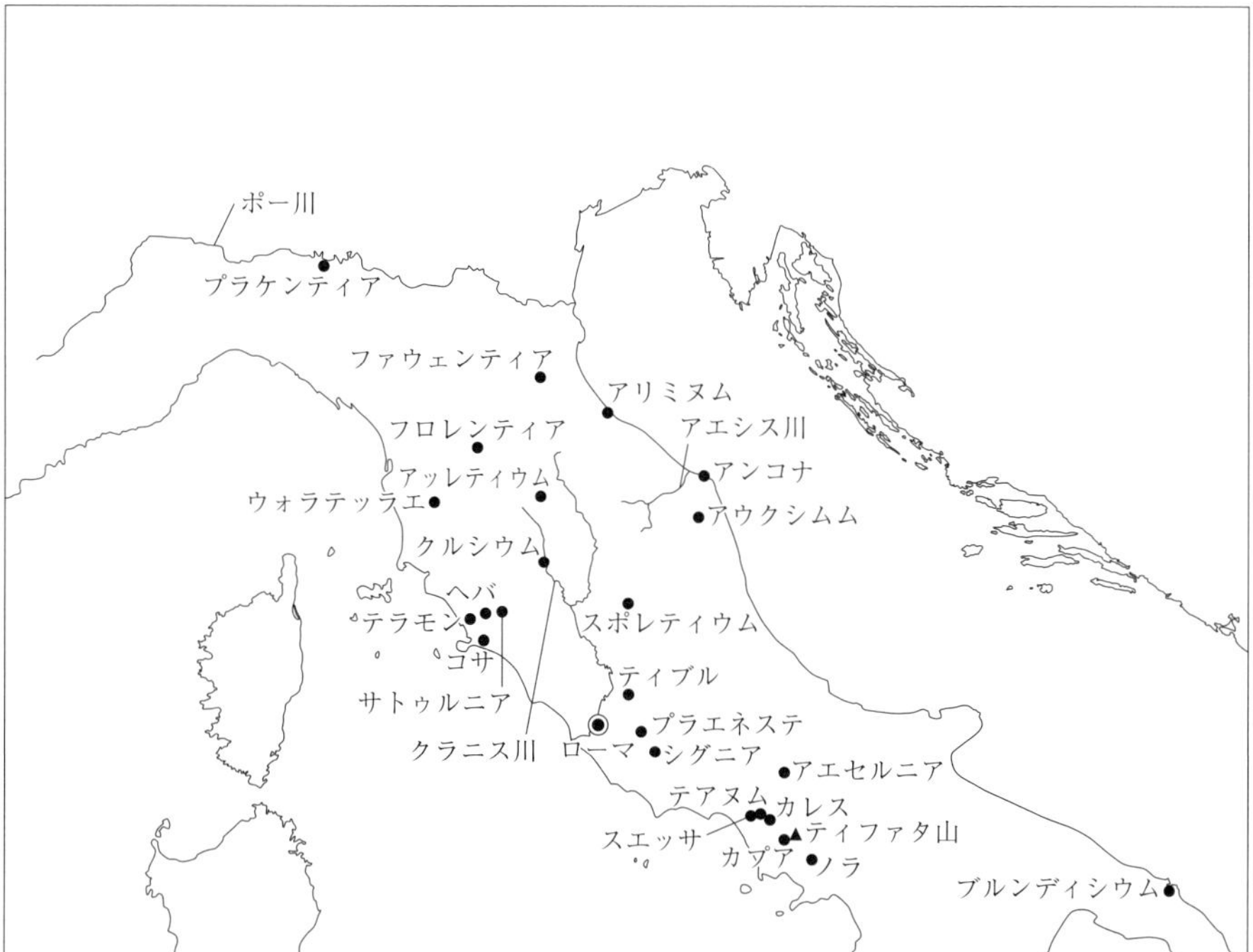
ポー川
プラケンティア
ファウェンティア
アリミヌム
フロレンティア
アエシス川
アッレティウム
アンコナ
ウォラテッラエ
アウクシムム
クルシウム
ヘバ
テラモン
スポレティウム
コサ
ティブル
サトゥルニア
プラエネステ
クラニス川
ローマ
シグニア
アエセルニア
テアヌム
カレス
スエッサ
ティファタ山
カプア
ノラ
ブルンディシウム
0
100
200 km

前80年代の内乱

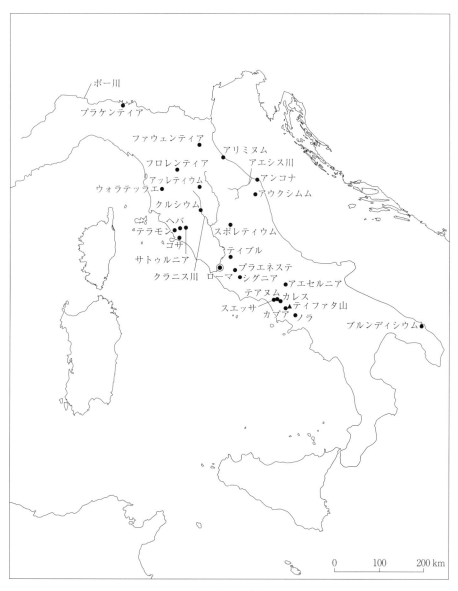

台はほぼ都市ローマに限られていた。ところが、前八〇年代にきて、ローマの内乱はイタリア全体へと拡大するのである。自明なことのようでもあるが、私はその原因はローマ市民権がイタリア全体へと拡大したことにあると考えている。言い換えるならば、同盟市戦争以前からローマ市民権を手にしていた旧市民のみならず、ローマ市民権を得て間もない新市民、彼らイタリア人の関与なくしてこの内乱は生じえなかったであろう。イタリア人がどのような形で内乱へと関与していったのか、あるいは関与させられていったのか、その様子を具体的に描き出していくことにしたい。

一　前八八年のローマ進軍

前九一年の冬に始まった同盟市戦争もほぼ沈静化しつつあった前八八年、いまだ抵抗を続けるカンパニアの都市ノラを攻囲中であったローマ軍が、指揮官のスッラに率いられ突如ローマに進軍するという事件が起こった。これが前八八年の「ローマ進軍」である。本章は前八〇年代の内乱の起点をこのローマ進軍に求めているので、まずはその検討から始めよう。(3)

事件の発端になったのは、この年の護民官スルピキウスの活動であった。前九一年の護民官ドルスス(同盟市民に対してローマ市民権を付与しようとした護民官)の遺志を引き継ぐ政治家とされるスルピキウスは、新たに市民権を獲得した人々が新設のトリブスへと登録されるか、あるいは既存トリブスのうちの限定された数トリブスにのみ登録されようとしていたのに対して、彼らを三五トリブスすべてへと登録することを提案した。「区」あるいは「地区」と訳されるトリブスは、(4)ローマ市民団の下位区分であり、ローマ市民であれば必ず、全体で三五存在したトリブスのいずれかに登録されることになっていた。トリブスはまた、共和政ローマの重要な政治機関である民会のうちトリブス民会や平民会の投票単位をなしてもいた。共和政ローマの民会（トリブス民会や平民会の他に、ケントゥリア民会とクリア民会がある）は、いずれもグループ投票制をとっており、たとえばトリブス民会・平民会の場合、一トリブスにつき一票の原則のもと、全三五票の多数決によって決定がなされた。トリブス票の決定は、各トリブス内の一人一票の多数決による。このような投票システムのもとでは、限定された数のトリブスへの登録により、民会における新市民の投票力が著しく削減される可能性があったのである。現代的な言い方では、「一票の格差」問題といえよう。この「トリブス再配分」をめぐってスルピキウスと二人の執政官との間で暴力を伴う激しい対立が生じ、両執政官は民会の場を逃れる事態となった。

この時の執政官の一人がスッラであるが、スッラがローマへと進軍する直接的なきっかけとなったのは、実はこの案件ではなかった。当時、東方ではポントス王ミトリダテス六世がローマ領へと侵攻し、その対応策としてすでにスッラが指揮官に任命されていた。ところが、民会での影響力獲得のため老マリウスと手を結んでいたスルピキウスは、民会決議をもとに、当該指揮権をスッラからマリウスへと変更したのである。先の混乱を逃れてローマからノラへと来ていたスッラは、その顚末を耳にするや、ノラ攻囲中の軍隊を率いてローマへと進軍し都市ローマを占拠することになるのである。

さて、これは明らかに、軍隊を率いた将軍による軍事クーデタといえよう。しかもローマの指揮官がこのような行為に及んだのは、ローマ史上この時が初めてであった。そこで従来これは、マリウスの「兵制改革」によってもたらされた軍隊の変質が顕在化した事件とされ(5)、「内乱の一世紀」とも呼ばれるローマ共和政末期の決定的な転機とされてきた(6)。ところが、状況は少々複雑だった。というのも、この時のスッラは前述のように執政官であり、同僚執政官のポンペイウス・ルフスもまた彼と行動を共にしていたからである。

前出の民会や元老院と並んで、ローマの政治機関の柱をなしていたのが政務官(公職者)である。この政務官の最上位が執政官であり、毎年二名選出される執政官は、共和政ローマの政治と軍事に関する最高の権限を有していた。他方、毎年一〇名選出される護民官は、執政官に比べて若年の政治家が就任する下位のポストであったが、彼らには平民会を開催する権限が与えられていた。「護民官」の訳語で示されている通り、彼らはローマの平民を護る役割を担っていたからである。パトリキ貴族と平民間の「身分闘争」が終焉した後、護民官は体制内化したとされるが、グラックス改革の直前から、再び民会を基盤にして独自の政治活動を展開する護民官が現れ、時にローマを混乱に陥れた。そして、前一二一年の護民官ガイウス・グラックス以降のローマには、「謀反した護民官」(seditiosus tribunus)の活動に対して一種の非常事態宣言である「元老院最終決議」が出され、その発布下で執政官が「暴徒」の鎮圧にあたるという対立の図式が存在したのである。[7] 前八八年のローマ進軍は、まさにそのような図式に当てはまるといえよう。そこで私は、C・マイヤー[8]やA・キーヴニーの研究[9]に依拠しながら、前八八年のローマ進軍を「元老院最終決議」の延長線上で捉え、それを執政官による一種の「治安警察行為」とする立場をとっている。

このような解釈の妥当性は、軍事史分野での最新の研究成果からも補強が可能となる。なるほど、最近の軍事・政治史研究においても、共和政末期のローマにおける軍隊独自の役割とその重要性が強調され、共和政末期の軍隊をもはやそれ以前との連続性で語ることはできない状況にある。キーヴニーの最新の研究が注目するように、とりわけカエサル暗殺後の軍隊にこの傾向は顕著といえよう。[10] とはいえ、そこで強調されているのは、従来ながらの「職業軍人化」や「私兵化」といった論点ではない。「市民としての兵士」といった側面に光が当てられ、彼らの広い意味での「政治活動」が再評価されるようになってきているのである。たとえば、L・デ・ブロイスの研究は、一般兵士と指揮官との「相互行為」といった論点を強調するが、その中には指揮官による兵士の「説得」も含まれている。[11] これなどは、共和政期ローマの政治に関して、コンティオと呼ばれる集会での「説得」の重要性を唱えた、F・ミラーの主張に少なからず呼応するものといってよいだろう[12]。

以上のような最新の研究成果は、軍隊の変質のまさに出発点ともされる前八八年の事件にも当てはめることができる。すなわち、指揮官と兵士双方に様々な思惑が交錯していたとはいえ、前八八年の事件は、他ならぬ「市民としての兵士」の政治参加と捉えることができ、警察権力不在の共和政ローマにあって、「市民としての兵士」が、執政官に率いられ一種の治安警察行為を行っていたと解することが可能となるのである[13]。

もっとも、当時のローマ人が皆このような理解を共有していたのかというと、必ずしもそうではない。ローマ進軍時には、一人を除きすべての将校・下士官がスッラを離れたといわれているし、元老院議員を含め都市ローマでの抵抗もかなり激しかった。「元老院最終決議」が実際には出されていなかったのであるから、これは当然の反応といえようか。となれば、スッラとスルピキウス両陣営において、共に正当性が疑わしいような状況が生まれ、その中で勝利を収めた側が、最終的に自己の正当性を押し付けるのに成功したというのが真実に近いのかもしれない。だが、繰り返しておくならば、ここで少なくともいえることは、指揮官に従う「職業軍人」あるいは「私兵」としてこの時の軍隊を片づけることはできないという点である。スッラと彼に率いられた軍隊には、それなりの正当性が存在したのである。前八八年の事件が軍隊の力を政治的に利用するという点で後の政治家の先例となったことは、次節で見るキンナの行動からしても明らかであり、またそのことゆえに、本章では前八〇年代の内乱の起点をこのローマ進軍に求めている。しかし、この時の軍隊の性格づけに関しては、もはや軍隊の変質という文脈のみで説明することはできない段階にきているといえよう。

二　前八七年の内乱

ローマ進軍の結果として都市ローマを軍事占領したスッラは、スルピキウスの提案を無効とし、スルピキウスおよびマリウス父子以下一二名の者に「公敵」(hostis)を宣言した。「公敵」宣言という手段が講じられたのはこの時が初めてである。内乱時に政敵を処分するのに便利なこの手段は、すぐに他の政治家によって真似られることになる。「公敵」宣言をもとに、スルピキウスは殺害され、マリウスはアフリカへと逃れた。その後スッラは、選挙のための民会を開催し、前八七年のための政務官の選出を終えるや、ミトリダテスと戦うべく東方へと旅立っていった。[14]

前八七年の執政官として選出されたのは、キンナとオクタウィウスであった。このうち内乱の次なる主人公となるのはキンナである。キンナは、これ以降、前八四年の死にいたるまで連年執政官に就任し、スッラが東方でミトリダテスとの戦いに忙殺される中、ローマとイタリアの政治を掌握することになる。前述のように、前八六年から前八四年にかけては「キンナ時代」と呼ばれることもあるが、概して政治家としてのキンナの評価は低かった。その理由は、彼の統治がもっぱら暴力による「専制・独裁」(dominatio Cinnae)と考えられてきたことによる。[15] しかし、一九六二年に出されたE・ベーディアンの論稿以降、キンナ支配の再評価が徐々に進み、[16] 最近のM・ロヴァーノの研究などは、キンナをローマ史上「最も謎めいて、最も悲劇的で、最も魅力的な人物」と評し、「有能な軍事的戦略家にして明敏な政治家」としてキンナを描いている。[17] ロヴァーノはまた、「全イタリア」(tota Italia)の実現(＝イタリアの一体化)を目指した政治家という点で、キンナをカエサルやアウグストゥスの先駆者とも捉えているが、[18] このようなキンナ再評価の動きを念頭に置きながら、前八七年の事件の経過を見ていこう。[19]

スッラが東方へと出発するや、キンナは新市民の「トリブス再配分」という問題を再び民会に持ち出した。その中で共和政末期のローマではお決まりのように暴力沙汰となり、キンナは都市ローマを逃れた。キンナがローマから去ったのち、元老院は、国家を危険のうちに放置し奴隷に自由を約束した執政官はもはや執政官でもなければローマ市民でもないと決議し、補充執政官としてコルネリウス・メルラを選出した(App. *BC.* 1. 64-65; Vell. Pat. 2. 20. 2-3; Plut. *Mar.* 41. 1)。後のキンナの行動を考える際に重要となってくるのは、この時の元老院による措置が極めて異例なものであり、キンナが執政官職への復帰に向けて自らの正当性を主張しうるだけの十分な根拠が残されていたという点である[20]。後日、保守派の政治家キケロでさえ、「……キンナの行動は、正しかったとは言えなくとも、少なくとも合法的だったかもしれない」と評している(Cic. *Att.* 177. 3SB)。

そんなキンナの行動としてまず注目すべきは、彼がローマ近隣のローマ市民権を獲得したばかりの都市、ティブルとプラエネステへと逃れたと記されていることである。そしてキンナは、ノラにいたるまでの町々を含めて、反乱へと扇動し戦争の資金をかき集めたという(App. *BC.* 1. 65)。史料に明記はないものの、キンナがまずこれらの都市に頼った理由としては、「トリブス再配分」との関連性を想定するのが自然かもしれない。ロヴァーノは、キンナとこれらの都市との間で、事前になんらかの接触があったのではないかと推測している[21]。ちなみにプラエネステはキンナ派の拠点として、最後までスッラに対抗し続けることになるだろう。

ただしここでひとつ、留意しておきたい点がある。それは、キンナがまず頼ったティブルやプラエネステはローマ近隣のラテン人の都市であり、ローマとは古くて長い結びつきを有していたという点である。両市は、ラティウムの諸都市がローマに反抗したラテン戦争(前三四〇～三三八年)以降も、他のラテン人諸都市のようにローマの自治都市(ムニキピウム)となることはなく、独立の都市国家としての地位を保持していた。ただし、現実的には、周囲をほぼぐるりとローマ領に取り囲まれた状態にあって、自立した活動がどこまで可能だったのかは極めて疑わしい[22]。ともかく両市は、同盟市戦争において反ローマの戦いに与することはなかった。すなわち、キンナがまずもって頼りとしたのは、新市民とはいえ、直前の同盟市戦争においてローマと戦火を交えた人々ではなかったのである。われわれは、同盟市戦争で最後までスッラと闘ったサムニウム人の強烈な印象から(後述)、キンナ派を支持したのは同盟市戦争において反ローマ闘争を戦ったイタリア人と思いがちなのであるが、サーモンも強調するように、そのような図式は成り立たないのである。(23)

次にキンナの活動として興味深いのは、彼がノラ攻囲中のローマ軍のもとへと赴きそれを手中に収めたことである(App. *BC.* 1.65-66; Vell. Pat. 2.20.4)。これは一見したところ奇妙な事件に思える。というのも、スッラは東方へと向かった際、六個軍団のうち一個をノラ攻囲のためそこに残していったとされているからである。(24) つまり、前年にスッラと行動を共にした可能性のある軍隊が、今度はこともあろうにスッラの政敵であるキンナを支持したことになる。もちろん、これは軍隊の変質という文脈でも説明はつく。条件次第でどの指揮官にでも付き従う軍隊といった説明である。事実、リウィウスの『梗概』やウェッレイウス・パテルクルスにおいては、キンナにより下士官や兵士へ「買収」が行われたかのような記述もなされている(Liv. *Ep.* 79; Vell. Pat. 2.20.4)。

しかしながら、前節での検討を踏まえるならば、別の解釈も可能となる。というのも、前年のスッラ同様、ノラに到着したキンナも過剰なほどのパフォーマンスをもって、自己の正当性そしてローマにある元老院政府の不当性を兵士に訴えかけているからである(App. *BC.* 1.65-66)。(25) たしかにこの時のキンナは、前年のスッラとは異なり現職の執政官ではなかった。だが先にも述べたように、元老院によるキンナからの執政官職の剝奪は、キケロも首を傾げるほどの疑わしい行為だったのである。このような状況下でキンナの説得に応じた軍隊の行動もまた、前年のスッラの場合同様、まさに「市民としての兵士」の活動と捉えることができるのではなかろうか。

このようにしてノラ攻囲中のローマ軍を味方につけたキンナは、その後、新市民のもとを廻り支援を訴えかけたようである。アッピアノスによれば、その際のキンナの主張は、「彼らの利害を代弁したからこそ、自分にとってのこの不幸はあるのだ」というものであった(App. *BC.* 1. 66)。新市民はキンナに軍資金と兵士を提供したとされているので、この種のキンナの主張がある程度功を奏したことが窺われよう。イタリア内の諸都市・諸地域は、「トリブス再配分」問題をきっかけに、まずはキンナへの支援という形で内乱へと関与していったのである。

ところで、ここでもうひとつ、前八七年の内乱と関連して是非とも検討しておかなければならないのが、エトルリア地方におけるマリウスの軍隊召集である。前八八年に「公敵」宣言を受けていたマリウスは、この時、亡命の身であった。プルタルコスによれば、キンナの行動を聞き知ったマリウスは、一〇〇〇人に満たない支持者を連れて亡命先の北アフリカを出航し、エトルリア地方のテラモンへと上陸したという。そしてかの地で、まず奴隷に対して自由を宣言し、ついで彼の名声によって集まってきた自由人からなる農夫や牧人のうちから屈強な者たちを説得し、わずかな日数の間に「大軍」を召集した(Plut. *Mar.* 41. 2)。他方、アッピアノスは、みすぼらしい格好でエトルリアの町々へとやってきた際のマリウスの訴えかけを伝えているが、その中には、とりわけ彼らが望んでいた「投票権」に関する約束があったという。かくしてマリウスは、六〇〇〇人のエトルリア人を集めキンナに合流することになるのである(App. *BC.* 1. 67)。

これはまさに、ラティウムやカンパニア地方におけるキンナのそれと同じ行動パターンである。マリウスは新市民の「投票権」を保証する勢力として自らをアッピールし、かなりの支持者を得るのに成功しているのである。これをもとに、マリウスとエトルリア地方との強い結びつきや、それを引き継いだカエサルとの結びつきも想定されてきた(26)。だが、このような見解に対しては、すでにE・ルオフ＝ヴァーナネンがかなり重要な問題提起を行っている。ルオフ＝ヴァーナネンによれば、マリウスが上陸したテラモンの近隣は、実は同盟市戦争後に初めてローマ市民権を獲得した新市民の土地ではなく、すでにそれ以前からローマ市民権を得ていた地域が大部分だったという(27)。ルオフ＝

ヴァーナネンが具体的に挙げるのは、サトゥルニア、コサ、ヘバなどの都市であるが、たしかにコサを除いたこれらの地域はすでに同盟市戦争以前からローマ市民の居住地であった。一般的にはラテン植民市とされるコサについても、ローマ市民植民市の可能性があるという[28]。ただし上陸地のテラモンは、同盟市だったようである[29]。

もしこのような推定が正しいとするならば、マリウスが召集したエトルリア人六〇〇〇名は、「トリブス再配分」を理由にマリウス側に与したとは考え難くなってくる。そこでルオフ＝ヴァーナネンは、マリウスが召集したエトルリア人の実態について、その大部分を奴隷、残りをかつてマリウスとともに戦ったことのある退役兵士と捉えている[30]。「トリブス再配分」問題を中心に考えればそうなろう。しかしここからはむしろ、エトルリア人が必ずしも「トリブス再配分」だけを争点としてこの内乱に関与したのではないという点が読み取れるのではないか。先に見たように、ノラ包囲中のローマ軍も、「トリブス再配分」問題をもとにキンナ支持にまわったわけではなかった。たしかに「トリブス再配分」は、前八七年の内乱勃発時の重要な争点ではあったが、しかし、同盟市戦争との連続性をもとに、そのことだけに目を向けるべきではない。すでにこの段階からイタリア人は、多様な利害関心でローマの内乱へと関与していたように思えるのである[31]。

ウェッレイウス・パテルクルスによれば、このような活動の結果、キンナは膨大な数の新市民から三〇〇個大隊＝三〇個軍団を召集するのに成功したという（Vell. Pat. 2. 20. 5）。これは兵士数として、一五～一八万人にあたる。ただしブラントは、それがカンパニアで召集されたキンナ軍だけではなく、サムニウム人、ルカニア人、さらにはエトルリアで召集されたマリウス軍をも含めた戦力ではないかと推定している。他方、ローマにある元老院政府が動員しえたのは、ローマ近郊で急遽かき集めた兵も含めて約六万人とされている[32]。いずれにせよ両者の差は歴然としており、ほどなくしてキンナとマリウスは、ローマを軍事占領することになる。

三　キンナ時代：内乱の小休止

ローマ占領後のキンナはスッラに倣い、東方にいるスッラを逆に「公敵」と宣言した。一方、つらい亡命生活から復讐に燃えるマリウスは、反対派の虐殺に夢中となったが、そのマリウスが病没した後のいわゆる「キンナ時代」は、内乱も小休止し、新市民のローマへの編入が実施された重要な時期である。ところが、この時期に関する史料状況はあまり芳しくない。キンナの活動にはわからないこと、不確かなことが多いのである。これは、自伝を書き残し、この時期に関する重要な情報源のひとつとされるスッラ自身がいまだ東方にあったことによる(33)。

まず、重要なのは、イタリア人に対する市民権付与がどの時点で完了し、同盟市戦争がいつ終了したかである。とりわけ、最後までスッラと戦うことになるサムニウム人の動向が注目されよう。前八八年末の段階でいまだ武器を取っていたのは、サムニウム地方のアエセルニアやカンパニア地方のノラを占拠していたサムニウム人と、南イタリアのブルッティウム地方で抵抗を続けるルカニア人であった(34)。リウィウスの『梗概』は、前八七年のこととして、「元老院によりイタリア人に市民権が与えられた。唯一武器を取っていたサムニウム人は、キンナおよびマリウスと結びついた」と伝える(Liv. *Ep.* 80)。前八九年段階ですでに、イタリア人に対してはローマ市民権が与えられていたのであるから、この前八七年の記述はそれへの遅ればせながらの言及と解すこともできよう。しかし、ブラントは、「すべての降伏者に市民権が与えられた」とするグラニウス・リキニアヌスの断片をもとに(Licin. 35. 34C)、興味深い解釈を提出している(35)。それによれば、前八九年のユリウス法以降にローマに降伏したイタリア人は、いまだ「降伏外人」(dediticii)の範疇にとどまっていたが、そのようなイタリア人に対してもこの時市民権の付与がなされたのではないかという。時代状況としては、キンナ派との戦いに迫られた元老院政府の措置が想定されている。[36]

とはいえ、この時点でまだ、サムニウム人にローマ市民権が付与されていなかったのは、先の『梗概』の記述や、その後の事件の経過から明らかである。元老院はサムニウム人と戦っていたメテッルス・ピウスを呼び戻すため、彼にサムニウム人との交渉を命じたが(App. *BC.* 1.68; Sall. *Hist.* 1.25)[37]、その際、サムニウム人側からの和解の条件に、どうやらローマ市民権が含まれていた(Dio 30/35. fr. 102. 7; Licin. 35. 29C)。結局のところ、この交渉自体は決裂するのであるが、同時にキンナ派も、マリウスをサムニウム人のもとへと派遣している(App. *BC.* 1.68)[38]。その後の経過は不明ながら、マリウスとサムニウム人のこの交渉をもとに、遅くともキンナ政権の成立後にサムニウム人にもローマ市民権が付与された可能性は十分ありえよう。

もしこのような再構成が正しければ、サーモンが強調するように、前八七年のうちには同盟市戦争は正式に終わっており、同じく前八七年のうちにはサムニウム人を含めた全イタリア人にローマ市民権が付与されていたことになる。[39]同盟市戦争と前八〇年代の内乱とは連動し、しかも両者は重なり合ってもいた。しかし、前八七年の措置以降の争いは、あくまでもローマ市民間の「内乱」と捉えることができるのである。スッラ自身はサムニウム人をローマ市民とみなしていなかった可能性はある。だが、スッラの認識がどうであれ、前八二年にローマのコッリナ門で最後までスッラと戦ったサムニウム人も、ローマ市民としてこの内乱にかかわっていたといえるのである。[40]

次に前八六年、ローマでケンススが実施されたことがわかっている。「戸口調査」とも訳されるケンススは、基本的には五年に一度行われるローマ市民の調査(年齢・財産額・家族構成等々)であり、それをもとにして成人男子市民の総数が割り出された。ちなみに、ケンススはルストルムと呼ばれる「浄めの儀式」をもって正式に完了することになっていた。またケンススによって査定された財産額をもとにして、ケントゥリア民会と呼ばれる最重要な民会(執政官や法務官を選出する民会)での投票単位(ケントゥリア)が確定された。つまり、新たにローマ市民権を獲得した新市民も、このケンススを受けなければ、政治的権利が確定しなかったのである。前八六年のケンススは、同盟市戦争後の初のケンススにあたるので、これにより新市民の登録も初めて完了することになる。

ところが、この前八六年のケンススは、なんらかの理由で不完全なものであったことが指摘されている。この時のケンススの数字(つまり成人男子市民の数)として史料が伝えるのは、四六万三〇〇〇人であり、前一一五年に実施された前回のケンススにおける三九万四三三六人と比べ、その数はさほど増えていないからである。他方、次のケンススの数字は前七〇年の九一万人であるから、前八六年のケンススの数字が、新市民の増加分を直截に反映していないのは明白であろう(41)。それゆえ、新市民の登録が真に完了したのは、前七〇年のケンススにおいてであるとするのが一般的である。

この前八六年のケンススの解釈は非常な難問であり、様々な説が出されている。ここでは史料の伝える数字が正しいとひとまず仮定し(42)、次のように解釈しておきたい(43)。まず、数字の低さについて。古代ローマのケンススは、少なくとも同盟市戦争後のこの時点では、都市ローマで集中的に実施されていたのではなく、イタリアの地方都市ごとに実施されていた。その手続きを記す「ヘラクレアの青銅板」によれば、ローマでのケンススが完了する六〇日前までに各都市はデータをローマへと提出すべきこととなっていた。とすれば、岩井経男氏が強調するような同盟市戦争後の混乱の中でケンススの実施が困難であったことに加え(44)、現地でなんとかケンススが実施された場合でも、各地のデータがローマへと集められる段階での遅れが、数字の低さに反映されている可能性もあるのではなかろうか。

次に、前八六年のデータがなんら変更されることなく、前七〇年のケンススまで持ち越されたのかについて。実は、共和政期のケンススは、前七〇年に行われたのが実質的に最後であり、次のケンスス実施はなんと前二八年のことであった。ケンススが上記のような機能を有していたとすれば、この長いインターバルによりローマ社会には大きな混乱が生じていたに違いない。同盟市戦争後に市民権を獲得した新市民だけではなく、これはローマ市民団全体とかかわる問題だったからである。ところが、そのような混乱の痕跡は見当たらない。そこでこのような不都合が克服された方法としては、前七〇年のケンススのデータをもとになんらかの形で自動更新がなされ、情報がアップデートなものとなっていた可能性や、[45]正式のケンスス、つまりルストルム（浄めの儀式）による完了にまでいたらなかった場合でも、その前段階のデータが各政務官により利用されえた可能性が指摘されている。[46]

このような知見をもとにするならば、前八六年のケンススに関して、次のような想定が可能となる。すなわち、ローマでのケンススの終了には間に合わずその数字には反映されていない地方都市からのデータが、その後なんらかの形で追加され、更新がなされながら、前七〇年のケンススにいたるまで利用されていたのではないか。そうであれば、前八六年から前七〇年にかけての比較的長いインターバルについても、キンナ派あるいはスッラが、新市民への約束を反故にしたと解する必要はなくなる。[47]本章で見ている内乱の経過からして、キンナ派であれスッラであれ、新市民の正式登録という問題を実質的に骨抜き状態にしておくことができたとは、私には到底思えないのである。前七〇年のケンスス以前に、新市民の登録問題は順次解決されていたのではなかろうか。

最後に、内乱の争点となっていた「トリブス再配分」問題は、いつ解決されたのであろうか。六節でふれる新市民に対するスッラの発言から判断して、彼のイタリア帰還以前にこの問題が解決されていたのはほぼ確実といってよい。しかし、それが具体的にいつであったのかについては、大きく二つの説が対立している。ひとつは、前八七年説であり、新市民に対するキンナの好意的な姿勢や前八六年のケンススの実施からして、キンナ支配の比較的早い段階にこの問題は解決されたに違いないとする。[48]もうひとつは、前八四年（あるいは前八五年）説である。[49]リウィウスの『梗概』には、前八四年のこととして、「新市民に元老院決議にもとづいて投票権が与えられた」（Liv. *Ep.* 84）と記されている。先述のように、遅くとも前八七年の時点で、新市民にも市民権の付与にともない投票権も与えられていたと考えられるので、なるほどこのリウィウス『梗概』の記述は正確さを欠いている。しかし、前八七年の記述では、「市民権」

(civitas)と記されているのに対して、ここではわざわざ「投票権」(suffragium)とされているのを根拠に、これを「(平等の)投票権」と解し、この時の措置を「トリブス再配分」の解決と捉えるのである。[50]

前八四年説は支持者も多くなかなかに有力ではあるが、私はまずなによりも前八六年のケンススとの関連性を根拠に、前八七年説に傾いている。所属するトリブスが決定していない段階でケンススが実施されたとはとても考え難いからである。ケンススの項目には当該人物が属する「トリブス名」の記載も含まれていたが、新市民をどのトリブスに登録するのかといった問題を未解決にしたまま、とりあえずケンススが実施されたという事態は想定しづらいのである。

以上のように見てくるならば、ローマを軍事占領したキンナは、同盟市戦争後に残されていた課題に真摯に取り組もうとしていたように思える。内乱に勝利することになるスッラも、基本的にそれに変更を加えてはいない。ロヴァーノが指摘するように「明敏な政治家」であったかどうかはともかく、権力奪取時の専制的なイメージからのみキンナを評価するのは妥当性を欠くといえようか。

四　キンナの殺害とカルボ

さて、亡命者を通じて以上のようなイタリアの情勢をいち早く把握していたスッラは、前八五年の秋までにミトリダテスとの和平交渉を終え(「ダルダノスの和」)、元老院にその成果を報告するとともに、イタリア帰還のための準備を進めた。それに対して、ローマにある共和政政府のうち、元老院はスッラに使節を派遣し和解の可能性を探ったが、キンナとカルボはスッラを迎え撃つための準備を進めた(App. *BC.* 1. 76; Liv. *Ep.* 83)。アッピアノスによれば、キンナとカルボは、「イタリア全域に軍資金・兵士・糧食を集めるための使者を派遣し、有力者を親密な関係のうちに取り込み、都市のうちでもとりわけ新市民を戦いへと駆り立てた」という。そしてその際の主張は、前八七年同様、「自分たちがこれほどの危険の中にいるのは彼らのためだ」というものであった(App. *BC*. 1. 76)。

ベーディアンはこの時の軍隊徴集に関して、従来以上に「地方の自由裁量」が認められていたのではないかと述べている。(51) たしかに強制といったニュアンスは感じられず、使者を派遣してひたすら説得にあたっているとの印象が強い。だが、執政官を中心としたローマ政府から、新市民とはいえローマ市民の共同体に向けて行われた行為は、紛れもなく正規の徴兵手続きと考えてよいだろう。強制があまり感じられないのは、緊急事態において通常のノルマ以上の兵力を提供させるための措置だったのかもしれない。ローマ市民権の拡大に伴いローマ軍団の徴兵範囲は、まさにイタリア全域へと及んでいたのである。

前八四年の初頭、キンナはアドリア海沿いのアンコナから、対岸のイリュリクム北部(リブルニア)へと軍隊を渡そうとしていた。しかし、冬の嵐により先行部隊の渡航が失敗し、それをもとにアンコナに残された部隊の間で暴動が発生した。そしてその中で、キンナは敢え無く殺害されたのであった(App. *BC*. 1. 77–78; Liv. *Ep*. 83; Plut. *Pomp*. 5. 1–2)。スッラのイタリア帰還が差し迫っていた時期だけに、この奇妙な軍事行動の目的が一体何であったのかについては論争があるが、(52) ここで注目したいのは、キンナの殺害である。「トリブス再配分」がこの時期まだ解決されていなかったとする前八四年説の論者の一部は、軍隊によるキンナの殺害を「トリブス再配分」問題と関連づけている。(53) たしかに、嵐で難破した先行部隊のうちなんとか岸へと辿り着いた者たちは、すぐに故郷へと帰ってしまったとされており、彼らの士気はさほど高くはなかったことが窺われる。だが、そこで挙げられている理由は、あくまでも彼らが同胞市民と戦うことになるのを欲しなかったという点であり(App. *BC*. 1. 78)、「トリブス再配分」が未解決であることへの不満ではない。(54) キンナの殺害も、なるほど極端な形で表出されたとはいえ、第七節で紹介するスッラとスキピオの交渉時における軍隊同様、この争いが他ならぬローマ人同士の内乱であることから派生した自然な行動パターンと解した方がよいのではなかろうか。

さて、キンナの死後、キンナ派を実質的に率いたのは、前八四年の同僚執政官カルボであった[55]。その後のカルボの軍隊徴集活動として非常に興味深いのは、彼がイタリアのすべての都市から、「人質」(obsides)の提出を求めたとされている点である(Liv. *Ep.* 84)。これと関連した事件として、北イタリアのポー川流域に位置したプラケンティアにおいて、都市公職者であったカストゥリキウスなる人物がこのような要求を断固として拒否した顚末を、ウァレリウス・マクシムスが伝えている(Val. Max. 6. 2. 10)。ロヴァーノが指摘したように、たしかにここからは、「地方の自主性」の根強さや、徴兵に際しての「地方の同意」の不可欠さといった重要な論点がまずは読み取れる[56]。

しかしながら同じくロヴァーノが指摘するように、この後プラケンティアが前八二年にいたるまでキンナ派支持にとどまり続けたのだとすれば[57]、このエピソードがもたらす知見は、上記の点にとどまらない。というのも、ここでカストゥリキウスが反発した理由は、キンナ派に加担することへの反発ではなく、まさに「人質」の提供という手法そのものにあったとも考えられるからである。すなわち、ローマ市民に向けてというより、あたかもいまだ向背定かならぬ同盟者からの徴兵であるかのようなやり方に、カストゥリキウスは激しく反発したのではなかろうか。ここからは、いずれの陣営に与するにせよ、いまや同じローマ市民として内乱を戦っているのだというイタリア人の自負を読み取ることができるように私には思えるのである。ちなみに元老院は、カルボに対しこの種の徴兵を思いとどまらせることになる(Liv. *Ep.* 84)。

なるほどプラケンティアは、ガッリア・キサルピナ、つまり法制度的にはイタリアとは異なる「属州」の都市であった。事実、ロヴァーノも、内乱時に属州が果たした役割の検討といった章で[58]、先のカストゥリキウスの例を紹介している。しかしながら、プラケンティアはガッリア・キサルピナのうちでもポー川以南のラテン植民市であり、同盟市戦争の結果ローマ市民権が付与された都市のひとつに他ならなかった。先のカルボとカストゥリキウスのエピソードは、なるほど属州内で生じていたとはいえ、ローマ市民の徴兵に関連した事件と解することができるのである。前八〇年代の内乱において、ローマ市民の居住地としてのイタリアが、属州と呼ばれる他の被支配地域[59]と比べて特別の意味合いを持っていたのは疑いようのないところであろう。

五　ポンペイウスの挙兵問題

次に、中部イタリアのピケヌム地方においてポンペイウスが行った挙兵の実態を見ていこう。これは、共和政末期のローマ史において非常に有名な出来事であり、一般的には、ポンペイウスが父親の代から縁故の深かったピケヌムの地で、いわゆるクリエンテラ(保護＝被護関係)をもとに三個軍団もの「私兵」を召集するのに成功した事件とされている[60]。つまり、クリエンテラを鍵概念としながら、変質した軍隊の姿を物語る典型的な事例とされてきたのである。ところが、仔細に眺めるならば、事態はそれほど単純ではなかったことが明らかとなる。

前八四年のアンコナにおけるキンナの殺害時、ポンペイウスもその場にいたのではないかとの推測もなされているが[61]、少なくともその後ポンペイウスはピケヌムへと引き籠っていた。そして前八三年春、クラッススやメテッルス・ピウス同様、東方からイタリアへと帰還するスッラの行動に合わせ、ピケヌム地方で挙兵活動を展開する(App. *BC*. 1. 80; Plut. *Pom*. 5–6; Vell. Pat. 2. 29)。その様子を最も詳細に物語るのはプルタルコスである。プルタルコスによれば、ポンペイウスがピケヌムの地に引き籠っていたのは彼がそこに土地を所有していたからであるが、それ以上にそこの町々が父ストラボの代から彼に好意的だったからであるという。そこでポンペイウスは彼らに働きかけてみたが、彼らはそれに喜んで応じ、他方カルボからの使者に対しては一顧だにしなかった。さらにウェディウスという人物がポンペイウスは青二才のデマゴーグにすぎないと批判するや、人々は憤然としてウェディウスに襲いかかり彼を殺害したという。このようにして指導権を手にしたポンペイウスは、アウクシムムの広場において、その町の第一人者であったウェンティディウス兄弟が追放されるようにとの布告を発した。ウェンティディウス兄弟はカルボのために、ポンペイウスに対して敵対的な行為をとっていたからである。ついでポンペイウスは、アウクシムムにおいて兵士を召集し、彼らのために百人隊長と軍団将校を任命したという。同様のことを行いながら町々を廻り、かくしてポンペイウスは、短時日の間に三個軍団を編成したのであった(以上、Plut. *Pom.* 6. 1–4)。

さて、ここからは、互いに関連する三つの重要な事柄が読み取れる。第一に、ポンペイウスはクリエンテラをもとに「私兵」を召集したとされるが、実はその水面下では熾烈な権力闘争が展開されていたという点である。具体的には、カルボからの使者に呼応し、ポンペイウスに敵対していたウェディウスやウェンティディウス兄弟といった人物の存在が浮かび上がる。彼らの詳しい素性は不明ながらも、ウェンティディウス兄弟に関してはアウクシムムの、またウェディウスに関しても[62]、ピケヌム地方のいずれかの都市の「地方貴族」(domi nobiles)と考えて大きな間違いはないだろう。プルタルコスは、他の町々でも「カルボの支持者が追い立てられ撤退した」と伝えるので(Plut. *Pom.* 6. 4)、ピケヌム地方全体にわたって同様の事態を想定してよいのかもしれない。ポンペイウスといえどもピケヌム地方を無条件に掌握しえたわけではなく、地方有力者とのこのような駆引きを経て初めて、かの軍隊召集も可能となっていたのである。

特定の地方とローマの有力政治家間のクリエンテラ関係が、属州はもちろんのこと、イタリア内においてもそれほど強固なものではなかったことは、すでに以前から、ベーディアン[63]やE・ローソンにより指摘されている[64]。そして最近の研究では、クリエンテラ関係が最も有効に作用していたとされてきた民会政治(選挙・立法)の分野においてすら、その過大評価を疑問視する傾向にある。[65] もちろんクリエンテラは、共和政期ローマの政治と軍事を考える際に重要であることに変わりはない。だが、それをあまりにも強固な関係と捉え自明の説明原理として用いるならば、共和政期ローマの政治の実態を捉え損ねることになるであろう。本節での考察からすれば、時として特殊な事例として処理されがちなポンペイウスとピケヌムとの結びつきも、[66] その意味で決して例外ではなかったのである。

第二に、普段はなかなか見えてこない地方都市レベルでの軍隊徴募の手続きを、ここではかなり具体的に知ることができるという点である。それによればまず、徴募のための使者が各地に派遣されている。これはおそらく、同盟市戦争後に設置されたとされる「新兵徴集係」(conquisitor)であろうが、[67] 彼らは単独で活動を行ったのではなく、ウェディウスやウェンティディウス兄弟といった地方有力者の手助けで、徴兵を行おうとしていた。内乱時とはいえ、カルボの使者の役割は正規の軍団召集であったと思われるので、ウェディウスらは単なる地方の有力者というより、地方都市の公職者と考えた方がよいのかもしれない。[68] ここでさらに興味深いのは、ポンペイウスがアウクシムムで軍隊を召集した際、百人隊長(*λοχαγός*)と高級将校(*ταξίαρχος*)をそれぞれ任命し、[69]「同様のことを行いながら町々を廻った」と記されている点である(Plut. *Pom.* 6.3)。[70]

最近のデ・ブロイスの研究は、内乱時における軍団将校や百人隊長の軍事的・政治的役割に着目している。[71] 共和政末期の政治史において軍隊独自の動きが重要視されてきていることは、すでに本章第一節でもふれたが、大集団としての軍隊がそのような動きを示すにあたっての意思決定の回路として、将校・下士官クラスが果たした役割が注目されているのである。たとえば指揮官が、ローマ進軍といった異例の活動を軍隊に求める場合にも、まずもって軍団将校・百人隊長への「説得」が必要であったとされている。さらにデ・ブロイスによれば、イタリア「地方貴族」の子弟が担ったこの階層こそがまさに「職業軍人化」し、共和政政府を離れていったのだという。[72] ポンペイウスによる軍隊召集の場合、地方都市ごとに実施された一般兵士の召集、同じく地方都市ごとの軍団将校・百人隊長の任命は、いわば各地方都市の有力者をとりまとめ役とする軍隊編成である。これはおそらく、従来の徴兵手続きに則ったものであろうが、都市共同体内での日常的な繋がりをもとにしたそのような軍隊召集は、かなり凝集性の高い集団を作り出したに違いない。また、そのような立場の軍団将校や百人隊長が一般兵士と指揮官との重要な結節点となったことも、容易に推察されるところであろう。

第三に、ピケヌム人の活動はあくまでも都市単位であり、カルボにつくかそれともポンペイウスかの判断も、またそれに応じた兵士の提供も、基本的には都市単位で行われているという点である。もちろん、ひとつの都市共同体が、反スッラか親スッラかで常に一枚岩だったわけではない[73]。そもそも共和政末期の内乱時においては、都市内の有力者間はもちろんのこと、同一氏族内においてさえ、陣営を異にする場合もあったことがすでに指摘されている[74]。しかしながら少なくとも前八〇年代においては、スッラのイタリア帰還に伴って迫りくる内乱にあって、人々は最終的に各都市単位で決定し行動していたように思われるのである。アウクシムムの例においても、反ポンペイウスのウェンティディウス兄弟が追放された後には、アウクシムムは都市全体としてポンペイウスに加担している。

六　スッラのイタリア帰還

前八三年春、スッラが南イタリアの港町ブルンディシウムに上陸することにより、いよいよ本格的な内乱がスタートする[75]。ちなみにブルンディシウムはスッラを快く受け入れ、その見返りとして、のちに関税(portorium)からの免除特権を手にすることになる(App. *BC*. 1.79)[76]。

イタリアにおける戦闘の記述に入る前に、ここであらかじめ両陣営の主要な指揮官を整理しておこう。スッラ陣営は、スッラ自身の他に、メテッルス・ピウス（前八九年の法務官）、ポンペイウス、クラッスス、オフェッラ（旧キンナ派）等々であり、当然のことながら無官のものが多い。他方、キンナ陣営は、すでにキンナ自身は亡くなっていたが、カルボ（前八五、八四、八二年の執政官）、ノルバヌス（前八三年の執政官）、スキピオ（前八三年の執政官）、セルトリウス（前八三年の法務官）、小マリウス（前八二年の執政官）、カッリナス（前八二年の法務官）、ダマシップス（前八二年の法務官）、マルキウス・ケンソリヌス（カルボの副官）等々となる。さらにキンナ派として、サムニウム人を率いてテレシヌスが、ルカニア人を率いてランポニウスが参戦している。

また、イタリア帰還時のスッラとキンナ派の兵力については次のようになる。スッラは、前八八年に東方へと引き連れていった五個軍団と同じ数の軍団、およびそれに加え、現地で召集した補助軍等を連れて帰還した。ウェッレイウス・パテルクルスはその数を三万（Vell. Pat. 2. 24. 3）、またアッピアノスは四万と伝える（App. *BC*. 1. 79）。しかしながらブラントによれば、これは一個軍団＝六〇〇〇人の単純計算にもとづく数字であり、アッピアノスはそれに補助軍を加えているのではないかという。[77] ブラント自身は、東方でいくつかの戦役をこなした軍隊が定員数を満たし続けていたとは考えられないとしているので、ブルンディシウム上陸時のスッラ軍は四万人を大きく下回っていたということであろうか。

一方、キンナ派の規模についても、いくつかの数字が伝えられている。アッピアノスによれば、執政官のノルバヌスとスキピオ、および前年の執政官であるカルボが動員しえた兵力は、二〇〇個大隊一〇万人であり、その後兵力はさらに増大したという。イタリア内の諸都市・諸地域は概して、両執政官に好意的だったようである（App. *BC*. 1. 82）。それに対しプルタルコスは、スッラ自身の発言として、彼が「一五人の将軍のもとにあった四五〇個からなる大隊（＝二二万五〇〇〇人）と戦った」とする内容を紹介し（Plut. *Sull*. 27. 3）、またウェッレイウス・パテルクルスも、その数を二〇万人以上とする（Vell. Pat. 2. 24. 3）。これもつとにブラントが推定したように、[78] スッラ自身が語る四五〇個大隊やウェッレイウス・パテルクルスの二〇万人は、前八三年から前八二年の冬にかけてイタリアで活発に徴募を行った結果としての軍団数であり（後述）、前八三年のキンナ派の兵力はアッピアノスの伝える一〇万人とするのが妥当であろう。

スッラ軍には、のちにポンペイウスの率いる三個軍団（前出）やメテッルスの率いる軍隊が合流しているとはいえ（App. *BC*. 1. 80）、しかしそれでも、前八三年にスッラがブルンディシウムに上陸した時点では、イタリアで迎え撃つキンナ派の方が圧倒的とはいわないまでも優勢であったように思える。

もちろん勝敗の帰趨にとって重要なのは、単純な兵力の差ではなくむしろその質であろう。実際のところ、東方で鍛え上げられたスッラの兵士に対して、キンナ派は未熟練な新兵が多かったとされている。先に述べたアンコナにおけるキンナの不可解な行動についても、このような新兵をイリュリクムで鍛えるためではなかったかとの指摘もなされている[79]。しかしながら、ここで強調しておきたいのは、たとえ未熟練な新兵であれ正規の徴兵手続きによりキンナ派がイタリアで巨大な軍隊をひとまず召集しえたという事実であり、元老院とスッラ間のたびたびの和解交渉にもかかわらず、キンナ派があえて内乱に踏み切ることを決断した大きな理由も、まさにこの動員しえた兵力にあったのではないかという点である。兵士供給源としてのイタリアの存在が、前八〇年代の内乱の勃発に大きく影響していたのではなかろうか。

他方、スッラの側でも、このような事情をよく承知していたのではないかと思われる節がある。スッラはイタリア上陸以前から、盛んにプロパガンダ戦略を展開しており、イタリアに陣取るキンナ政権の違法性と自らの正当性を繰り返し訴えていた[80]。その主たるターゲットは、ノビレス貴族（その家系から執政官を輩出してきたローマの最上層）と新市民であったといわれているが、そのうち新市民に対しては、「何事も彼らを非難するつもりがないこと」を約束している（App. *BC*. 1. 77）。アッピアノスの伝える表現は抽象的ながら、新市民がすでに手にしていた権利を侵害する意図がないことを宣言したと解して間違いないだろう。というのも、前八三～八二年の記事としてリウィウスの『梗概』が、「彼ら〔イタリア人〕から、最近獲得した市民権と投票権とを奪い取るのではないかと恐れられることがないよう、スッラはイタリア人との間に協定を結んだ」と記しているからである。なるほど、イタリア上陸以前なのか以後なのか、二つの記述にはクロノロジー上の齟齬はあるものの、イタリア上陸以前に表明していたプロパガンダを協定（foedus）という形で改めて確約したと考えれば、問題はない。

本章第一節で紹介したスルピキウス提案に対するかつてのスッラの態度からして、これは一八〇度の方針転換といえよう。新市民を含めたイタリア人を味方につけること、あるいはそれが不可能な場合でも少なくとも彼らを中立化すること、そのことの重要性をスッラは痛感していたのである。さらにいえば、スッラがこのような提案を行った時点で、イタリア内の少なくとも新市民が内乱に関与してきた争点が失われてしまったのではないかと思われる。もちろん、新市民が果たしてスッラの言をそのまま信用したのかどうかといった疑問は残るものの、少なくとも両者の主張として見れば、キンナ派とスッラの間で新市民の処遇に関して見解の相違は消滅したのである。そもそもこれが内乱のメカニズムというものなのか、古代ローマでは、政治的対立の進展に伴って肝心の争点が見えなくなり、しかしそれにもかかわらず、政治的対立は次第にエスカレートしていくといったケースが見られる。前八〇年代の内乱の場合も、市民権付与や「トリブス再配分」といった当初の問題から離れ、イタリア全体は、いまや彼らにとっての「争点なき内乱」へと深く入り込んでいったのである。

七　前八三年の戦闘

事前のプロパガンダ戦略が功を奏したのか、ブルンディシウム上陸後のスッラの行軍は、さしたる抵抗もなく順調に進んだ。スッラは、アッピア街道に沿ってカンパニア地方へと軍を進め[81]、最初の大きな衝突は、カプア近郊のティファタ山において前八三年の執政官ノルバヌスとの間で起こった（App. *BC*. 1. 84; Liv. *Ep*. 85; Plut. *Sull*. 27. 5-6; Vell. Pat. 2. 25. 2; Oros. 5. 20. 2）。スッラはまず平和のための交渉を行おうとしたが失敗に終わり、戦闘にいたった。これはスッラが勝利した戦いであるが、ここで注目すべきは、プルタルコスの記述である。プルタルコスによれば、この勝利によって初めて、「兵士が町々に分散することなく、結束を保ち、何倍もの敵を呑んでかかるというしだいになったのだ」、とスッラ自身が述べているという。つまり、イタリア帰還に際してスッラ軍は、そのまま各自の故郷へと帰ってしまう危険性があったのであり、スッラといえども初戦の勝利まで、軍隊の動向に確信を持てない状況にあったのである。これではいかに精鋭を率いていたとはいえ、ブルンディシウム上陸時の指揮官スッラの危うさが透けて見えよう。共和政末期の内乱というと、相対立する将軍に率いられ職業軍人化・私兵化した軍隊といった印象が強いのであるが、その嚆矢となった前八〇年代の内乱の実態はそれとは程遠いのである。

プルタルコスによれば、この戦闘でスッラは七〇〇〇人の敵兵を討ち取り、敗れたノルバヌスはカプアへと退却したという（Plut. *Sull*. 27. 10）。アッピアノスは六〇〇〇人とするが（App. *BC*. 1. 84）、いずれにせよスッラ軍の完勝であった。ちなみにカプアは、第六章で取り上げる都市である。ついでスッラはラティナ街道沿いに北上し、カンパニアのテアヌムの近くで、もう一人の執政官であるスキピオと相見えることになる。

スキピオとの間には、会談がもたれた（App. *BC*. 1. 85-86; Liv. *Ep*. 85; Diod. 38/39. 16; Plut. *Sull*. 28. 1-3; Vell. Pat. 2. 25. 2）。この有名な会談の内容については、同時代人のキケロも伝えている（Cic. *Phil*. 12. 27. 13. 2）。キケロによれば、会談の場所はカレスとテアヌムの中間の地であり、両者の間では、「元老院の権威、人民の投票権、市民権」等々が話し合われたという。これはまさに国政全般に関する交渉である。スキピオは人質を取り、秘密が漏れないよう双方から三人ずつが交渉に臨んだ(App. *BC*. 1. 85)。ところが、この交渉の承認を求めて、カプアに立て籠もるノルバヌスのもとへとセルトリウスを派遣したのがスキピオにとっての誤算であった。この交渉に最初から反対であったセルトリウスは、カプアに赴く途中ですでにスッラの手に落ちていた都市スエッサを占拠し、この平和交渉を台無しにしてしまったのである。さらにスキピオには辛い運命が待ち受けていた。というのも、スッラが会談を長引かせている間に、スッラ軍とスキピオ軍の兵士が親交を深め、結局のところスキピオ軍は、スキピオ父子を見捨てることになるからである。(82)キケロはそのあたりの事情を、この会談は「すべて信義によったというわけではない」とコメントしている。これは、スッラの「狡猾さ」を象徴する事件としてよく引き合いに出されるものであるが、このような交渉による事態の打開もまた、市民相互で戦われた内乱の特徴といえようか。

この事件の後、スッラはカプアにいるノルバヌスに対して再び使節を派遣したが、ノルバヌスはこれにも応じず、スッラはローマへ向けての進軍を続けることになる。なぜスッラはノルバヌスを放置したのか、スッラのその後の行動はどうなっていたのか、これらの点に関してアッピアノスは多くを語らない。おそらくE・ポッツィが指摘したように、カンパニアにおけるキンナ派の地位はいまだ確固たるものだったので、(83)スッラはノルバヌスをそのままにして北上せざるを得なかったのであろう。ノルバヌスはその後カプアを離れスッラとは別ルートで北上している(App. *BC*. 1. 86)。(84)

キンナ派は、北部ではガッリア・キサルピナとエトルリアを主な勢力基盤としていた。この北部戦線の主役をなしたのはカルボである。彼はガッリア・キサルピナに接するアドリア海側の要衝アリミヌムに陣取っていた。南部戦線が前述のように展開していた中で、カルボは、執政官選挙のために急いでローマへと帰還し、まずはスッラを支援しているメテッルス他の元老院議員を「公敵」と宣言した。ついで執政官の選挙を実施したが、前八二年の執政官に選出されたのは、カルボ自身と弱冠二六歳の小マリウスであった。法定の年齢(四三歳)に遥かに達しない小マリウスの選出は、亡き父の人気にあやかろうとする措置だったに違いない。

南部戦線でスッラが何度か勝利したとはいえ、ピケヌムで徴募を行っていたスッラ派の将軍ポンペイウスの敗北もあり、全体としては必ずしもキンナ派が劣勢とはいえない状況であった。こうした中で前八三年の戦闘は、夏が終わる前に「奇妙な小休止」を迎える。[85] アッピアノスによれば、キンナ派の両執政官の軍隊は、彼らを支持するイタリア各地およびポー川流域のガッリア人からの徴兵により常に増大しつつあった。スッラもまた漫然とすることなく、イタリアの可能な限りの地域に使者を派遣し、「友人関係や脅しや金銭や希望やらによって」軍隊をかき集めたという（App. *BC*. 1. 86）。ディオドロスが伝えているのはおそらく、そのような両者への対応に苦慮する町々の姿であろう（Diod. 38/39. 13）。先にもふれたように、ブラントは、このような軍隊召集の結果、キンナ派は最終的に四五〇個大隊（＝二二万五〇〇〇人）にまで膨れ上がり、他方スッラも、彼が戦争の終結時に二三個軍団の兵士を植民市へと退役させていることから判断して（App. *BC*. 1. 100）、最大で二五個軍団を召集し得ていたのではないかと推定している。[86] キンナ派とスッラ派双方がイタリアをエネルギー源としながら随時勢力を拡大し、来るべき決戦に備えていた様子が窺えよう。

八　内乱の最終局面（前八二年）

前八二年の春とともに戦闘が再開された。前八二年の戦闘は、北部戦線でメテッルスとキンナ派の将軍カッリナス（法務官）との間で始まったが（アエシス川の戦い）、戦局が大きく動いたのは南部戦線である。ラティナ街道を北上するスッラは、シグニアの近くで小マリウスの軍に遭遇し、サクリポルトゥスと呼ばれる場所（正確な場所は不明）で戦闘が行われた。戦いはスッラの勝利であり、敗れた小マリウスはプラエネステへと逃れた。プルタルコスが伝えるスッラ本人の言によれば、二万人を討ち取り、八〇〇〇人を捕虜にしたという(Plut. *Sull.* 28. 15)。その捕虜の中にはサムニウム人も含まれていたが、スッラはこのサムニウム人捕虜を虐殺した。R・シーガーは、サムニウム人がキンナ派の政権下でローマ市民権を手にしていたので、スッラは彼らをローマ市民とみなしていなかったのではないかと解する(87)。理由はどうであれこの措置は、サムニウム人の間に強い敵愾心を引き起こすことになるだろう。

その後スッラはプラエネステの攻囲をオフェッラに任せ、自身はローマへと急いだ。他方、小マリウスは、ローマにいるダマシップス(都市係法務官)に、スッラに友好的な有力元老院議員の処刑を命じた。大神官のスカエウォラ以下、四名の著名な元老院議員が殺害されている(App. *BC.* 1. 88; Liv. *Per.* 86; Oros. 5. 20. 4; Vell. Pat. 2. 26; Flor. 2. 9. 21)。遅れてスッラがマルスの野に到着するや、ローマにいたキンナ派は逃亡し、スッラは彼らを「公敵」と宣言した。そしてローマの民衆に状況の説明を行ったのち、スッラはカルボと対戦すべくエトルリアへと向けてローマを離れた。

北部戦線の動向はというと、おそらく前年のうちにカルボはローマからアリミヌムへと戻っていたものと思われる。アエシス川の戦い(前述)で苦戦するカッリナスの支援に駆け付けているからである。カルボは、この戦いの最中、サクリポルトゥスにおける小マリウス敗北の知らせを聞き、ポンペイウス軍の攻撃を受けながらも、なんとかアリミヌムへと退却した。その後カルボは、アリミヌムの軍隊を二つに分け、アリミヌムの防衛はノルバヌスに任せて、自身はスッラを迎え撃つためにエトルリアのクルシウムへと南下した。クルシウムは第五章の補論で取り上げることになる都市である。他方、ローマを離れたスッラは軍隊を二手に分けて北上した。スッラ自身が率いる本隊の騎兵はエトルリアを流れるクラニス川でカルボの騎兵に勝利し、別働隊はサトゥルニアでの戦いで勝利を収めた(88)。同じ頃、エトルリアに近いウンブリア地方南部のスポレティウムの近郊ではポンペイウスおよびクラッススとカッリナスが衝突し、敗れたカッリナスはスポレティウムへと逃れた。しかし、クルシウムの前で行われたスッラとカルボの戦闘はというと、最後まで決着がつかなかったようである(App. *BC.* 1. 89)。

「前八〇年代の内乱」の最終局面で焦点となったのは、小マリウスが立て籠もるプラエネステをめぐる攻防である。プラエネステの苦境を耳にしたカルボはケンソリヌスの指揮下に八個軍団を送り出したが、ポンペイウスの待ち伏せにより頓挫した。八個軍団のうち一個軍団のみがアリミヌムへと逃げ帰ったという。ケンソリヌスの派遣は失敗したが、南からはランポニウスに率いられたルカニア人とテレシヌスに率いられたサムニウム人が大挙して小マリウスの救出にやってきた。アッピアノスはその数七万と伝える(App. *BC.* 1. 90)[89]。この知らせを聞いたスッラは、プラエネステを攻囲するオフェッラのもとへと急ぐのである。

ガッリア・キサルピナでは、ファウェンティアに陣取るスッラ派の将軍メテッルスをノルバヌスが攻撃していた。しかしこれは失敗に終わり、アッピアノスによれば、一万人が斃れ、六〇〇〇人以上が逃亡し、わずか一〇〇〇人のみがアッレティウムへと逃げ帰ったという(App. *BC.* 1. 91)。別の読みもあるが、「アッレティウム」という読みが正しければ[90]、この一〇〇〇人は、ノルバヌス支援のためカルボによってアッレティウムから送り出されていた部隊なのかもしれない。アッレティウムは第五章で取り上げることになるエトルリアの都市である。内部からの裏切りもあって、キンナ派の重要な拠点であったアリミヌムは間もなくメテッルスの手に落ちることになる。ちなみに敗れたノルバヌスはロドスへと亡命し、その後自害した。

さて、クルシウムに陣取るカルボはダマシップスの指揮下に二個軍団を再びプラエネステへと派遣するが、この試みもスッラにより阻止された。プラエネステへといたる隘路を抑えていたスッラは、小マリウスのための救出作戦をことごとく退けている。そしてカルボは、ガッリア・キサルピナがスッラ派の手に落ちたという知らせを受けたこともあり、この時点で希望を失いクルシウムの軍隊を見捨ててアフリカに向け船出した。

こうしたカルボの逃亡にもかかわらず、プラエネステをめぐる攻防戦は続いた。キンナ派の将軍であるカッリナス、ケンソリヌスそしてダマシップスが、テレシヌス率いるサムニウム軍に北から合流し、小マリウスの救出作戦が展開されたのである。だが、それがうまくいかないと見るや、彼らは陽動作戦として手薄となっていたローマへと矛先を転じ、前八二年一一月一日の朝、コッリナ門の近くでスッラ軍を待ち構えた。スッラは騎兵を先発させてローマへの道を急ぎ、昼ごろローマ近郊に到着した。そして午後遅くに両者の間で戦闘が開始された。戦闘は熾烈を極めたが、最終的にスッラ軍が勝利した。この時スッラ軍の右翼で活躍したのがクラッススである。コッリナ門の戦いでの敗北の知らせを受けたプラエネステはほどなく降伏し、小マリウスも捉えられ殺害された（あるいは自害した）。

こうして、コッリナ門の戦いとプラエネステの陥落をもって前八〇年代の内乱は終焉を迎えた。とはいえ、イタリア内のいくつかの都市はさらに抵抗を続けていた。ノルバが陥落したのは前八一年初頭、カンパニアのノラが陥落したのは前八〇年になってからである。またアエセルニアや、第五章で取り上げるウォラテッラエが陥落したのはさらに遅れ、前七九年のことであった[91]。

おわりに

以上のように「前八〇年代の内乱」は経過した。イタリアで展開されたこの内乱では、ローマ市民権の獲得間もない新市民を含めイタリア内の各都市が、まさに兵士の供給源として重要な役割を演じていた。もちろんローマの支配者層の分裂は、内乱勃発にとって不可欠の条件であったが、それは内乱のいわば発火点にすぎない。強制的にせよ自発的にせよ、共同体単位で内乱へと関与するイタリアがあってはじめて、前八〇年代の内乱は可能だったのである。これこそが、ローマ市民権が全イタリアへと拡大された後の内乱の特徴といえようか。

他方、イタリア内の都市から見れば、これは都市共同体ごとにどちらの陣営につくかの判断を迫られた内乱であり、各都市は様々な利害計算をもとに決断を下した。[92] 同盟市戦争の結果として新たにローマ市民となった自治都市（新市民）でも、また古くからの自治都市でも事態は大きく異ならなかったことであろう。[93] 言い換えるならば、内乱の際には、かつての独立した都市国家の時代のように、自立した判断とその結果に対する連帯責任とが各都市に求められたのである。当然、内乱後の報酬や処罰も基本的にはこの都市単位でなされることになる。そこで次に、内乱後の処罰の一環としてなされた退役兵の植民について見ていくことにしよう。

註

（1）マリウスの甥とする説もあるが、ここでは *OCD*^{4}, s. v. Marius（2）に従い、マリウスの息子とする。
（2）Bulst（1964）.
（3）この事件の概略について詳しくは、砂田（一九八六）参照。
（4）トリブス制について詳しくは、砂田（二〇〇六）参照。
（5）伝統的解釈については、砂田（一九八六）参照。他に、Badian（1976）, 47-48; Cagniart（2007）, 82 など。
（6）たとえば Brunt（1971/1987）, 104-105 は、「革命の新しい段階」と表現している。
（7）「元老院最終決議」については、砂田（一九八九）参照。
（8）Meier（1980）, 222-228.
（9）Keaveney（1982c）, 56-77.
（10）Keaveney（2007）, 66-69, 93-99.
（11）De Blois（2000）; De Blois（2007）.
（12）ミラーの主張について詳しくは、砂田（一九九七）参照。

(13) ちなみにキーヴニーも、二〇〇五年に出版された『スッラ』第二版では、コンティオに関する研究である Pina Polo (1995)を援用しながら、本文中で同様の補足説明を行っている。Keaveney (2005), 52.
(14) 前八八年のスッラによるローマ占領後の状況については、Katz (1975)が詳しい。
(15) Badian (1962/1964).
(16) たとえば、Bulst (1964)など。
(17) Lovano (2002), 10.
(18) Lovano (2002), 137-140.
(19) 前八七年の政治的経過については、Katz (1976)が詳しい。
(20) Lovano (2002), 35-36.
(21) Lovano (2002), 34.
(22) Sherwin-White (1939/1973), 21-37; Cornell (1995), 347-352; Smith (2007), 172-174.
(23) Salmon (1964), 60-79.
(24) Broughton (1952), 48.
(25) ただし、アッピアノスはその場所に関して、一貫してノラではなくカプアとする。
(26) Pfiffig (1979), 141-152; Rawson (1978/1991), 291-295.
(27) Ruoff-Väänänen (1975b).
(28) Ruoff-Väänänen (1975a).
(29) Harris (1971), 206-207.
(30) Ruoff-Väänänen (1975b), 78-79.
(31) ちなみに、ティブルやプラエネステの動機についても、史料がそれを明記していないだけに、「トリブス再配分」以外の別の動機が働いていた可能性はある。
(32) Brunt (1971/1987), 440-441.
(33) Lovano (2002), 141-159.
(34) Keaveney (1987), 158.

(35) Brunt (1971/1987), 91.
(36) Brunt (1971/1987), 91; Keaveney (1987), 182.
(37) 以下、サッルスティウス『歴史』の史料番号は、Loeb Classical Library の新版(Ed. and Trans. By J. T. Ramsey, 2015)による。また、訳註としては、McGushin (1992)(1994)を参照した。
(38) グラニウス・リキニアヌスは、キンナ派の使節をC・フラウィウス・フィンブリアとする(Licin. 35. 30C)。
(39) Salmon (1964), 65–66; Brunt (1971/1987), 441.
(40) ただし、キーヴニーは、前八七年に全イタリア人への市民権付与は終わっていたとしながらも、その後もサムニウム人とルカニア人は実質的な独立を保持していたとして、サーモン説を批判している。Keaveney (1982b), 500–505.
(41) ケンススの数字は、Brunt (1971/1987), 13–14による。
(42) たとえばBeloch (1886/1979), 352は、冒頭のDが脱落したと見て、四六万三〇〇〇人を九六万三〇〇〇人に訂正している(CCCCLXIII milia → DCCCCLXIII milia)。
(43) 詳しくは、砂田(二〇〇八b)参照。
(44) 岩井(一九八八/二〇〇〇)、一一八―一二三頁。
(45) Wiseman (1969), 66–70. ニュアンスは異なるが、Taylor (1960), 120も。
(46) Brunt (1971/1987), 104–106, 700–702; Lo Cascio (2001), 597–599.
(47) Cornell (1988).
(48) Taylor (1960), 105; 岩井(一九八八/二〇〇〇)、一一六―一一八頁。
(49) Harris (1971), 233–236; Ruoff-Väänänen (1975b), 80; Keaveney (1982b), 505–508; Seager (1994a), 180–184.
(50) 一八八七年に、すでにモムゼンがそのような読み(解釈)を提案している。ただしモムゼンは、前八七年に元老院政府によって民会における平等化は一旦達成されていたと考えているようである。Mommsen (1887/1908).
(51) Badian (1962/1964), 226.
(52) Lovano (2002), 108–109参照。
(53) たとえば、Keaveney (1987), 185など。
(54) Bulst (1964), 324.

（55）カルボはなぜか、前八三年の執政官には就任していない。ちなみに、その後の執政官は、前八三年がスキピオ・アシアティクスとノルバヌス、前八二年は小マリウスとカルボであった。
（56）Lovano（2002），88.
（57）Lovano（2002），88.
（58）Lovano（2002），chap. 4.
（59）同盟市戦争時ではあるが、ガッリア人、ヌミディア人、マウレタニア人そしてヒスパニア人などが補助軍として利用されていた。吉村（一九六二―六三／二〇〇三）、八〇頁。
（60）たとえば、Seager（1979/2002），8; Cagniart（2007），84 など。
（61）ポンペイウス関与の可能性については、Keaveney（1982a），114 参照。
（62）ウェディウスは、ピケヌム地方を含めた中部イタリアに広く見られる人名とされている。Syme（1961/1979），529.
（63）Badian（1958），247.
（64）Rawson（1978/1991），289–323.
（65）この論争について詳しくは、砂田（一九九七）参照。
（66）Rawson（1978/1991），290–291.
（67）Keppie（1984），69–70.
（68）たとえば、Keaveney（1982a），117 は、ウェンティディウス兄弟をアウクシムムの「二人委員」と考えている。他方、Brunt（1971/1987），408 は、都市参事会の関与を想定する。
（69）ギリシア語役職名の同定は、Mason（1974），164 による。
（70）軍団将校に関するプロソポグラフィ研究としては、Suolahti（1955）; Wiseman（1971），143–147 参照。
（71）De Blois（2000）; De Blois（2007），165–169.
（72）De Blois（1994）によれば、このような階層を再び体制内に取り込むのに成功した政治家こそがアウグストゥスであったという。
（73）Keaveney（1982a），514; Seager（1994a），203.
（74）たとえば Badian（1958），246–247 など。

（75）これ以降が「ローマ最初の内乱」とされる場合もある。Keaveney（2005），108–123.
（76）詳しくは，Santangelo（2007），73–75 参照。
（77）Brunt（1971/1987），441.
（78）Brunt（1971/1987），441–443.
（79）Badian（1962/1964），227–228.
（80）Frier（1971）.
（81）Lovano（2002），115–116.
（82）同交渉について詳しくは，Strisino（2002），33–40 参照。
（83）Pozzi（1913/14），658.
（84）Seager（1994a），190 は，プラエネステへ向かったとする。
（85）Keaveney（2005），114.
（86）Brunt（1971/1987），442–443.
（87）Seager（1994a），192.
（88）Keaveney（2005），119 の解釈による。
（89）Pozzi（1913/14），673 は，この記述は明らかな誇張であり三万人が妥当とする。
（90）Pozzi（1913/14），678; Gabba（1958），242–243 による。Loeb 版のテキストは「アリミヌム」の読みを採用している。ファウェンティアからアッレティウムでは少し距離があるようにも思えるが，ガッバはフロレンティア経由のルートで帰還は可能とする。
（91）Seager（1994a），195.
（92）Salmon（1964），71–72; Brunt（1971/1987），106.
（93）反スッラか親スッラか，都市ごとの詳しい検討は，Keaveney（1982b）参照。

第二章　スッラによる戦後処理
――イタリアへの退役兵植民――

はじめに

アッピアノスによれば、スッラは自身に敵対した都市に対して、アクロポリスの破壊、城壁の取り壊し、罰金（あるいは領地没収）、そして重い課税をもって臨み、彼のために戦った兵士を入植者としてそこへと送り込んだという（App. *BC.* 1. 96）。本書が取り上げようとしているのは、このうち「彼のために戦った兵士の入植」、つまり退役兵植民である。序章でも述べたように、スッラは〈友－敵〉の区分をとりわけ重んずる政治家であった。彼が自身の墓碑銘に刻ませたとされる、「友人たちが自分に施してくれた善も、敵が自分に加えた悪も、私自身のふるまいをしのぐものはなかった」（Plut. *Sull.* 38. 6）という一節が示唆するように、戦後処理の一環としての退役兵の植民も、このような方針でなされたに違いない。

ところが、内乱の経過に関しては比較的詳しい記述を残しているアッピアノスにしても、この退役兵植民に関する記述はそっけないほどに簡潔である。細かな点はもちろんのこと、植民市の数は一体いくつで、どこに植民されたのかといった基本的な情報さえ提供してはくれないのである。これも序章で述べたように、本書はスッラによる退役兵植民の全体像の提示を目的とするものではないが、全体像をある程度押さえておかなければ、個々の都市の体験も、その意味するところは十全に伝わらないであろう。そこで、次章以下での具体的な検討に先立って、スッラの退役兵植民の概要と、それをめぐる研究状況を紹介する。最近の研究では、伝統的な理解に修正を迫るような興味深い問題提起がなされているのである。

だが、その前に、まずはスッラという人物について少し見ておくことにしよう。なるほどスッラの人となりは、本書の考察に直接関連してはこないが、それでも彼の出自や家柄、そして独裁官にいたるまでの経歴を確認しておくことは、退役兵植民の検討にあって必ずや役立つであろうと思われるからである。

一　スッラの経歴

ルキウス・コルネリウス・スッラが属したコルネリウス氏はいわゆるパトリキ貴族のひとつであり、その中でもとりわけ名門の氏族であった。「身分闘争」の結果として平民の上層にも執政官職への道が開けたとはいえ、共和政末期においてもなお名門のパトリキ貴族は隠然とした力を保持していた。ちなみに、コルネリウス氏に属する人物としては他に、北アフリカのザマの戦いでハンニバルに勝利した大スキピオや、前一四六年にカルタゴを滅ぼした小スキピオなどが有名である。また、スッラと対立したキンナも他ならぬコルネリウス氏族の一員であった。

もっとも、共和政末期ともなるとすでに氏族(gens)としてのまとまりは希薄であり、むしろその下部単位にあたる家(familia)が重要となっていた。Ａ・キーヴニーによれば、スッラ家は名門コルネリウス氏に属する七つの家の中で最も目立たない家系であったという[1]。確認できる最初のメンバーは前三三四年の独裁官プブリウス・コルネリウス・ルフィヌスとされている。しかしこの人物については、名前以外のことはほとんどわかっていない。それに対して、彼の同名の息子については、幾分その活動が知られている。後者のルフィヌスは、前二九〇年に執政官に就任するとサムニウム戦争で活躍し、ついで前二八五年頃父親同様に独裁官となったようである。前八〇年代の内乱終了後にスッラが独裁官職を求めたのは、このような祖先の経歴と関連があるのかもしれない。ルフィヌスはさらに前二七七年、二度目の執政官に就いたが、これがスッラ以前におけるこの家系の最後の執政官職となった。つまり、スッラ家は二〇〇年近く執政官を出していなかったことになる。

この家系で最初にスッラを名乗ったのは、前二七七年の執政官の息子プブリウス・コルネリウス・スッラとされている。彼は前二五〇年のユピテル神官であったが、政治家としてはほとんど目立った活動をしていない。彼の息子は前二一二年に法務官となり、ついでその息子も前一八六年に法務官となっている。この前一八六年の法務官がスッラの祖父にあたる。何人か法務官を出してはいるものの、たしかに法務官止まりの経歴は名門コルネリウス氏に属する家系として寂しいものがあるといえよう。そして前一八六年の法務官の息子、つまりスッラの父親にいたってはその経歴が全く不明なのである。プルタルコスによれば、スッラは父親から遺産を受け取ることができず、非常に貧しい青年時代を送ったという。古い伝統を有するパトリキ貴族に属したとはいえ、若い頃のスッラはいわば「没落貴族」に近い状態であったといえようか。

ところで、スッラが政治家としての歩みを始めたのは、「マリウス時代」にあたる。マリウスは軍人として台頭し最後まで軍事的な名声を追い求めた類の人物であり、政治家としてはほとんど見るべきものがない。しかし、執政官職に当選を果たした際の彼の手法は今日のポピュリズムとも似かよったところがあり、興味深い[2]。中部イタリアの地方都市アルピヌム出身のマリウスは、先祖に元老院議員を持たないいわゆる「新人」であったが、当時の名門メテッルス家の庇護のもと政治的な昇進を遂げつつあった。マリウスにとって大きな転機となったのは、前一一一年に始まったユグルタ戦争である。これは北アフリカにあったヌミディア王国の王ユグルタとの戦争であったが、戦況ははかばかしく進展せず、ユグルタによる元老院議員買収の噂も囁かれていた。マリウスも保護者メテッルスのもと、彼の副官としてこの戦いに従軍していたのであるが、前一〇八年、そのメテッルスの制止を聞かず、翌年の執政官に立候補すべくローマへと舞い戻った。そしてローマへと帰還したマリウスは、あろうことか戦争の遅延をメテッルスに帰す反メテッルス・キャンペーンを展開し、民衆の支持のもと執政官職を手にしたのである。ノビレス貴族の政治的腐敗を民会で煽るようなやり方での選挙戦であった。もっともここで民衆とはいっても、富裕者に有利なケントゥリア民会の構成のことを考えれば、一般民衆というより、富裕な平民層を含めたローマ市民全般の支持と考えた方がよいだろう。

長らく共和政期ローマの政治をリードしてきたのは、ノビレス貴族と呼ばれる支配者層である。ノビレス貴族とは祖先に執政官就任者を有する家柄のことであり、パトリキ貴族はもちろんのこと、前三六七年のリキニウス゠セクスティウス法以降は、平民の上層家系もこの支配者層を構成した。彼らは、祖先の威光を背景としてその先例に倣いながら自らも執政官に就任し、ローマの統治と帝国支配を担っていたのである。もちろん、共和政期のローマには民会での選挙が存在したので、決して独占的・排他的というわけではなかったが、彼らが執政官に占める割合はかなり高かった。歴史家サッルスティウスは、「執政官職のたらい回し」とまでいっている(3)。ユグルタ戦争が長引くのを背景に、このようなノビレス支配に対してローマ市民は「新人」マリウスの執政官選出という形で「否」を突き付けたのであった(4)。この時期は、マリウスの他にも幾人かの「新人」政治家が執政官に就任しており、反ノビレスの感情がいつになく高まっていた時代といえよう。

スッラに話を戻そう。スッラにとっての最初の転機は、継母およびニコポリスという女性からの遺産相続によって訪れた。父親から遺産を相続できず、「没落貴族」状態にあったスッラは、これでようやくパトリキ貴族の一員にふさわしいような政治経歴を歩み出すことができるようになったのである。まずスッラは、前一〇八年の選挙に臨み、前一〇七年の財務官に選出された。前一〇七年は、前述のごとくマリウスが執政官となり、メテッルスに代わってユグルタ戦争の指揮権を手にした年である。そのマリウス付きの財務官となったスッラは、この年かあるいは翌年に、イタリアで徴募を託されていた騎兵を連れてマリウスのもとに合流した。そして前一〇五年には、副官としてマリウスを手助けし、ユグルタの義父にあたるマウレタニア王ボックスとの間にユグルタ引き渡しのための重要な交渉を行い、ユグルタの引き渡しを成功させたのであった。もちろん、スッラがこの手柄を強調することはマリウスにとって面白くないことであったに違いない。だが、この戦争の最高指揮官はあくまでもマリウスであり戦争終結の功績も彼のものだった。事実マリウスは、前一〇四年から前一〇〇年にかけて、今度は南下するゲルマン人に対する戦争指揮権を託されているのである。しかもそこで再びスッラを副官として抜擢しているので、この時点ではまだ、両者の対立は決定的なものでなかったのであろう。もっともスッラは、このゲルマン人に対する戦争の過程で、マリウスの副官からカトゥルスの副官へと転じている。キーヴニーも指摘するように、「新人」マリウスの活躍を快く思わないノビレス貴族の感情をスッラが敏感に感じ取り、次第にマリウスから離れていったのかもしれない(5)。

前九七年、スッラは法務官に選出された(6)。とはいえ、これは決して順調な昇進ではなく、前年の落選を受けての当選であった。その後、属州総督としてカッパドキアへと赴いたが、彼がカッパドキアにどれだけの期間赴任していたのかはよくわかっていない。最近の研究ではローマに帰ったのは、前九三年末か前九二年の初頭ではないかとされている(7)。この説によれば、帰還後スッラがローマで無為に過ごした期間は従来の理解より短くなる。ローマ帰還後のスッラには二つの事件が待ち受けていた。ひとつは、ケンソリヌスという人物による、不法利得を理由にした訴追である。この訴追は結局のところ引っ込められたが、少なくともスッラの執政官立候補に打撃を与えたのではないかとされている。前九一年、より重要な「ボックス彫像事件」が起こった。先述のマウレタニア王ボックスが、自身がユグルタをスッラへと引き渡している彫像をカピトリウムに設置しようとしたのである。これは執政官を目指すスッラにとってはもちろんプラス材料であったが、これを機会にマリウスとの対立は決定的なものになったとされている。ところが、両者の衝突は偶然にも回避された。前九一年冬に、同盟市戦争が勃発したからである。この戦争においてスッラは、執政官の副官として南部戦線で戦い、中部イタリアのマルシ人との戦いではマリウスとも協力した。この成果もあって、同盟市戦争が収束しつつあった前八九年の選挙で、スッラはようやく執政官に選出されることになった。こうして、スッラは前八八年の執政官となり、前章で述べたように、この年「ローマ進軍」を行い、それを契機にしてローマは前八〇年代の内乱へと入り込んでいくのである。

さて、実質的に内乱が終結した前八二年、おそらくその年のうちに、スッラは独裁官に就任した。独裁官は、臨時的なものとはいえ、共和政ローマの国制にしっかりと組み込まれていた正規の官職であり、決して「独裁者」ではなかった。対外的な危機の克服や、時には国内の争いの調停(前二八七年の独裁官ホルテンシウスが有名)のために臨時に指名されたポストである。しかしながら、本質的には共和政と相容れないこの独裁官という制度が次第に廃れつつあったのも確かである。前二〇二年にセルウィリウスという人物が「選挙民会開催のための独裁官」に指名されたのが、スッラ以前における最後の独裁官であった(8)。つまり、一二〇年の中断を経て、スッラはそれを復活させたことになる。

しかもスッラの独裁官職は、三点において従来のそれとは大きく異なっていた(9)。第一に、その任命方法である。法的には全く申し分のない手続きを踏んでいたとはいえ、執政官による指名という従来の方法をとらなかった。まず、独裁官を指名するための執政官が不在であったので、スッラは中間王の選出を指示した。中間王は本来、執政官不在の際、それに代わって執政官選挙を主催する非常の官職である。しかしこの度は、中間王に指名された筆頭元老院議員のウァレリウス・フラックスが、通常の執政官選挙を行うのではなく、中間王としてケントゥリア民会を開催し、立法により（ウァレリウス法）スッラを独裁官に指名した。どうやらスッラは、そのような手続きを踏むべきこと、そして自身が独裁官を引き受ける意志があることを事前に告げていたようである。スッラにより騎兵長官（＝独裁官の副官）に指名されたのは、ウァレリウスその人であった。執政官の選出を行った上での独裁官指名という方法もありえたと思われるが、キーヴニーも指摘するように、そうなると指名を行った執政官とともにスッラも一旦は独裁官職を退かなければならないという点が不都合に感じられたのかもしれない。

第二に、前代未聞の大権が一人の人物に託された点である。そもそも独裁官職は非常の職であり、国家の危機を乗り切るためにかなりの権限が与えられていた。しかしながら、時の経過とともに、たとえば「ラテン大祭挙行のための独裁官」「選挙民会開催のための独裁官」「元老院議員補充のための独裁官」等々、その権限は次第に限定されていく傾向にあった。ところが、スッラが就任した独裁官の正式名称は、「法の制定と国家再建のための独裁官」（dictator legibus faciendis et reipublicae constituendae）であり、本来の独裁官が帯びていたような、否それ以上の権限を有したのである。ローマ共和政が立法と行政とを明確に区分していたと思えないが、おそらくこの長い名称の前半部は民会の活動にあたる「立法」行為を、また後半部は政務官の活動にあたる「行政」を指しているのだろう。ともかく、「国家再建」を理由にすれば、独裁官スッラは何であれ行うことができたと考えてよい。キケロがウァレリウス法を、「国家に対して僭主を生み出した」と表現しているのは（Cic. *Leg. agr.* 3. 5）、その本質を言い当てている。もっとも、「時（の必要性）によって作り出された」と、キケロは一定の理解を示してもいるが。実際、非常に広範囲にわたって改革を行うことになるスッラにしてみれば、このような大権を伴った非常職の設置こそが必要不可欠と判断されたのかもしれない。

第三に、その任期があらかじめ定められていなかった点である。従来の独裁官にあっては最大の任期が半年であり、共和政ローマがいかに一人の人物に権限が集中するのを避けようとしていたかを窺い知ることができる。そもそも共和政ローマの政務官職は、執政官も含め任期が一年であり再選も制限されていたが、独裁官についてはさらに厳しい規制が働いていたのである。ローマ最初の内乱後の混乱のことを考えれば半年任期からの除外はある程度は納得されうるところであるが、このような措置が合法的に「独裁者」を生み出すきっかけになるという点も、世界史の歩みからわれわれは学んでいる。だが、スッラには、独裁官に就任し続け絶大な権力を握り続ける気は全くなかった。よく知られているように、国家再建の仕事が片づいたと見るや独裁官を辞し、カンパニアに退いて必ずしも平穏とはいえない余生を送っているのである。この辞職は、前七九年に置かれるのが一般的であるが(10)、最近では、前八一年末、次年度の執政官に就任する前に辞職したのではないかとする説も出されている(11)。となれば、独裁官に伴う権力への執着のなさはより際立ってくるといえよう。

二　退役兵植民の規模をめぐって

ついで、退役兵植民の規模をめぐる議論を手短に見ていこう。次節で検討する植民市リストにとって重要となるような興味深い新説が提起されているからである。

リウィウスの『梗概』は、獲得された土地にスッラが四七個軍団を送り出したと伝え(Liv. *Ep.* 89)、他方、アッピアノスは退役兵の軍団数を二三個とし(App. *BC.* 1. 100)、その実数を一二万人と記している(App. *BC.* 1. 104)。一般的に採用されているのは、後者アッピアノスの記述である。しかしこのアッピアノスの一二万人という数字に関しても、それが機械的な計算で導き出されたものにすぎない可能性が指摘されている。実際のところ、アッピアノスの記述をもとにすると一軍団あたりの退役兵は約五二〇〇人となるが、これは通常の一軍団の兵士数とほぼ一致する。ブラントは、そもそも内乱時の軍団が当初から定員数を満たしていたとは考え難いとし、また戦争中に人的損失が生ずることも考慮して、退役兵の上限を八万人、一軍団あたりの退役兵は四〇〇〇人以下、都市数は約二〇（多分二三）と見積っている[12]。一都市あたりの植民者数は、約四〇〇〇人といった計算であろうか[13]。

それに対して、このように八万人に改訂されたブラントの数字すらまだ大きすぎると批判するのが、Ａ・タインの研究である。タインは、植民の対象をミトリダテス戦争時から従軍していた退役兵三万人に限定し、植民された都市も一二と非常に小さく見積っている[14]。この推定によれば、一都市あたりの平均は二五〇〇人となる。ちなみにこれは、ポンペイに関する植民者数の見直しとも合致する。ポンペイにおいても、退役兵の植民者数としては、四〇〇〇〜五〇〇〇といった人数が伝統的に受け入れられてきたが[15]、最近の研究では、植民者数をより低く見積り、一五〇〇〜二〇〇〇人とする見解が提出されているのである[16]。

タインは上記のような主張を行うにあたって、市民相互の内乱とりわけイタリアを主戦場とした戦いにおいては、故郷に逃げ帰ってしまう兵士がいたという事実に注目する。たしかに、この現象は退役兵植民と関連づけて考えるならば、少なからぬ意味合いを帯びてくる。たとえば、前章での内乱の経過でいうと、前八四年にアンコナで生じたキンナ殺害にいたる事件の際に、嵐で難破しなんとか岸に辿り着いた先行部隊はそのまま故郷へと帰ってしまったとされている（App. *BC*. 1. 78）。また前八二年、ケンソリヌスの指揮下にプラエネステへと送られようとしていた八個軍団の兵士も、ポンペイウスの待ち伏せによりうち破られた後、その大部分が故郷に帰ってしまったという（App. *BC*. 1. 90）。イタリア内の諸都市が不可避的に戦争へと巻き込まれ、その住民が半ば強制的に兵士として徴募された感のある前八〇年代の内乱において、この現象は十分納得しうるところであろう。しかもこれは、イタリアで待ち受けるキンナ派だけに見られた現象ではなかった。プルタルコスの記述によれば、初戦におけるノルバヌスに対する勝利の時点まで、スッラには、兵士たちがイタリア帰還とともに分散して故郷の町々に帰ってしまうのではないかという不安が残っていたという(Plut. *Sull.* 27. 5–6)。スッラが東方から連れ帰った兵士は、前八八年にスッラの「ローマ進軍」を支持した者たちであるが、その彼らにしても、除隊後の土地を期待してどこまでもスッラについていくのではなく、イタリア内での内乱勃発に際して故郷に帰ってしまう可能性がありえたことが示唆されている。これまでの研究においては、マリウスの兵制改革以降の「無産化」し「私兵化」した軍隊という理解のもと、兵士の植民願望があまりにも自明のものとされすぎたのではないか。実際には、内乱中の逃亡による故郷への帰還だけではなく、内乱後も必ずしも見知らぬ土地に住むことを欲するのではなく、故郷へと帰って以前の生活に戻ることを望む兵士もいたのではないかと想像されるのである。その意味で、先のタインの問題提起は非常に重要であり、退役兵植民の対象を主にミトリダテス戦争に従軍した兵士とし、その数をこれまでよりさらに低く見積ることは、かなり有効な解釈ではないかと私は考えている。

三　退役兵植民の対象都市

スッラの退役兵植民に関しては、T・モムゼンの研究以来[17]、いくつかのリストが提出されている。それだけ植民市の確定作業が難しいということでもあるが、これには史料の現状が大きくかかわっている。

まず重要なのは文献史料である。先にも述べたように、アッピアノスなどの基本史料には具体的な記述がほとんどない。このことが、スッラの植民市の特定を大きく制約している。ただし、それ以外の文献史料からスッラの植民市を確認できる場合があり、とりわけ大プリニウスの記述が重要となる。次に、碑文史料がある。碑文に植民市への直接的な言及が見られる場合はもちろんのこと、都市公職者が植民市に多く見られる二人委員である場合も、当該都市を植民市とすることができる。しかし、碑文史料にあっては、当該都市が正確にいつ植民市になったのかを確定できないことも多い。たとえば、アウグストゥス時代に同定される碑文であっても、植民市となったのが、アウグストゥス時代なのか、それに先行する三頭政治家やカエサルの時代なのか、あるいはさらに遡って本書が考察しているスッラ時代なのか、確定できないケースが多々あるのである。

スッラの植民市関連の史料にはもうひとつ留意すべき点がある。それは、『植民市の書』(Liber coloniarum)と呼ばれる史料の存在である。これは、四世紀の成立とされる編纂物であるが、情報源となっているのはアウグストゥスとティベリウスの後援で作成された資料(Liber Augusti Caesaris et Neronis)ではないかと考えられている[18]。これはその名の通り、属州を含めて地域ごとに植民市を列挙し簡単な説明を施した史料であり、実際のところ、「スッラの法により建設された」あるいは「スッラの法により城壁で囲まれた」と説明される都市がいくつかある[19]。これらの記述をもとにすれば、われわれは当該都市をスッラの植民市に数え上げてもよいことになるだろう。しかしながら、一般的にはこの書は史料価値が低く、典拠として単独で用いるのは危険とされている。後述するように、全く使えないというわけではないものの、『植民市の書』をどこまで史料として用いるかは非常に難しい問題となっている。

さて、このような研究状況と史料状況の中で、本章では最新のF・サンタンジェロのリストをもとにして[20]、A確実な植民市、B(植民市となった)可能性のある都市、C個人的土地分配の対象都市に分類し、検討を行っていきたい。サンタンジェロのリストを基本とするのは、それが最新のものであるという理由に加え、明確な基準により「確実な植民市」と「可能性のある都市」を分けていることによる(後述)。また、先のモムゼンに加えて、E・ガッバのリストや[21]、B・キャンベルによる『植民市の書』に関する註釈書にも随時言及する[22]。現在の史料状況においては、そもそも最終的なリストに到達するのは不可能であると思われるが、スッラの退役兵植民の全体像を押さえる上で必要

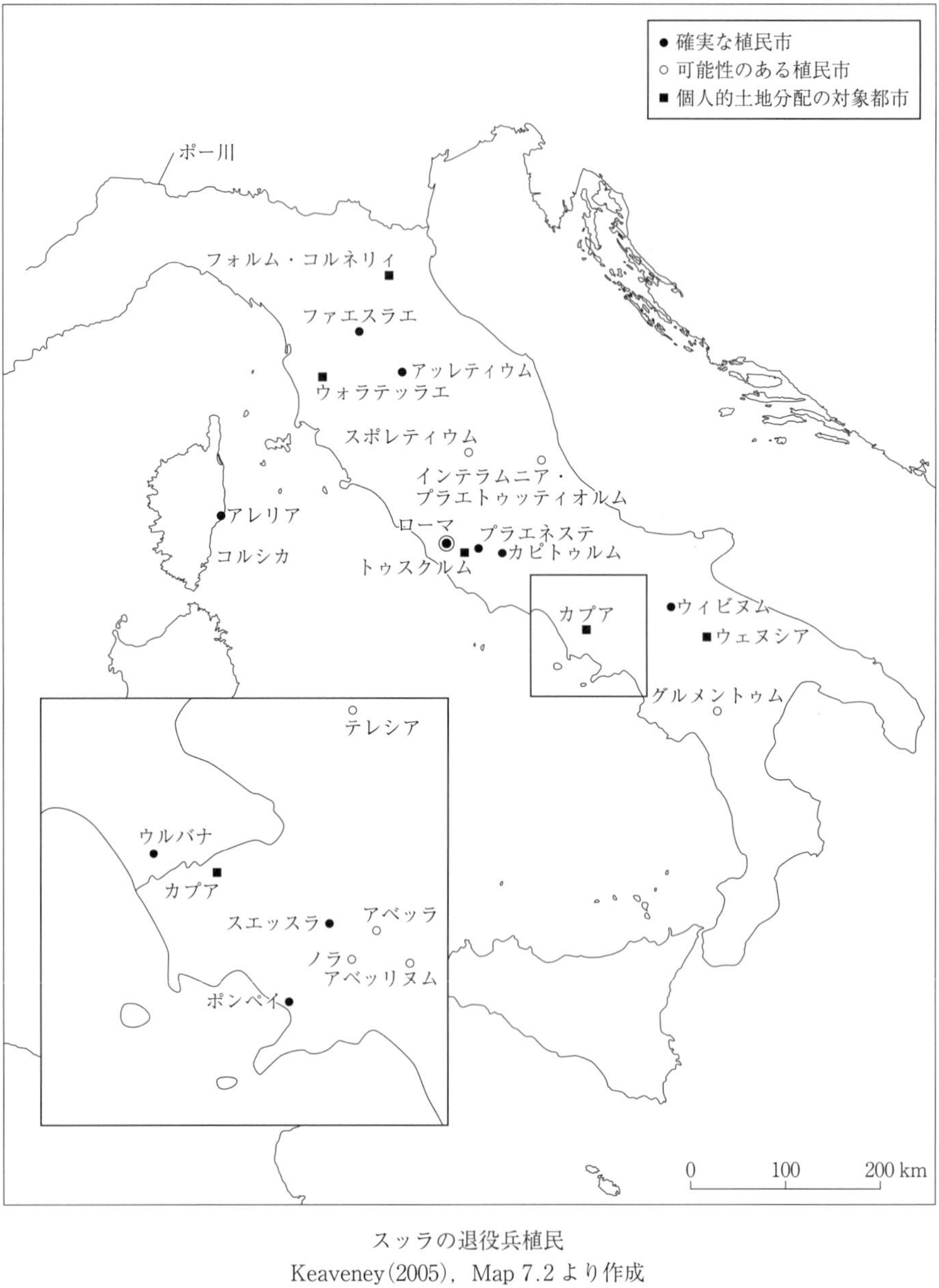

スッラの退役兵植民
Keaveney(2005)，Map 7.2 より作成

な情報をひとまず提示することはできるであろう。

A　確実な植民市

①　アレリア(Plin. *NH.* 3. 80)：コルシカ島
②　アッレティウム(Cic. *Mur.* 24. 49, *Dom.* 30. 79, *Caec.* 33. 97; Plin. *NH.* 3. 52)：エトルリア地方
③　カピトゥルム(*Lib. col.* 232. 20)：ヘルニキ地方
④　ファエスラエ(Cic. *Cat.* 3. 14, *Mur.* 24. 49)：エトルリア地方
⑤　ポンペイ(Cic. *Sull.* 60–62)：カンパニア地方
⑥　プラエネステ(Cic. *Cat.* 1. 3. 8, *Leg. agr.* 2. 28. 78)：ラティウム地方
⑦　スエッスラ(*Lib. col.* 237. 5)：カンパニア地方
⑧　ウルバナ(Plin. *NH.* 146. 62)：カンパニア地方
⑨　ウィビヌム：サムニウム地方

これらのうち、いずれの研究においてもほぼ例外なく認められてきたのが、①②④⑤⑥⑧の六都市である。[23] 典拠からも明らかなように、ここで「確実な植民市」に分類されているのは、碑文史料だけではなく文献史料によってもスッラの植民市であったことが確認される都市である。これは前述のごとく、碑文史料だけでは当該都市がいつの時点から植民市であったのかが確定できないことによる。サンタンジェロはそれにいくつかの都市を付け加えてもいるので、順次見ていこう。

①のアレリア(Aleria)は、スッラによって唯一イタリア外に建設されたことが知られる植民市である。大プリニウ

スの記述をもとにすると、すでにマリウスがコルシカ島にいくつかの植民市を建設していた中でこの退役兵植民市が建設されたことがわかる。イタリアの場合とは異なり、先行するマリウスの植民市への対抗という特殊な事情が絡んでいたのだろう。

②のアッレティウム(Arretium)については、第五章で詳しく取り扱う。

③のカピトゥルム(Capitulum)は、『植民市の書』において挙げられている都市である。サンタンジェロも『植民市の書』に見られる都市のうち、他の文献史料から傍証が得られないものについては、城壁建設への言及にすぎないとして基本的にリストから外している[24]。だが、カピトゥルムに関しては、一般的に植民市の建設を意味するdeducereという動詞が用いられていることを根拠に確実とするのである。しかしモムゼンおよびキャンベルは懐疑的であり、ガッバも植民市として挙げていない。

④のファエスラエ(Faesulae)については、第四章で詳しく取り扱う。

⑤のポンペイ(Pompeii)についても、第三章で詳しく取り扱う。

⑥のプラエネステ(Praeneste)は、前章で紹介したように、前八〇年代の内乱において最後の攻防戦の焦点となった都市であり、その結果として、最も厳しい処分を受けることになった。アッピアノスによれば、降伏後のプラエネステに対しては、女性や子供は許されたものの成人男子市民全員の殺害が命じられたという(App. *BC.* 1.94)[25]。サンタンジェロは、スッラによる退役兵植民が実施された際、旧住民と植民者との間に摩擦・軋轢が確認されないことを理由に、実際に旧住民のかなりの部分が殺害されたのではないかと推定する[26]。プラエネステに関しては、このような植民の実情からして個別に考察するに値し、またそれに見合うだけの史料も残されているように思えるが、残念ながら諸事情により、本書ではこれ以上踏み込んで考察することはできなかった。他日を期したい。

⑦のスエッスラ(Suessula)は、③のカピトゥルムと同様『植民市の書』に現れる都市である。サンタンジェロは、

カピトゥルムの場合と同様に deducere という動詞の使用、および碑文史料における二人委員の存在（*CIL* X. 3764. 3765）をもって確実としている。モムゼンもキャンベルも植民市として挙げているが、ガッバは「個人的土地分配」（後述）とする。『植民市の書』の中で同じ deducere という動詞が用いられている場合であっても、モムゼンとキャンベルの見解が一貫していないのが印象的であろう。

⑧のウルバナ（Urbana）については、第六章で取り扱う。

⑨のウィビヌム（Vibinum）は、先行研究ではこれまで全く挙げられることがなかった都市であるが、サンタンジェロは、一九八九年発見の一碑文をもとに（*AE* 1991, 518）、これをスッラの植民市に含めている。その論拠となっているM・パーニの論文を見てみるならば(27)、カラカッラ帝のために捧げられた碑文中に Colonia Vibina という文字が見えることから、従来、変則的に二人委員を持つ自治都市とされてきたウィビヌムが実は植民市であったと確認されたことがわかる。そして植民市ウィビヌムがいつ建設されたのかについても考察がなされ、スッラ時代が想定されているのである。しかしながら、その根拠は、正式名称に皇帝の氏族名が含まれないことやウィビヌムの地政学的な位置といったいわば状況証拠的なものにすぎず、文献史料が確たる傍証となっているわけではない。となれば、サンタンジェロ自身の基準からして、これはむしろ次のBの項目に含めた方がよかったのではないか。

他方で、これまでスッラの植民市として挙げられることが多かったクルシウム（Clusium）やフロレンティア（Florentia）、そしてインテラムニア（Interamnia Praetuttiorum）といった都市が、このリストからは除かれている。そのうち、インテラムニアは、B可能性のある都市へと移されているので、その箇所で論ずることにしよう。また、クルシウムについては第五章補論、フロレンティアについては第四章で取り扱う。

B　可能性のある都市

①アベッラ：カンパニア地方
②アベッリヌム：カンパニア地方
③グルメントゥム：ルカニア地方
④インテラムニア・プラエトゥッティオルム：ピケヌム地方
⑤ノラ：カンパニア地方
⑥スポレティウム：ウンブリア地方
⑦テレシア：カンパニア地方

ここで、スッラの植民市であった「可能性のある都市」として分類されているのは、サンタンジェロの基準によると、文献史料や碑文史料によってアウグストゥス時代には植民市であったことが確認できるものの、その建設時期がスッラ時代なのかどうか特定できない都市のことである。その中には、可能性の極めて高いものからそうでないものまでが含まれている。これも、順次見ていこう。

リスト中、最も可能性が高いとされているのは⑤のノラ(Nola)である。ノラはアウグストゥス時代の植民市であるが、前章でふれたように、エトルリアの諸都市と並んで最後までスッラに抵抗した都市のひとつであった。このような背景をもとにサンタンジェロは、スッラが単なる土地の割当てだけではなく植民市の建設まで行った可能性を示唆する。モムゼンやガッバも、確実な植民市として分類している。キャンベルも、G・シュケとF・ファヴォリの研究(28)をもとに三種類の地割(grid)が見られることを確認し、それぞれスッラ、アウグストゥス、ウェスパシアヌスに同定している。(29) さらにサンタンジェロは、スッラの手により解放され「コルネリィ」と呼ばれた大量の解放奴隷がこのノラに入植したのではないかとする。(30) 興味深い推定といえようか。

①のアベッラ(Abella)も、スパルタクス蜂起時の前七三年にすでに植民市であったことが知られるので(Sall. *Hist.* 3.43)、(31) スッラの植民市であった可能性が高いとされている。

④のインテラムニア(Interamnia Praetuttiorum)は、モムゼンやガッバにおいては確実な植民市に分類され、地方史研究においてもスッラの植民が想定されてきた都市である。(32) サンタンジェロも、前一世紀における二人委員の存在(*CIL* I². 1905. 3296?)、およびフロルスの記述をもとに(Flor. 2.9.27)、高い可能性を示唆している。ちなみにインテラムニアに関しては、「自治都市と植民市のパトロン」「自治都市と植民市の母」といった興味深い称号が現れ、これをもとにして「二重共同体」説が主張されることもあった。(33) 私は、スッラの退役兵植民の結果として「二重共同体」が生み出されたとする理解自体には懐疑的であるが、このインテラムニアの事例が何を意味するのかについての判断は、現時点では留保しておきたい。

他方で、②のアベッリヌム(Abellinum)、③のグルメントゥム(Grumentum)、そして⑦のテレシア(Telesia)は、モムゼンがスッラ時代の植民を想定している都市であるが、サンタンジェロはどちらかというと否定的であり、アベッリヌムとグルメントゥムについては、praetores IIviri という公職者の存在(*CIL* XI. 1210. X. 221)を根拠にアウグストゥス時代を支持する。またテレシアについても、いくつかの公共建築物がスッラ時代に遡るものの、それは必ずしもスッラによる植民市建設を意味しないとする。

⑥のスポレティウム(Spoletium)は、前八二年にポンペイウスとクラッススがキンナ派の将軍カッリナスと戦った際、敗れたカッリナスが一時期立て籠もった都市であった(のちにカルボが解放)。またフロルスは、インテラムニウム(インテラムニア)、プラエネステ、フロレンティアとともにスッラの処罰の対象になったと伝える(Flor. 2.9.27)。(34) これらは、

スッラによる退役兵植民を強く示唆するが、しかしサンタンジェロは、関連碑文の欠如から、土地の割当てのみを想定するのが安全とする。次項のC個人的土地分配に入れられるべきという指摘であろうか。

ちなみに、他に挙げられることもあるアッリファエ(Allifae)やハドリア(Hadria)といった都市については、サンタンジェロはそれらをリストに含めていない。

C　個人的土地分配の対象都市

① カプア(*Lib. col.* 232. 1)：カンパニア地方
② フォルム・コルネリィ(Prud. *Perist.* 9. 1-2)：ガッリア・キサルピナ地方
③ トゥスクルム(*Lib. col.* 238. 11)：ラティウム地方
④ ウェヌシア(Hor. *Sat.* 1. 6. 71-75)：アプリア／ルカニア地方
⑤ ウォラテッラエ(Cic. *Att.* 19. 4SB, *Fam.* 318SB, 319SB; Licin. 36. 8C)：エトルリア地方

「個人的土地分配」とは、ラテン植民市やローマ市民植民市と並んで、共和政ローマがイタリアで展開した植民の一形態である。[35] 前三九三年に、ローマと隣接する南エトルリアの旧ウェイィ領に実施されたのが最初とされている。[36] とりわけ有名なのは、前二三二年、護民官のフラミニウスが元老院の激しい反対を押し切ってアドリア海沿いの「ガッリア人の土地」(ager Gallicus et Picenus)で強行した例であろう(Polyb. 2. 21. 7-8)。この植民形態の特徴は、植民市とは異なり、植民者が都市を形成しなかった点にある。時には、行政的・経済的な中心としてコンキリアブルムやフォルムという小集落を形成することもあったが、理論上の所属はあくまでも都市ローマであったとされている。この個人的土地分配は、スッラの退役兵植民においてこれまであまり注目されてこなかったが、しかし、入植が行われた痕

跡はあるものの植民市の建設が確認されない事例がいくつかあるだけに、なぜ植民市の建設ではなく個人的土地分配となったのかを考えることは今後重要となるであろう。

上記のリストのうち、①のカプア（Capua）については第六章で、また⑤のウォラテッラエ（Volaterrae）については、第五章でそれぞれ詳しく取り扱う。

②のフォルム・コルネリィ（Forum Cornelii）は、アエミリア街道沿いに位置し、アリミヌムに程近いガッリア・キサルピナの都市である。初期キリスト教のラテン詩人プルデンティウスは、『栄光の冠』（Peristephanon）第九歌の冒頭で、「コルネリウス・スッラがフォルムを建設した。そこで、イタリア人たちは、創建者自身の名にちなんで、その町を〔フォルム・コルネリィと〕呼んでいる」と歌っている。たしかに、この地域は前章で見たように内乱における激戦地のひとつであった。しかし、フォルム・コルネリィに名を遺すコルネリウス氏族の候補者はスッラ以外にも多数おり、またこの情報の出所が不明であるだけに、ブラントなどは懐疑的である(37)。ガッバは、「不確かな」個人的土地分配とする。サンタンジェロも慎重な判断のように見える。

③のトゥスクルム（Tusculum）は、『植民市の書』に現れる都市であるが、そこには「その土地はスッラの測量によって分配された」（ager eius mensura Syllana est adsignatus）と記されている。この記述と城壁の北側の部分が前一世紀の初頭に遡るという知見をもとに(38)、サンタンジェロは、個人的土地分配に含める。ガッバは、「不確かな」個人的土地分配とする。

④のウェヌシア（Venusia）は、詩人ホラティウスの故郷であり、ホラティウスは『風刺詩』第一巻第六歌で、父親の世代に属するウェヌシアの百人隊長たち（複数形）について言及している（Hor. *Sat.* 1. 6. 71-78）。サンタンジェロは、この百人隊長たちをスッラの退役兵とする解釈に従い、ウェヌシアを個人的土地分配に含めるのである。ウェヌシアに関しては、キーヴニーも、興味深い指摘を行っている。キーヴニーは、ウェヌシアがスッラに抵抗した形跡がないこ

とをもとに、懲罰的な植民市建設がなされたとは考え難いとし、これらの百人隊長たちは、他ならぬ生まれ故郷の町で個人的土地分配を受けたのではないかと推定するのである。(39) この推定が正しいとするならば、退役兵たちは単に故郷へと帰るのではなく、そこで新たに土地を手にする場合もあったことになるだろう。そうなると、かの土地が一体どのようにして捻出されたのかが問題となるが、それについてはつとにブラントが、同じ都市内のキンナ派から得た土地である可能性を示唆している。(40)

おわりに

以上、スッラの退役兵植民の概要とそれをめぐる研究状況を紹介してきた。サンタンジェロの植民市リストをもとにすれば、史料からなんらかの形で確認されるスッラの植民市は、確実なものが六～九都市、その可能性があるものを含めてもせいぜい一六都市（そのうち三都市は可能性が低い）ということになる。先にも紹介したように、一般に受け入れられているのは、除隊時の軍団数を二三個軍団とし、その総人員を一二万人とするアッピアノスの記述である。また、建設された植民市の数自体は史料に記されていないものの、全体の植民市を二〇前後とし、一都市あたりの植民者数を四〇〇〇～五〇〇〇人とするのが一般的な理解といえよう。アッピアノスの植民者数を批判するブラントにしても、植民市の数については約二〇（多分二三）と見積っている。この二〇前後という数字と六～九都市との間にはかなりのギャップがある。一六都市にしてもまだ足りない。

もちろん現時点で確認されていない都市が、今後新たに候補となることはありえようが、タインが主張したように、植民者全体の数および植民が行われた都市の数を下方修正するのも有力な選択肢に思える。その際、従来の研究において見落とされてきた決定的な要因は、除隊後に故郷へと帰った兵士の存在であろう。イタリアが戦場であった内乱のことを考えれば、除隊後に土地を求める人々のみがそこに参加していたとは思われないのである。不可避的に内乱に巻き込まれた都市や兵士の場合、彼らがイタリア内の別の場所への移住を欲したというより、なんとか内乱を切り抜け故郷へと戻ったと考える方がむしろ自然かもしれない。帝政期における例ではあるが、除隊に際して、ローマ当局によって準備された植民市への入植だけではなく、故郷の町へ帰ることや駐屯地のそばにとどまり続けること等々、退役兵には多様な選択肢が開けていたことが指摘されている。(41) 前八〇年代の内乱後の状況についても、あまりにも「軍事的クリエンテラ」といった理解に引き付けることなく、このような視点からの考察も必要であろう。

退役兵植民や個人的土地分配の対象となった地域に注目するならば、不確実なものも含め、全二一例中、カンパニアが八例、エトルリアが三例、ラティウムが二例、アプリア／ルカニアが二例、ピケヌム、ウンブリア、ヘルニキ、サムニウムが各一例、イタリア外では、ガッリア・キサルピナ(北イタリア)とコルシカ島がそれぞれ一例となる。なによりも、カンパニア地方に属する都市が突出している。これはもちろん、カンパニアが頑強にスッラに抵抗した地域のひとつであったことに起因しているのであろう。しかし、同じくキンナ派の拠点となったエトルリア地方と比べても、カンパニア地方の多さが目につく。他方で、そのエトルリア地方に関していえば、確実な植民市建設がアッレティウムとファエスラエの二つであり、それにウォラテッラエにもなんらかの形で退役兵の入植がなされたのが確認されるのみである。(42) エトルリアがカンパニアと並んで最後までスッラに抵抗した地域であったことを思えば、カンパニアの多さではなくむしろこのエトルリアの少なさの方が謎なのかもしれない。

これらの点を念頭に置きながら、いよいよ次章以下では、個々の都市を具体的に検討していくことにしよう。カンパニア地方からは、ポンペイ(第三章)とカプア(第六章)、エトルリア地方からはファエスラエ(第四章)、そしてウォラテッラエとアッレティウムとクルシウム(第五章)の各都市となる。

註

(1) 以下、Keaveney (2005), 5-7による。
(2) ポピュリズムに関しては、水島治郎『ポピュリズムとは何か——民主主義の敵か、改革の希望か』中公新書、二〇一六年参照。
(3) 詳しくは、砂田(一九九七)。
(4) 前一〇七、一〇四、一〇三、一〇二、一〇一、一〇〇年と繰り返し執政官に就任したマリウスの他にも、前一〇五年のマッリウス、前一〇四年のフィンブリア、前九八年のディディウス、そして前九四年のコエリウスが「新人」執政官とされている。
(5) Keaveney (2005), 22-28.
(6) Keaveney (2005), 29による。ちなみに、Broughton (1952), 14は、前九三年とする。
(7) Brennan (1992), 137-144, 152; Keaveney (2005), 35.
(8) Broughton (1951), 316.
(9) 以下、Keaveney (2005), 135-139による。
(10) たとえば、『世界史大年表』山川出版社、一九九二年。
(11) Seager (1994a), 205.
(12) Brunt (1971/1987), 305-306.
(13) 最新の入門書で見ると、Broadhead (2007), 159は、八万人説を採用する。他方、Konrad (2006), 184は、さらに低く七万人と見積っている。
(14) Thein (2011), 93-95. 本文中で掲げた番号でいえば、A—①②④⑤⑥⑦⑧、B—①⑤、C—③⑤、それにアッリファエの計一二都市である。
(15) たとえば、Castrén (1975/1983), 52など。
(16) Zevi (1996), 130-131; Savino (1998), 452-453.

（17）Mommsen（1883/1908），163–168, 174–175.

（18）Campbell（2000），xl-xliv.

（19）*Lib. col.* 230. 10（**Aricia**: lege Sullana est munita），231. 11（**Bovillae**: lege Sullana est circum dicta），232. 1（**Capua**: ager eius lege Sullana fuerat adsignatus），232. 4（**Calatia**: coloniae Capuensi a Sulla Felice cum territorio suo adiudicatum olim ob hosticam pugnam），232. 20（**Capitulum**: oppidum, lege Sullana est deductum），233. 3（**Castrimoenium**: oppidum, lege Sullana est munitum），234. 15（**Gabii**: oppidum lege Sullana munitum），236. 4（**Nola**: ager eius limitibus Sullanis militi fuerat adsignatus, ...），237. 5（**Suessula**: lege Syllana est deducta. Ager eius ueteranis limitibus Syllanis in iugeribus est adsignatus），238. 11（**Tusculum**: ager eius mensura Syllana est adsignatus）.

（20）Santangelo（2007），147–157.

（21）Gabba（1951/1976），67–69.

（22）Campbell（2000）.

（23）たとえば、Seager（1994a），204 など。

（24）具体的には、アリキア、ボウィッラエ、カストリモエニウムそしてガビィの四都市。Santangelo（2007），156–157.

（25）プラエネステに関しては、中川（二〇一七）も参照。

（26）Santangelo（2007），84–85, 137–146.

（27）Pani（1991），125–131.

（28）Chouquer/Favory（1987），209–212, 225–230.

（29）Campbell（2000），422–423.

（30）Santangelo（2007），153–154.

（31）ちなみに、新 Loeb 版では、coloni に farmers の訳語が当てられており、「植民者」とは解されていないようである。

（32）Guidobaldi（1995），220–221; Guidobaldi（2001），89.

（33）Buonocore（1998）. ブオノコーレ自身は、「二重共同体」説に対して否定的である。

（34）Thein（2016）は、このフロルスの記述を、退役兵植民ではなく、当該都市から獲得された戦利品の競売への言及と解すべきことを主張する。

（35）Broadhead（2007）, 154-155が、簡潔に要点をまとめている。邦語の研究としては、岩井（一九八五／二〇〇〇）が重要。
（36）砂田（二〇〇六）、三三頁。
（37）Brunt（1971/1987）, 573, n. 2.
（38）Quilici/Quilici Gigli（1993）, 258.
（39）Keaveney（1982b）, 516.
（40）Brunt（1971/1987）, 304.
（41）Roselaar（2016）.
（42）ちなみに、エトルリア研究の基本書でハリスが確実な植民市として挙げるのは、ファエスラエ、アッレティウム、クルシウムそしてウォラテッラエの四都市である。スッラの退役兵植民の確定がいかに難しい作業であるかが示されていよう。Harris（1971）, 261-264.

第三章　ポンペイ
――退役兵植民と「二重共同体」――

はじめに

世界遺産にもなっているポンペイは、古代ローマにあって最もよく知られた都市のひとつといってよいだろう。ポンペイを埋没させることになったヴェスヴィオ火山の噴火の様子についても、われわれは、それが西暦七九年八月二四日であったという事実を含め、[1]小プリニウスの二通の書簡からかなり詳細に知ることができる（Plin. *Ep.* 6. 16, 6. 20）。ところが、この「最後の日」の印象があまりにも強すぎるせいか、そのおよそ一五〇年前にポンペイがこれまた非常に大きな事件に直面していたという事実は、わが国ではほとんど紹介されることがない。本書で取り上げているスッラの退役兵植民がそれである。少なくとも数千人規模の退役兵が入植者として乗り込んできたとなると、これは当時のポンペイ人にとってかなり衝撃的な出来事であったに違いない。

ポンペイがローマと同盟関係に入ったのは、サムニウム戦争中の前四世紀末のこととされている。[2]同盟市戦争の勃発にあたり、ポンペイは、他のカンパニア諸都市とともにローマと戦うことになった（App. *BC.* 1. 39）。この時、ローマ側での指揮官の一人がスッラであったが、そのスッラによってポンペイが一時期攻囲を受けたこともわかっている（App. *BC.* 1. 50）。しかし、ポンペイをめぐる事態がその後どう推移したのかは不明であり、前八〇年代の内乱時における動向も全く不明である。つまり、なぜポンペイが退役兵植民の対象になったのかという肝心な点が、実はよくわかっていないのである。同盟市戦争時にまで遡っての処罰はおそらくありえない。というのも、スッラは、イタリアへの帰還前に「新市民」の権利を保障することを約束しているからである。他方でスッラは、前八四年のスキピオとの交渉以降も自身と敵対した者を「敵」とみなすことを明言している。とすれば、この処罰の理由を、前八四年以降もキンナ派支持であったことに求めるのがひとまず妥当な判断といえようか(3)。

序章でもふれたように、スッラの植民はイタリア内の既存の都市あるいはその傍らへの植民という形態をとった。そこで当然、土着住民との間にトラブルが発生し、土着住民の生活に多大な影響を及ぼしたのではないかと予想されるが、これらの事情を史料から把握するのはなかなかに難しいのである。その意味で、ポンペイがこの退役兵植民のひとつに含まれていたのは――われわれにとっては――僥倖といってよいだろう。類稀なる情報量を有するポンペイの事例から、スッラの退役兵植民に関してどこまでのことがわかるのか、あるいはポンペイの事例をもってしてもどこまでしかわからないのかは、是非とも確認の必要な作業であろう。とはいうものの、ポンペイを取り上げる際には一種独特の困難さが伴う。私が考古学分野の門外漢であるという点はひとまず措くとしても、ポンペイ研究には独自の「世界」が形成されているからである。古代ローマ史の一部とはいえ、迂闊には手を出せない恐ろしさがポンペイ研究にはあるのである。だが、スッラの退役兵植民を論ずる以上ポンペイを避けて通るわけにはいかない。幸い当該テーマに関する先行研究として、われわれは考古学者である坂井聰氏と(4)、ローマ時代イタリア史の専門家である岩井経男氏の論考を手にしている(5)。それらを導きの糸に、以下考察を進めていきたい。

このようなポンペイへの退役兵植民を考察するにあたって、本章では「二重共同体」説の再検討を中心に据えることにした。詳しくは第二節で論ずるように、「二重共同体」説は、スッラによる退役兵植民後のポンペイの特色を説明するために、早くから主張されてきた論である。さらにいえば、「二重共同体」は、スッラによる退役兵植民全般の特徴であるとされてもきた。よってこれは、本書における他都市の考察にも大いにかかわってくることだろう。具体的には、土着住民による自治都市（ムニキピウム）とローマ人退役兵による植民市との併存状態を想定する説であるが、この「二重共同体」説の再検討を切り口に、スッラによる植民後のポンペイの実態に迫ることにしよう。

一　退役兵植民の実相

同盟市戦争に伴うローマ市民権付与から前八〇年の退役兵植民の実施にいたるまでの過程は、短いながらも本章にとって非常に重要な期間である。ところが、この時期のポンペイの実態については研究者の間でも意見の一致をみていない。そこでやや煩雑な記述となるが、まずは、当該期の事実関係を整理することから始めたい。

ローマ市民権付与の年代に関しては、岩井経男氏による詳細な検討がある。先述のごとく、ポンペイは他のイタリア人とともに同盟市戦争に参加しローマと戦った。岩井氏は、ポンペイがローマに降伏したのは、他のカンパニア諸都市もローマの手に落ちた前八九年のことであるとし、また同じ年にポンペイにローマ市民権が付与されたのではないかとする。つまり、降伏すぐに、ローマ市民権も付与されたと捉えるのである。その可能性もなくはないが、私はこれよりも前の前八七年の方がより有望なように思える。第一章で論じたように、前八七年、「降伏外人」の地位にとどまっていたイタリア人にもローマ市民権が付与されたことを示唆する史料が存在する（二七頁）。その中にポンペイ人が含まれていた可能性は高いからである。[7] ローマ市民権の付与を決定した前九〇年のユリウス法では、すでに武器を置いていることが条件とされたが、この時点でポンペイはいまだローマと戦っていたのである。つまり、前八九年に降伏したポンペイはしばらく「降伏外人」としての地位にとどまり、前八七年になって初めてローマ市民権を付与されたのではなかろうか。

ついで問題となってくるのが、ローマ市民権付与後のポンペイが法的にいってどのような状態にあったのか、その都市制度についてである。有名なものとしては、ローマの軍政下、中間王が一時的に統治したとするP・カストレンの見解がある。[8] ポピディウスという人物の選挙ポスターと思われる碑文のいくつかにINTERなる略号が現れ(CIL IV. 50, 53, 54, 56, 70)、これが官職名の「中間王」(interrex)を指すと解されているのである。[9] ちなみに中間王制は、他の諸都市でも混乱期に見られた制度であるという。[10] 中間王の存在は、たしかにこの時期にふさわしいのかもしれない。だが、ローマの軍政が前八〇年の植民市建設まで継続したと捉えるのは難しい。市民権付与と退役兵植民との間には、スッラとキンナ派による内乱が挟まっているが、この内乱に直面していたローマに、地方都市ポンペイの内政に介入し続けるだけの余裕があったとは思えないからである。そこで岩井氏は、ポンペイは市民権の獲得と同時に自治都市となったのではないかとする。[11] たしかに、すでに固有の都市制度と都市領域をもっていたポンペイの場合、ローマへの併合と同時にいわば自動的に自治都市へと移行するのは、さほど難しいことではなかったであろう。

以上の議論を踏まえ、私見をまとめておこう。私は前述のように、ローマ市民権付与の年代として、前八九年より前八七年に傾いている。そして岩井氏同様、この時点でポンペイは自治都市になったと捉える。他方、前八九年から前八七年の期間はというと、ポンペイが一時的に「降伏外人」の地位にあったと考えられるので、そこに中間王制を位置づけるのも有力な選択肢かもしれない。[12] 中間王が必要とされるほどの「混乱期」として、この時期こそがふさわしいと思われるからである。つまり、ポンペイに関するこの間のクロノロジーとしては、前八九年の降伏後、前八九年から前八七年までは選挙によって選ばれた「中間王」が暫定的に統治する状態にあり、前八七年のローマ市民権付与に伴って自治都市へと移行したということになるのではなかろうか。

ところで、この時期が本章の考察にとってなぜそれほどまでに重要なのかというと、「二重共同体」説にあっては、退役兵の植民がなされる以前にポンペイが自治都市であったことが前提となっているからである。先行する自治都市の存在が確認できなければ、そもそも「二重共同体」説は成り立たない。不明瞭な点は多々あるものの、私もこの時期のポンペイが自治都市であった可能性は非常に高いと考えている。しかしながらそのことは、必ずしも「二重共同体」説に帰着しない。植民市建設の時点で、ポンペイ人の自治都市がそこに吸収され消滅したとも考えられるからである。なるほど、それを示す直接的な証拠はないものの、自治都市の消滅時期としては、植民市建設後の「自然消滅」を想定するより（後述）、植民市建設時点にそれを求める方が説得的なように思える。

さて、内乱の終結とともにスッラは独裁官に就任し、前八〇年、ポンペイに退役兵植民を実施することになった。ポンペイの場合、植民市建設委員となった人物の名前がわかっている。それはスッラの甥にあたるプブリウス・スッラであった[13]。スッラによるポンペイ攻囲の経緯からして、これはある程度予想される人選であろう。通常、植民市の建設にあたるのは三名の委員であるが、ポンペイの場合は、独裁官のスッラによる単独の指名だったのかもしれない[14]。ただし、初期植民時代に顕著な活躍を見せるガイウス・クインクティウス・ヴァルグスとマルクス・ポルキウスという人物が、他ならぬ残りの三人委員ではないかとの指摘もある[15]。脇道に逸れることになるが、第三節の考察で重要となってくるこの二人の人物について、ここで少し立ち入って見ておくことにしよう。

植民直後のポンペイにおいて、最高公職の二人委員に就任してオデイオン（オデウム）と呼ばれる小劇場の建設に携わり（*CIL* X. 844）、ついで、ケンススを行う「五年目の二人委員」（後述）として円形闘技場の建設を指導したのがこの二人組であった（*CIL* X. 852）。そのうちヴァルグスは、スッラによる追放・財産没収（プロスクリプティオ）により富をなした人物であり、ポンペイの他にヒルピニ地方でも活躍していたことが知られている。すなわち、自治都市アエクラヌムではパトロンとして(*CIL* I². 1722＝IX. 1140)、また、ある都市では「五年目の二人委員」として城壁や城門など公共建築物の建造に携わっているのである(*CIL* I². 3191)。[16] アエクラヌムは、同盟市戦争中に他ならぬスッラから城壁の破壊を受けた都市であるだけに(App. *BC*. 1. 51)、その修復をウァルグスが手掛けているように見えるのは興味深い。さらに、ラティウム南部のカシヌムでの土地所有も推定されている。[17]

他方、ポルキウスの活動はポンペイに集中していた。彼は先の公職以外にも四人委員に就任しアポッロ神殿の改築にあたった(*CIL* X. 800)。また彼の墓所がエルコラーノ門外の最良の位置を占めることから、P・ツァンカーは、ほとんど「建国の父」(ein Gründungsheros)のような存在だったのではないかとする。[18] また、詳細は不明だが、ガッリアやヒスパニアとのワイン交易で富をなした人物ではないかとの指摘もある。[19] 岩井氏はこれらのデータをもとに、スッラの植民者の中にはカンパニア地方やポンペイとすでに関係のあった富裕者や有力者が含まれていたのではないかとする。[20] F・ゼーヴィも強調するように、[21] われわれが退役兵植民といった表現から連想するのとは異なり、退役兵以外の多様な利害関係者が含まれていた可能性が浮かび上がってくるのである。興味深い指摘ではあるが、先後関係の確定といった問題も残されているだけに、これ以上論ずることはせず、植民へと話を戻そう。

第二章で紹介した退役兵植民全般の状況と同様に、ポンペイにどれだけの退役兵が入植したのかは史料上わかっていない。しかし、四〇〇〇〜五〇〇〇人が一般的に受け入れられてきた数字といってよいだろう。[22] 坂井氏も、E・レポレの推定をもとに、[23] 四〇〇〇〜五〇〇〇といった人数を挙げている。[24] ところが、この数字は、都市ポンペイの面積を考慮に入れた場合、少々問題となってくる。市街地以外をも含めたポンペイ領全体(territorium)の面積は、せいぜい一〇〇平方キロメートルと見積られている。[25] そこで坂井氏も指摘するように、かりに入植者数を四〇〇〇人とし、一人あたりの分配地を二〇ユゲラ(＝約五ヘクタール)とすると、必要な土地面積は約二〇〇平方キロメートルとなりポンペイの領域全体でも土地は全く足りない。一人あたりの分配地を一〇ユゲラとした場合でも、ポンペイ領全域とほぼ等しい面積となる(26)。もちろんポンペイ領の一〇〇平方キロメートルには、農地以外の土地も含まれているのである。とすれば、隣接する他都市からの土地没収でも想定しない限り(27)、一人あたりの分配面積をさらに小さいと考えるか、あるいは植民者数をより少ないと考えるしかなくなる。このうち、分配面積が一〇ユゲラより小さかったと考えた場合(28)、それだけの土地所有で退役兵の生活はどのようにして成り立ったのかという問題が新たに生ずることになる(29)。第二章での考察を踏まえるならば、入植者数を従来より低く見積るのも有効な解決法であろう。

次に、入植の実態は考古学的にどこまで解明されているのか、ここでも坂井氏の考察を手がかりに見ていくことにしよう(30)。入植者は第一義的には農業を営むことを目的としていたと考えられるので、一般的に想定されている彼らの入植地は、市街地の北部からヴェスヴィオ火山にかけて広がる肥沃な土地である。しかし坂井氏によれば、分厚い堆積物によって覆われているポンペイ農村部を広範囲に調査することは難しく、土地割当ての直接的な証拠となる方形のケントゥリア地割(centuriatio)は確認されていないという(31)。また、市街地の北部を中心に数十のウィッラ(農村部の邸宅・別荘)の存在が確認されているものの(32)、これとて数千人規模の入植を説明するには到底不十分であるという。ただし、J・アンドローは(33)、ウィッラの傍らに痕跡の残りにくい小土地所有者＝植民者の所有地が存在した可能性を指摘する(34)。またこれと関連して注目されているのが、アウグストゥス・フェリクス・スブルバヌスという名のパグス(村落・行政単位)の存在である(pagus Augustus Felix suburbanus)。スッラが好んで用いたフェリクス(幸福者)という名称が含まれることから、これはもともとスッラの退役兵の入植地だったのではないかと推定されている(35)。しかも、そこには役職者(magister/minister)がいたこともわかっているのである(*CIL* X. 814, 924, 1042, 1074c)。一定数の住民が集まった郊外の町、あるいは村落のごときものの存在は非常に興味深い知見であるが、しかしこのパグスが一体どこに位置していたのかという肝心な点が実は明らかになっていないのである。

このような農村部の実態からして、ローマ人退役兵は農村部だけではなく市街地にも入植したのではないかといった考えが浮かんでこよう。事実、第三節で見るように、政治を含めた公共的な領域において植民者は市街地で活発な活動を展開していた。ところが、彼らが居住した痕跡の確定となると、発掘が進んでいる市街地でもやはり困難が伴うようである。坂井氏によれば、そもそも市街地の個人住宅では、植民の前後で連続性が顕著であり[36]、市街地のどこにローマ人入植者が居住したのかを確定できない状況であるという[37]。

以上、前八〇年の退役兵植民にいたるまでの経過と、主に考古学的な観点から植民の実態を考察してきた。基本的情報ともいうべき植民の規模については、伝統的に受け入れられてきた四〇〇〇～五〇〇〇人といった数字は論理的に考えておそらく大きすぎ、最近の研究で唱えられている一五〇〇～二〇〇〇人がより妥当な数字に思える（六一頁参照）。とはいうものの、おそらく全人口の一～二割にあたるこの規模の植民も、土着ポンペイ人の生活に多大な打撃を与えるに十分であったに違いない。これらの退役兵が入植した場所が具体的にどこかとなると、ポンペイにあってもそれはわかっていない。農村部のみ、市街地のみ、あるいはその両方である可能性があるが、いずれにおいても、退役兵植民の確かな痕跡は見つかっていないのである。言い換えるならば、「二重共同体」説の前提となるような退役兵のまとまった入植地は、農村部でも市街地でも確認されていないのが現状といえようか[38]。

二　「二重共同体」説の再検討

ポンペイが「二重共同体」であったことを初めて本格的に論じたのは、一九五一年のG・O・オノラートの論文とされている[39]。オノラートは、ローマ市民権の付与とともにポンペイは自治都市となり、植民市建設後しばらくは、

「二重共同体」(una doplice comunità)状態が続いたと考えた。そしてその中で土着ポンペイ人と入植者との不和・対立が継続し、それが解消されたのは前六五年頃のことであり、この時点で自治都市も消滅したのではないかとした。オノラートによれば、この経過は都市公職者の変遷とも対応していた。またその際、イタリア内の他の都市(アッレティウム、アベッラ、クルシウム、ファエスラエ、インテラムニア・プラエトゥッティオルム、ノラ)や、シキリアのアグリゲントゥムが傍証として挙げられている。オノラートがこのような主張をなした背景は、ポンペイにおいてサムニウム時代からローマ時代への変化が突如として進行したわけではない点を強調することにあった。これは、退役兵植民後のポンペイの変容を考える際に非常に魅力的な説といえよう。

ポンペイが「二重共同体」であったこと、さらにはこの時期に「二重共同体」なるものが存在したこと自体に対しては、早くから懐疑的な意見が出されてきた(40)。坂井氏も、「入植者と旧住民のそれぞれが独立した都市自治制度を有していた」という意味での「二重共同体」に否定的である(41)。他方で、この「二重共同体」説は、根強く一定の支持を集めてもきた(42)。たとえば、岩井氏は、土着住民が「独自の法制度を維持していた」という意味でポンペイはある期間「二重共同体」であったと捉える(43)。坂井氏と岩井氏の表現の違いに見て取れるように、「二重共同体」の基準については各論者の間で少なからぬ理解の相違が見られるものの、この説は、基本的には土着ポンペイ人の自治都市とローマ人退役兵の植民市との併存状態を想定しているといってよいだろう。このような「二重共同体」説の主要な論拠は、一九八三年に出されたH＝J・ゲールケの論考により鋭い批判を受けた(44)。そこで以下、このゲールケの主張に導かれながら、個々の論点を少し詳しく検討していくことにしよう。

まずは、外堀部分――ゲールケの表現では論理的な可能性――からいくと、第一にゲールケは、そもそも「二重共同体」の前提となる自治都市の存在が自明ではないという点を挙げる。だがこれに関しては、前節で論じたように、私はローマ市民権付与後のポンペイに自治都市が存在したと考えている。ただしそのことは、これもすでに論じたように、必ずしも「二重共同体」説に帰結するわけではない。第二にゲールケは、それ以前、ローマの植民市では単一の共同体を形成するのが一般的であったとする。具体的には、前三三八年建設の植民市アンティウムの例を挙げている。アンティウムに関しては、わが国でも片岡輝夫氏による詳細な研究があるが(45)、それによれば、前三三八年の時点ですべてのアンティウム人がローマ市民植民市に受け入れられたのではないという見解があり、その場合、植民市の傍らに自治都市が存在する「二重共同体」も想定されているようである。ともかく、かりに単一共同体の形成がローマの伝統的な植民市政策であったとしても、スッラによる植民が過去のパターンを単純に踏襲していたという保証はない。追放・財産没収(プロスクリプティオ)に見られるように、古い装いのもと、そこに全く新たな内容を盛り込むことはスッラの得意とするところであった。第三に、法制度的にいって、このような状態がどのようにして解消され得たのかという点である。たしかにこれは難問であり、「二重共同体」説を採る場合、自治都市が植民市に吸収される形での「自然消滅」を想定するのが一般的なようである。ただし、前七〇年のケンスス(戸口調査)に明確な転機を求める見解もある(後述)。

以上、「二重共同体」の蓋然性に対するゲールケの批判を見てきたが、それらはなかなかに鋭い。だが、それが決して決定的なものではないこともこれまで見てきた通りである。「二重共同体」説に即してポンペイ社会の実態に迫るためには、やはり論理的な可能性だけではなく論拠となっている史料そのものへと考察を進める必要があるだろう。関連史料は大きく分けて四つある。

1　大プリニウス『博物誌』

まずは、大プリニウスが『博物誌』の中で二度、ポンペイを自治都市(ムニキピウム)と表現している。第二巻第一三七章には、「カティリナ一派に関する予兆として、ムニキピウムであるポンペイのマルクス・ヘレンニウスという名の都市参事会員が晴天の日に雷に打たれた」(Plin. *NH*. 2. 137)とある。カティリナは第四章で詳しく見るように、前六三年に陰謀事件を企てた政治家である。また第一四巻第三八章には、「ポンペイ人は自分たちのムニキピウムの名前でブドウを呼んでいる。そのブドウがクルシウム人のもとでより多くとれるにもかかわらず」(14. 38)とある。前者では、都市参事会員であるヘレンニウスなる人物が出てきており、たしかにこれなどは、前六三年時点でポンペイに自治都市が残存していたことの証拠のようにも見えよう。だがこれらは、それぞれ「雷」と「ブドウ」の種類についての記述中のものであり、とりたてて自治都市と植民市の区別を意識した上での発言とは思われない。ムニキピウムの用法は、「自治都市」というより「地方都市」といった程度の意味合いと解した方がよいのではないか。

2　都市公職に関する碑文史料

第二に、都市公職に関する碑文史料がある。概してイタリア内の都市の公職制度は、各都市の伝統とローマからの影響関係を踏まえて複雑であるが、ポンペイの場合も、碑文上に現れる公職者をどう解釈するのかは見解の分かれるところとなっている。まずローマ時代以前(サムニウム時代)のポンペイの公職としては、メディクス(meddix)が最高職であり、その下にアエディリス職とクアエストル職があったとされている。他方、ローマ時代の公職としては、定員二名の二人委員(duoviri iure dicundo)と同じく定員二名のアエディリス職が知られる。また、五年目ごとに、ケンススを行う「五年目の二人委員」(duoviri quinquennales)が選出されたが、これはローマ時代のポンペイにおける最高の公職だったとされている[46]。

問題となるのは、それ以外にも四人委員(quattuorviri)と呼ばれる公職者が碑文中に現れることである。四人委員はローマ市民権付与後の自治都市において一般的な公職とされているだけに[47]、これは「二重共同体」説の重要な論拠とされてきた。植民市の公職者である二人委員と自治都市の公職者である四人委員が碑文上に現れることは、異なった二種類の共同体の併存を示唆しているように思われるからである。しかし、この四人委員に関しては、つとにT・モムゼンが、一八八三年出版の『ラテン碑文集成』第一〇巻において別様の解釈を提起している[48]。それによれば、二名の「二人委員」と二名の「下級の二人委員」が合同で行動した場合、彼らは自らを四人委員とも呼んだのだという。後者の「下級の二人委員」とは、アエディリスと同一であり、この解釈によれば、四人委員も他ならぬ植民市の公職者であったということになる。事実、クスピウスとロレイウスという二人の人物は、ある碑文ではセプトゥミウスおよびクラウディウスとともに四人委員として言及され（*CIL* X. 938）、他の碑文では二人委員として言及されているのである（*CIL* X. 937）。

だがこれは、あくまでも別の可能性を示しているにすぎないだけに、従来説の根強い支持者も見られる。たとえば、都市公職者に関するE・ビスパンの最新の研究などは、これらの四人委員を自治都市の公職とすべきことを改めて主張し、「二重共同体」説の復権すら唱えている[49]。本章のように、前八七年のローマ市民権獲得の時点でポンペイが自治都市になったとする理解のもとでは、四人委員の存在自体は決して不都合なものではない。それを前八七〜八〇年の自治都市時代の公職者と捉えればよいからである[50]。ただしその場合、メンバーが少々不都合となってくる。四人委員が言及されるのは二枚の碑文であるが、そのうちの一枚に現れるのは、先述のクスピウス、ロレイウス、セプトゥミウス、クラウディウスであり（*CIL* X. 938）、またもう一枚の碑文に現れるのは、ポルキウス、セクスティリウス、そして二名のコルネリウスである（*CIL* X. 800）。クラウディウスやセクスティリウスそしてコルネリウスなど、ローマ人入植者である蓋然性が極めて高い名前が複数含まれるだけに、これらの碑文史料を植民市建設以前のものとするのはかなり強引な解釈となろう。そこでE・ロ・カッショなどは、植民市建設の時点では自治都市時代のそれを引き継いでまずは四人委員としてスタートした公職が、すぐに二人委員とアエディリスの同僚制に移行したのではないかとするが[51]、これもひとつの解決法かもしれない。

都市公職者の問題は非常に複雑であるだけに、依然として多様な解釈の可能性を残している[52]。だが、少なくともここで次の点を確認することはできよう。すなわち、四人委員が史料中に現れるからといって、そのことは必ずしも自治都市の存在を証明するものではないという点、ましてこれによりポンペイにおける「二重共同体」が証明されるわけではないという点である。

3　他都市の「二重共同体」

第三に、他都市における「二重共同体」の例がある。イタリア内の複数の都市において「二重共同体」状態が想定され、それがポンペイのための傍証として用いられているのである。たとえば、クルシウムやノラでは、ウェテレス(Veteres)とノウィ(Novi)といった二種類の住民集団の存在が知られるが(Plin. *NH*. 3. 52: *CIL* X. 1273)、これら「新」(Novi)「旧」(Veteres)二つの住民集団は、それぞれスッラによる植民者と土着住民を指すのではないかと考えられてきた。またアッレティウムの事例はより入り組んでおり、そこでは、ウェテレス(Veteres)とフィデンティオレス(Fidentiores)とユリエンセス(Iulienses)といった三つの集団が姿を現す(Plin. *NH*. 3. 52: *CIL* XI. 1849. *CIL* XI. 6675)。このうち、ウェテレスは土着住民を、ユリエンセスはその名称からしてカエサルかあるいは三頭政治家オクタウィアヌスによる入植者を、そしてその間に挟まったフィデンティオレスはスッラによる入植者を指しているのではないかと考えられてきた(第五章参照)。さらに、アベッラからの碑文では「植民者とインコラ」(colonei et incolae)といった表現が(*CIL* X. 1210)、またインテラムニアからの碑文では、「自治都市および植民市のパトロン」(patroni municipi et coloniai)といった表現が見られる（*CIL* I². 1904, *CIL* IX. 5074）。「自治都市および植民市のパトロン」といった表現などは、より直截に二つの共同体の存在を示唆しているように見えよう。これらの諸都市は、スッラによる植民が行われたのが確実かあるいはその可能性が高いとされてきた都市だけに、スッラによる植民が「二重共同体」の創設をその特徴としていたのではないかと考えられてきたのである。

以下、その当否を検討していくことにしよう。まずは、出土碑文の年代を果たしてスッラによる植民時にピンポイントで特定できるのかといった問題がある。同盟市戦争後にイタリアで植民活動を行ったのはスッラだけではなかったからである。たとえば、「二重共同体」の存在を示す決定的な証拠であるかのように思われるインテラムニアからの碑文に関しても（*CIL* I². 1904）、それがスッラ時代ではなくオクタウィアヌス時代のものではないかとの指摘がある[53]。

だがそもそも、「新」「旧」二つの集団の存在は本当に「二重共同体」を意味するのであろうか。この論によれば、前述のアッレティウムでは三つの集団が確認されるだけに、当時のアッレティウムは二度の植民の結果、「三重共同体」であったということになるであろう。この点を考えるための貴重な手がかりが、シキリアの都市アグリゲントゥムに関するキケロの記述中にある。キケロによれば、アグリゲントゥムの元老院に関しては、大スキピオが制定した法があり、その法には以下のような規定があったという。すなわち、アグリゲントゥム人には二種類あって、ひとつは古くからのアグリゲントゥム人、もうひとつはマンリウスの属州総督時（詳細は不明）にシキリアの他の複数の町から連れてこられた入植者のアグリゲントゥム人であった。スキピオの法は、元老院の構成において後者の入植者の議員数が前者の古くからのアグリゲントゥム人のそれを越えることがないように規定していたという（Cic. *Verr.* 2. 2. 123-124）。この史料は、従来、イタリア外における「二重共同体」の例として引かれてきた。しかし、E・ガッバが指摘したように[54]、ここからは、むしろ正反対のことが読み取れる。すなわち、古くからのアグリゲントゥム人と入植者は

「二重共同体」を形成していたのではなく、あくまでも単一の共同体を構成する二つの住民集団であったからこそこのような措置が必要とされたのではないか。「二重共同体」であったとすれば、そもそもひとつの元老院を構成することはなく、このような措置の必要性もなかったと判断されるからである。となれば、イタリア諸都市における「新」「旧」二つの集団、あるいは特別の呼称を伴った集団に関しても、同様の可能性が浮上してこよう。少なくともスッラの植民の特徴を「二重共同体」という点に求め、それをポンペイにも適用することは、いまや難しくなったといえよう。

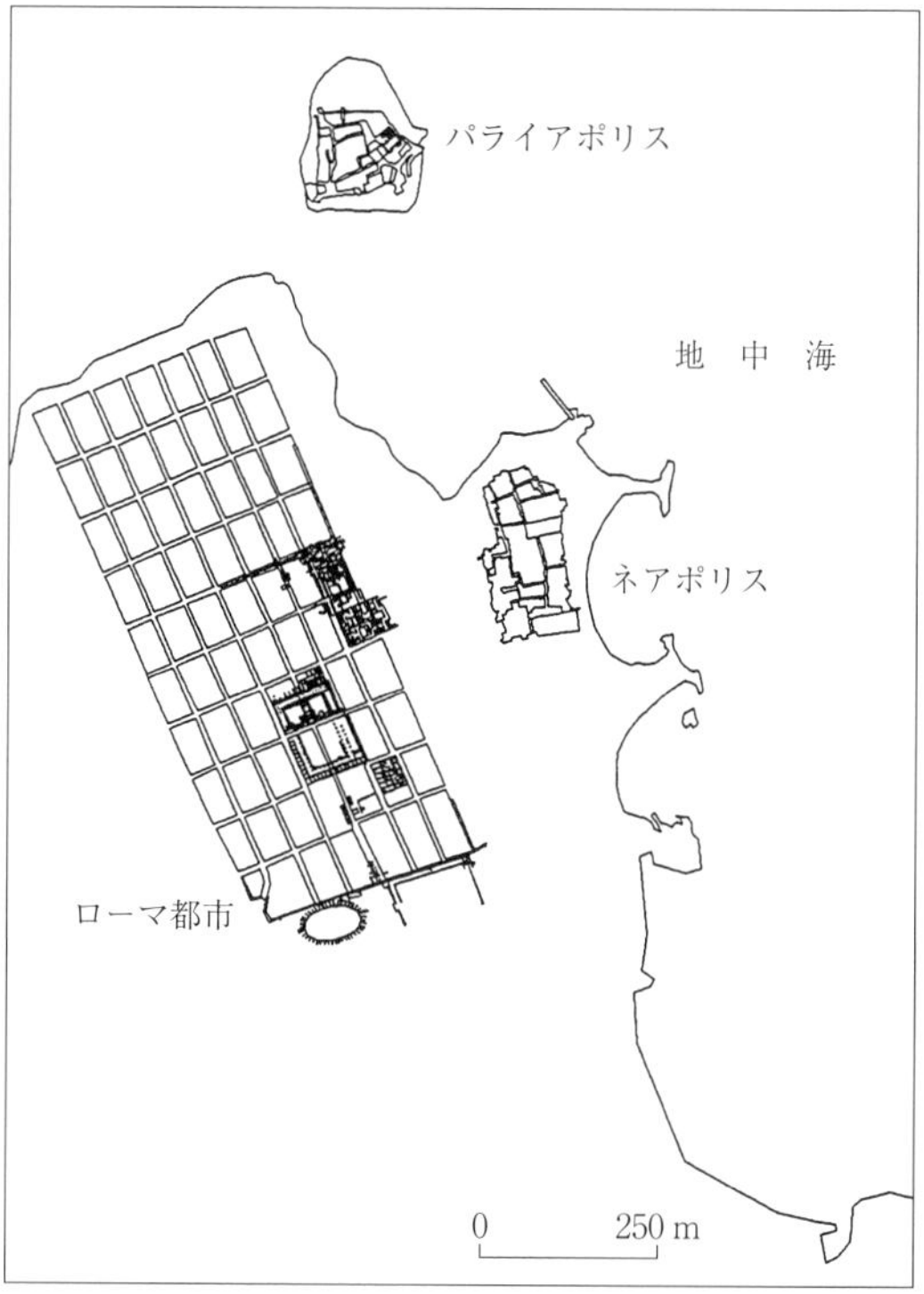

エンポリオン
Kaiser(2000), Fig. 1より作成

もっとも、この時代のローマ世界に「二重共同体」が全く存在しなかったのかというと、そうではない。しかし、知られる事例はむしろ、ポンペイの「二重共同体」を反証するものとなっている。とりわけ示唆的なのは、リウィウスが記すヒスパニアの都市エンポリオンの例であろう(Liv. 34.9.2-4)[55]。リウィウスによれば、エンポリオン（エンポリアエ）は、前一九五年時点で城壁により区切られた「二つの町」から成り立っていたという。ひとつは、この地に移住し

たギリシア人（マッシリア人）の居住地であり、もうひとつは土着スペイン人の居住地であった。ついでリウィウスによれば、エンポリオンではカエサルによるローマ退役兵の居住地がさらに追加された。そして、まずはスペイン人がローマ市民として受け入れられ、ついでギリシア人がローマ市民として受け入れられた結果、いまやすべての人々は「ひとつの政治体」（corpus unum）に融合されているという。おそらくこれは、リウィウスが執筆したアウグストゥス時代における現状認識であろう。[56] この記述からすれば、たしかに複数の共同体が互いに物理的にも隔てられて併存する状態があったことがわかる。エンポリオンでは、カエサル時代には「二重共同体」どころか、いわば「三重共同体」であった。エンポリオンの場合、考古学的な研究も進んでいる。[57] それによれば、もともと海岸沿いに「ネアポリス」と名付けられているギリシア都市が建設されていたが、前一〇〇年頃、その西の数百メートル離れたところに、フォルムや公共建築物を有するローマ都市が建設された。そして遅くともアウグストゥス時代までには、両者を隔てていた城壁が取り払われ、ギリシア都市とローマ都市はひとつに結びつけられたという。これらの知見は、リウィウスの記述と基本的に合致する。ただし、土着住民とギリシア人の「二重共同体」の痕跡は、いまだ確認されていないようである。

このように、エンポリオンにおいては、物理的にも隔てられた二つの共同体の併存がたしかに見られた。だがここでくれぐれも注意すべきは、これはあくまでも現地の住民にローマ市民権が付与される以前、つまり法制度的に異なる範疇の人々が共存している段階のことであったという点である。この事例からは、スペイン人やギリシア人に等しくローマ市民権が付与された結果、速やかに住民間の融合が進展してアウグストゥス時代にいたっていることも読み取れるのである。ポンペイの場合、エンポリオンとは異なり、植民市建設の時点で土着ポンペイ人にはすでにローマ市民権が付与されていた。彼らはローマ市民権を持つという点で退役兵と対等の立場にあったのである。先のリウィウスの記述に照らし合わせるならば、そのような場合、土着ポンペイ人とローマ退役兵とは「二重共同体」を形成するのではなく、むしろひとつの共同体を形成し、「融合」への道を歩んでいったと推測されるのではなかろうか。

4 キケロ『スッラ弁護演説』

最後に、キケロの『スッラ弁護演説』第六〇～六二章が(Cic. *Sull.* 60-62)、碑文史料と並んで「二重共同体」説の重要な論拠となっている。当演説は、独裁官スッラではなく、彼の甥であるプブリウス・スッラのための弁護演説であり、プブリウス・スッラは、前六二年、カティリナ陰謀事件に加担したとして政治的暴力の罪に問われたのであった(58)。プブリウス・スッラは、第一節でふれたようにポンペイ植民における責任者でもあっただけに、われわれは共和政末期の主要史料であるキケロから、ポンペイについてのまたとない情報を手にするのである(59)。

ここでは二つの知見が重要となる。第一に、キケロは当該箇所で、「土着ポンペイ人」(Pompeiani)および「植民者」(coloni)といった表現を何度か用いており、前六二年時点のポンペイに、「土着ポンペイ人」・「植民者」として区分される二種類の住民集団がいたことが読み取れる。もちろんこれは、キケロの主観的な判断にすぎないとも考えられるが、弁護演説という性格上、そのような判断が審判人の間にある程度共有されていなければ説得力を持ちえない。また、いずれの住民集団もプブリウス・スッラの支援のために法廷に駆け付けているというキケロの主張により、真実味が増している。「二重共同体」説では、これら二つの住民集団が、まさに自治都市と植民市という二つの共同体の構成員に対応するとされてきた。たしかに、これらの呼称のみから判断するとそのようにも見えるが、他ならぬ第二の知見がそれに疑問を投げかける結果となっているので、次にその知見を紹介していこう。

キケロは、「土着ポンペイ人」と「植民者」との間に長らく不和(discidium)・軋轢(dissensio)が存在したことを認める。しかしその上で、プブリウス・スッラがそれを利用して「土着ポンペイ人」をカティリナ陰謀事件へと扇動したのではないと強調し、その中で次のように述べている。

土着ポンペイ人は、アムブラティオとスッフラギウムに関して植民者と争ってきた。だが、彼ら〔土着ポンペイ人と植民者〕は公共の安寧に関しては同じ思いであった（Cic. *Sull.* 61）。

ここには、「アムブラティオとスッフラギウムに関して」（de ambulatione ac de suffragiis）、両集団間に争いが見られたことが語られている。このうち、スッフラギウムが指し示す内容ははっきりしており、これは公職者選挙における「投票」を意味した。他方、アムブラティオの方は、本来「歩き回ること」という謂いであるが、具体的にその意味するところが何かについてはいまだ一致を見ていない。見解は大きくいって二つに分かれる[60]。ひとつは、アムブラティオをアムビティオに訂正するか、あるいはそうしないまでもそれと同義語と捉える解釈である。共和政期のローマにおいて、アムビティオは「選挙運動」を意味したので、アムブラティオとスッフラギウムは、「選挙運動（被選挙権）」および「投票（選挙権）」として密接な対応関係を持つことになるだろう。もうひとつは、アムブラティオを本来の意味から派生した「逍遥柱廊」の意味で解し、いずれかの柱廊やそれを含む建物の中を歩き回ること、つまりその建物の利用が禁止されていたとする解釈である。

「二重共同体」説によれば、これらの知見は、ポンペイに異なった住民集団からなる二つの共同体が存在し、しかもそのうち土着ポンペイ人が、被選挙権・選挙権という点で不利な立場に置かれていたことを物語っている、さらには彼らが政治から完全に排除されていたことを物語っているという[61]。一見してもっともなようにも思えるが、土着ポンペイ人と植民者とが別々の共同体を形成していたのなら、果たしてこのような「不和」は生ずるであろうか。「二重共同体」の場合には、それぞれ別個に公職者を選出していたと判断され、露骨な選挙干渉でもない限り、不和は生じようがないと考えられるからである。両住民集団における政治的不和の存在は、まさに彼らがひとつの共同体を構成していたことを証明しているのではなかろうか。事実キケロは、政治的不和にもかかわらず、彼らは「公共の安寧に関しては同じ思いであった」と、ひとつの政治共同体であったかのように表現しているのである。

それでは、単一の共同体に属しながら土着ポンペイ人は政治的に不利な立場に置かれていたのか、さらには政治的に排除されていたのかどうか、次にこの論点へと考察を進めることにしよう。先のキケロの記述だけでは、これらの事実まで読み取ることはできないように私には思えるが、有力説は土着ポンペイ人の政治的排除を想定してきた。それを論証するために引き合いに出されるのが、初期植民時代に公職に就いた人物のプロソポグラフィである。ポンペイが、あるいはポンペイのみが提供しうる貴重な情報として、都市公職者に関する時系列的なデータがある。これは、選挙ポスター・落書きが多数残されていることによる。(62)このデータをもとに都市公職者研究の基本となってきたのがカストレンのそれである。カストレンは、ローマ時代のポンペイの公職者（および公職候補者）を四期に分けて検討した。そのうち本章に関連するのは、「共和政期：前八〇～四九年」と「カエサル・アウグストゥス期：前四九～紀元後一四年」である。カストレンは「共和政期」に属する五二人がもっぱらローマ人入植者かあるいはその家系の者であるとし、その理由を、土着ポンペイ人がしばらく選挙へ参加する権利を奪われていた点に求めた。カストレンによれば、土着ポンペイ人が入植者と対等の市民権を得たのは早くとも前七〇年のケンスス時であり、土着ポンペイ人が再び都市参事会員として姿を現すのは、早くとも前五五年、確実なところではカエサル時代になってからであったという。(63)

このようなカストレンの見解に対して、一九八八年に出されたH・ムーリツェンのプロソポグラフィ研究はそれを方法論的に批判した。(64)まずは、碑文史料の年代を正確に特定することの困難さがあるという。ムーリツェンは全体を三期に分けるが、碑文の様式からカエサル時代を画期とすることはできないとし、アウグストゥス時代以前を「共和政期」として一括りにしている。つまり、カストレンが主張するように、カエサルの前後で公職者の相違を論ずることは史料的にいって不可能だということになる。ついで、ある人物が土着ポンペイ人なのかそれともローマ人入植者なのかの確定がこれまた非常に難しいという。ポンペイには植民市建設以前からローマ人が住み着いていたし、他方、ローマにも早くからポンペイがその一部をなすオスク語系の名前が見られるからである。その結果、ムーリッツェンは、「共和政期」に分類できる公職者を六〇人挙げ、そのうち二二人はローマ人、一五人は土着ポンペイ人であるように「思われる」とし、残りの二三人に関しては十分な確実性をもって決定しえないとした。たしかにこの数字をもとにすれば、カストレンが主張するような植民者の圧倒的な優位性、ましてや土着ポンペイ人の排除は読み取れなくなる(65)。つとにゲールケが主張したように(66)、国政レベルでは同じローマ人として対等の政治的権利を有しながら、土着ポンペイ人が地方都市レベルでの政治においては選挙権も被選挙権も奪われていたという事態はそもそも想定し難いのかもしれない。

政治的な排除は想定し難いとしても、土着ポンペイ人が政治的に不利な立場に置かれ、それがもとで「不和」が生じていた可能性は残されている。ムーリッツェンのデータをもとにした場合でも、系列不明の二三人次第でそういえるであろう。そこでこれと関連して注目されているのが、「選挙区」の存在である。ポンペイの選挙も、共和政期のローマ同様、いくつかの選挙区に分かれ集団投票制にもとづいて投票が行われていたのではないかと考えられている(67)。とすれば、実際には多数を占める土着ポンペイ人が、選挙区の操作によって少数者に陥っていたということもありうるからである。実際のところ、四つの固有名詞が市街地の選挙区にあたるウィクス(地区)の名称ではないかとされているが(68)、選挙区の特定に関しては不確定な点も多い(69)。また、選挙区の操作により植民者が有利となるためには、彼らがある程度まとまって住んでいることが前提となるが、第一節で紹介したようにそのような居住地は現在のところ確認されていない。混在状態での選挙区操作は難しいであろう。

このように見てくるならば、キケロ『スッラ弁護演説』の記述を改めて検討し直す必要が生じてきたように思える。

植民の経過からして当然のこととはいえ、これまでの研究は、土着ポンペイ人の政治的不利さをあまりにも自明のものとしすぎたのではないか。キケロが述べているのは、アムブラティオとスッフラギウムに関して、両住民の間に長らく「不和」が存在したということだけである。アムブラティオをどのような意味にとるにせよ、そこには、土着ポンペイ人の政治的不利さも政治からの排除も述べられてはいない。ビスパンが主張するように、建物の利用をめぐる「争い」は、都市内における両集団の混在を想定すれば十分起こりえた。[70]また選挙の際に両住民がそれぞれの候補者を立てて争うという事態も、これまた十分起こりえた。植民の経緯からして、社会的・政治的「不和」の存在それ自体はそれほど不自然なことではないであろう。

三 「不和」から「融合」へ：公共建築物の変容

前節では「二重共同体」説の検討を通して、退役兵入植後のポンペイ社会の実態を考察してきた。その結果、スッラによる植民後、自治都市と植民市という二つの共同体がポンペイに併存した可能性は極めて低いことが明らかとなった。しかしこのことは、ポンペイ内に明確に区分された二つの住民集団が存在したこと、しかも彼らの間になんらかの「不和」が存在したことを否定するものではない。土着ポンペイ人からの土地没収をもとにして退役兵植民が行われた以上、これは当然といえば当然であろう。植民によりポンペイ社会はどのように変容したのか、本節では少し角度を変えて、ツァンカーとゼーヴィの研究に依拠しながら、公共建築物という観点からそれを見ていくことにしよう。彼らの研究は、公共建築物あるいは都市空間の変容のうちに社会関係の変化をも読み取っていこうとする意欲的な試みである。[71]

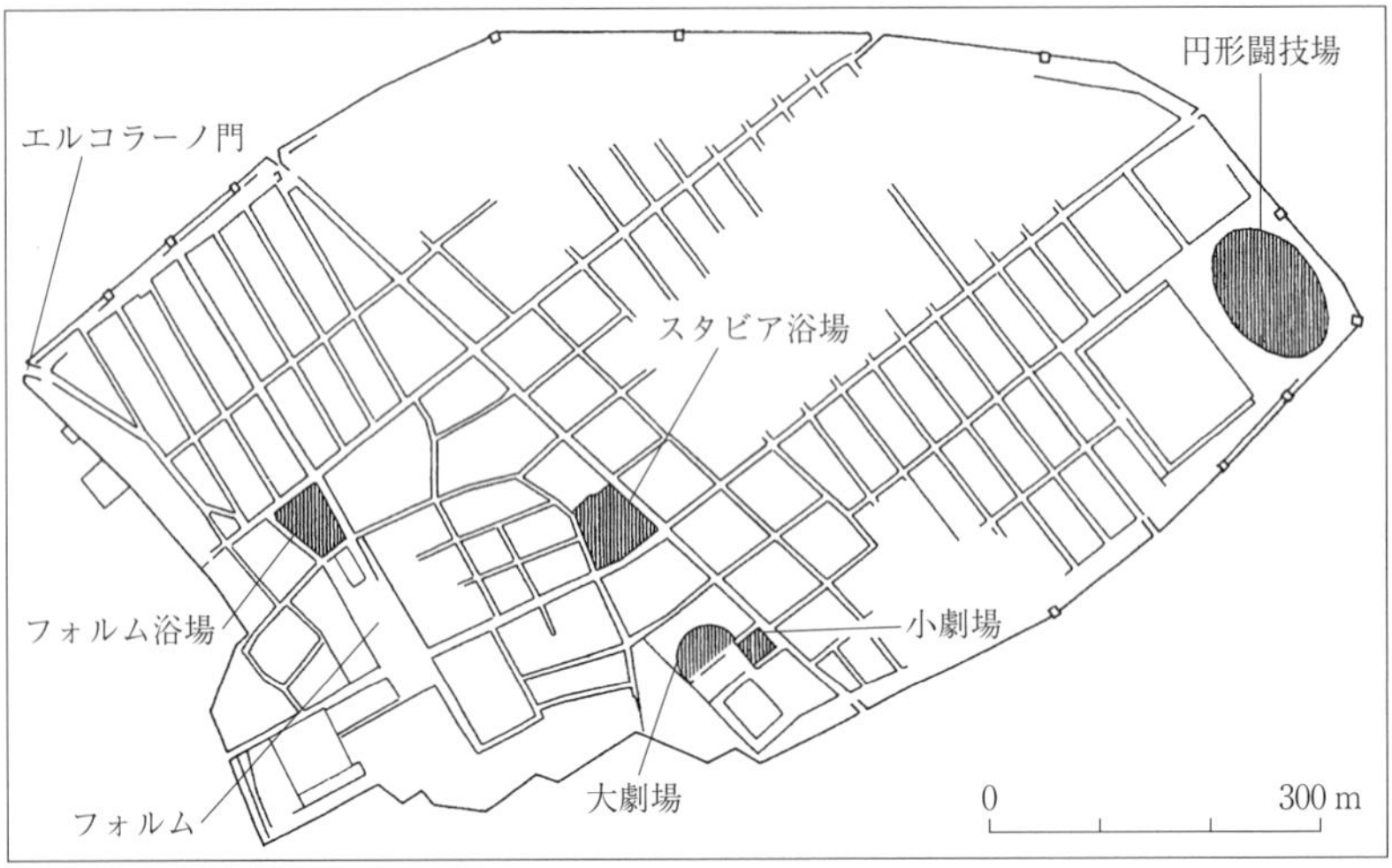

ポンペイ
リング(2005/2007)，図21より作成

1 小劇場

この時代のポンペイに顕著な特徴とされるのが、建物の「二重性」である。[72] 一見して機能が重なっているような公共建築物がいくつか存在するのである。その最たるものは、オデイオンと呼ばれる「小劇場」であろう。南イタリアのギリシア都市には前五世紀から劇場が存在したが、カンパニアやサムニウム地方に劇場が作られたのは前二世紀に入ってからのことであるとされている。[73] ポンペイにも、前二世紀の建設とされる「大劇場」が存在した。当初の収容人員は不明ながらも、拡張を経たアウグストゥス時代の収容人員は五〇〇〇人と見積られている。[74] これが土着ポンペイ人の本来の劇場であった。それに対して、前八〇年の退役兵入植後に一五〇〇〜二〇〇〇人規模の小型の劇場が作られたことがわかっている。正式の名称は「屋根付き劇場」(theatrum tectum)であり、建設に責任を負ったのは、二人委員のウァルグスとポルキウスであった(*CIL* X. 844)。第一節で紹介したように、彼らは入植者の一員であり、し

かも初期植民時代に重要な活躍をした人物である。当時、ひとつの都市に大小二つの劇場が存在するのは極めて稀なことであっただけに、これにはなんらかの説明が必要となる。従来、野外の大劇場では悲劇や喜劇、あるいはローマ独自の笑劇やパントマイムのごときものが上演され、他方、屋根付きで音響効果のよい小劇場では詩や音楽の上演が行われていたのではないかと考えられてきた。[75] 演目の違いにより、劇場の二重性は説明されてきたのである。ところが、この説明が成り立つためには、ローマ人入植者が詩や音楽といったギリシア風の娯楽を好んだという点が前提となってくる。そうでなければ、退役兵入植というタイミングで小劇場建設の必要性は生じないが、これはいささか想定し難い前提といえよう。そこでツァンカーは、小劇場に通説とは全く異なる機能を読み込むことになった。[76] すなわち、この施設は、少数者としてポンペイに乗り込んできた入植者たちが彼らだけで会合するための集会所だったのではないかと考えたのである。疑いの目をもって眺める土着ポンペイ人の間で暮らす彼らには、定期的に集まって結束力を高める必要性があった、また選挙への対応など時々の実践的な課題もあったという。さらにツァンカーは、一五〇〇〜二〇〇〇人という収容人員に着目し、これこそが入植者の規模であるとした。[77]

この興味深い指摘をさらに展開させたのが、ゼーヴィの研究である。[78] ゼーヴィは、ツァンカーの発想を基本的に受け入れながらも、それでも劇場としての機能にこだわる。小劇場の正式名称は、先にも述べたように「屋根付き劇場」だからである。そこでゼーヴィは、これをローマ人植民者の演劇的な好みに合わせた植民者のための劇場と捉え、自分たちだけの劇場を作ることは一種の特権を意味し、しかも土着ポンペイ人との摩擦をできるだけ避けることにも役立ったとする。劇場は暴動のきっかけになりやすい場所だったからである。また、オスク語とラテン語という言語の違いも、当面、大きな障害になっていたのではないかとする。もちろん屋根付きは、音響効果ではなく入植者への配慮ということになる。さらにゼーヴィは別の論考で、碑文から知られるガイウス・ノルバヌス・ソレクスという役者に注目し（*CIL* X. 814. cf. Plut. *Sull.* 36. 2）、このソレクスの助言のもと、スッラの演劇好きに配慮したウァルグスとポルキウスによりこの劇場は作られたのではないかとする。[79]

ツァンカーの説にせよゼーヴィの説にせよ、ローマ人の入植との有機的な連関に着目した非常に興味深い仮説となっている。もっとも、小劇場の利用者が本当に植民者のみに限定されていたのかどうかといった肝心な点はわかっていない。また、大劇場で何が演じられていたのかも不明である。たとえば、ギリシア喜劇・悲劇がオスク語に翻訳され演じられていたのか、それともポンペイの上層民はギリシア語を解したのか、はたまたプラウトゥスやテレンティウス作のラテン語の喜劇はどうだったのか、詳細は不明なのである。これらの事実関係次第では、小劇場の説明も異なってくる可能性はあるが、とまれ入植者の具体的なニーズからする説明は従来の説明に比べ格段に説得的であるといえよう。[80]

2　公共浴場

古代ローマの社会生活で欠かせない公共浴場においても「二重性」は見られる。もともとポンペイに存在した公共浴場は、前四世紀、ことによると前五世紀にまで遡るスタビア浴場であった。ポンペイを含むカンパニア地方は、イタリア内で最初に公共浴場が作られた地域とされている。[81] メインストリートが交差する市の中心部に位置するスタビア浴場は、前二世紀、男女別の浴室と床下暖房を備えた複合建築物へと大改修されたことがわかっている。[82] このようなポンペイに、退役兵の植民に合わせて第二の公共浴場が建設されることになった。フォルム浴場である。その名の通りフォルム（公共広場）の北側に隣接したこの浴場は、男女別の熱浴室《カルダリウム》、温浴室《テピダリウム》、そして冷浴室《フリギダリウム》（当初は乾熱室《ラコニクム》として利用）を備えた最新の浴場であり、また格闘技教習場《パラエストラ》や飲食施設まで付設していた。都市ローマでは、アウグストゥス時代になるまで見ることのできなかったような施設である。このフォルム浴場は通常、植民による人口増加のため手狭となったスタビア浴場の機能を補うためのものであったと考えられている。事実、同じ頃、スタビア浴場の改築も行われ、乾熱室《ラコニクム》と垢落とし室《デストリクタリウム》が追加され、格闘技教習場《パラエストラ》と柱廊が改修された。スタビア浴場については、改築者の名前もわかっており、それはローマ人入植者とされるアニニウスとウウリウスであった（*CIL* X. 829）。つまり、植民者は入植に際して第二の公共浴場を建設したのみならず、もともとあった公共浴場の改築を行うことにより、快適な日常生活を目指したのではないかと考えられてきたのである[83]。

このような通説に対してゼーヴィは、小劇場同様、フォルム浴場も入植者のためだけの施設だったのではないかと主張する[84]。周知のごとく古代ローマの公共浴場は、単に体を清潔にするための場所ではなく、スポーツや飲食を伴うアメニティ施設であり、また共に語り合って情報交換を行う一大社交場であった。ポンペイへと入植した退役兵が、少なくとも当初、このような場を土着ポンペイ人と共有しようとしたとは考え難いであろう。そこでゼーヴィは、言語の相違やあからさまな憎悪のまなざしを気にすることなく、気軽にくつろげる場所を彼らは求めたのでないかと捉えるのである。そうなると、スタビア浴場改築の一件が不都合となってくるが、ゼーヴィはアニニウスとウウリウスを植民者ではなく土着ポンペイ人と解する。このような解釈はまた、フォルム浴場の立地とも密接に関連してくる。たとえば通説を採るR・リングは、中央・東部の居住者はスタビア浴場に任せ、新浴場は北部・西部の人々へのサーヴィスを担当したのではないかと考えている[85]。つまり市街地内のいずれの地区も不利にならないように配慮して第二の浴場の位置が決められたと理解するのである。それに対してゼーヴィは、第一節で紹介したような市街地北部の農村部からやってくる入植者にとって少しでも近いようにと、この場所が選ばれたのではないかとする[86]。

フォルム浴場に関する以上の解釈は、小劇場の場合とは異なりほとんど賛同を得てはいないように見受けられる[87]。しかしながら、他ならぬ小劇場のことを考えるならば、私にはありえないことはないと思える。一般的にいって名前のみからの出自の区別は難しいので、スタビア浴場を改築したアニニウスとウウリウスを土着ポンペイ人とすることは十分可能であろう[88]。碑文によると彼らは、「見世物か建築物に」(in ludo aut in monumento)使うようにと義務づけられた資金をスタビア浴場のために使用したという(*CIL* X. 829)。植民者によるフォルム浴場の建設に対抗して、土着ポンペイ人も彼らが利用する公共浴場の改築を見世物に優先させたのかもしれない。他方で、フォルム浴場の立地に関しては、農村部から市街地に辿り着くまでの距離からして、それが植民者にとってとりたてて「近い」とは思えない。距離的な配慮というより、むしろ重要視されたのは都市の心臓部であるフォルムに隣接するという点だったのではなかろうか。フォルム浴場はそれ以前そこには何もなかったのだろうかと疑いたくなるような場所に建てられているが、もっぱら入植者の便宜のためとすれば、かなり強引な建築活動が展開されたのかもしれない[89]。

3　円形闘技場

さて、小劇場とフォルム浴場の機能に関するこのような解釈が妥当性を持つとするならば、土着ポンペイ人と入植者とは、「二重共同体」ではないまでも別々に公共施設を利用し、公共生活において少なからず分離していたことになる。これは第二節で見た「不和」とまさに符合する事態であるが、都市共同体のあり方として決して好ましいものとはいえない。そこでこのような状況を克服するための試みとして、最近、注目されているのが円形闘技場の機能である。最後に、ローマ人の社会生活を語る際には欠かせないもうひとつの要素である円形闘技場を見ていくことにしよう。

ポンペイの東隅に位置するこの巨大な建築物は、小劇場と同じくウァルグスとポルキウスにより作られた。建設年代については、前七〇年のことではないかと考えられている。ウァルグスとポルキウスはケンススを行う「五年目の二人委員」に就任しており、前七〇年は共和政ローマで最後のケンススが行われた年だからである[90]。植民市建設における二人の有力者が建築過程に直接かかわっていたということは、この建造物がまずもって退役兵入植者のための施設であったことを窺わせる。[91] イタリア内の円形闘技場の研究を精力的に進めているK・ウェルチは、それが剣闘士的な戦闘に慣れ親しんだ退役兵によって、かの地へと持ち込まれたのではないかと主張する。[92] だが他方で、最近の本村凌二氏の研究に見られるように、剣闘士の試合が古くからカンパニア地方で知られていたとする見解も依然として有力である。[93] となれば、土着ポンペイ人も決して円形闘技場の建設に無関心だったわけではなくなるであろう。

問題となってくるのは、座席の配置から二万人と見積られている収容人員である。これは先の大劇場や小劇場に比べ格段に大きい。従来なされてきた説明は、それが近隣諸都市の住民をも収容するための施設だったからというものである。帝政期の話となるが、剣闘士の試合中にヌケリア人とポンペイ人との間で大きな騒動が発生したことはよく知られている（Tac. *Ann.* 14. 17）。つまり、隣町のヌケリア人も観戦に訪れていた。建設当初でいえば、近隣の諸都市に入植したスッラの退役兵がやって来て共に楽しんでいた姿が思い浮かぶかもしれない。このような解釈は、たしかに上述の小劇場やフォルム浴場のそれと同じ方向性を持っている。だが、二万人という収容人員は、まずもってポンペイの住民全体のためと考えることもできるだろう。むしろ、こちらがより自然な解釈といえようか。そこでゼーヴィは、円形闘技場の建設のうちに小劇場やフォルム浴場とは異なり、土着ポンペイ人と入植者の「二重性」ではなく、その対立の終焉を象徴するような出来事を読み込んだ。[94] その際、ゼーヴィが論拠としたのは以下の碑文である。

五年目の二人委員である、ガイウスの息子ガイウス・クインクティウス・ウァルグスとマルクスの息子マルクス・ポルキウスが、植民市の名誉のために、自らの費用で円形闘技場（spactacula）が作られるべく配慮した。そして場所を永遠に植民者に捧げた（*CIL* X. 852）。

これはウァルグスとポルキウスによる円形闘技場の奉献碑文であるが、ここで重要となるのは、「植民市の名誉のために」円形闘技場が作られ、またそれが永遠に「植民者に」捧げられたと、植民市(植民者)が二度強調されている点である。これは一般的には、われわれがこれまで見てきたような文脈上で、土着ポンペイ人に対応するローマ人入植者を指すと解されてきた[95]。そうなると、ウァルグスとポルキウスは、彼らのためだけに円形闘技場を建設したことをわざわざ奉献碑文で強調したことになる。これは随分と挑発的な行為といえよう。

それに対して、ここでもゼーヴィはツァンカーの先行研究に導かれながら[96]、斬新な解釈を提出している。ゼーヴィは、この公的な文章で言及された「植民者」を、いわゆるローマ人入植者だけではなく土着ポンペイ人をも含めたポンペイ人全体、つまり「植民市市民」と捉えるのである。ポンペイの正式名称は「植民市コルネリア・ウェネリア・ポンペイアノルム」であっただけに、ポンペイ人全体が「植民市市民」と表現されたことは十分説明がつく。ちなみにゼーヴィは、明言はないものの「二重共同体」説の立場をとっており、前七〇年のケンススをもって「二重共同体」も解消したと理解しているようである。第一章で述べたように、基本的には五年に一度実施されるケンススはローマ市民の調査・登録であり、これはまた五年ごとのローマ市民団の再編といった性格を持っていた。つまり、このようなケンススがポンペイにおいても実施され、住民が法的・行政的にひとつとなった時点で、それを象徴するような出来事として円形闘技場が建設されたと捉えるのである。しかもカンパニアは剣闘士競技の伝統を有する地方であっただけに、円形闘技場の建設は土着ポンペイ人の好みにも合っていたとする。

これは、史料上のかすかな手がかりをもとにしながら、退役兵植民後のポンペイの歴史を鮮やかに描き出した極めて興味深い仮説といえよう[97]。私は、このゼーヴィのアイデアを基本的には受け入れながらも、部分的に少し異なった見解を採っている。まず、前七〇年のケンススの前後には最終的な段階にまでいたらないケンススが何度か実施されており[98]、その中には、地方レベルでのケンススは終わっていたが、ローマにおいて最終的なケンススの完了にまでいたらないケースもあったことだろう。となれば、前七〇年のケンススをあまりにも特別視する解釈には、検討の余地が残されている。言い換えるならば、円形闘技場の建設を前七〇年に特定してよいのかという疑問である。

第二に、この前七〇年を特別視することとの関連で、ゼーヴィは、前七〇年に両住民間の対立が一旦消滅し、その後再びキケロが伝えるような「不和」が発生したのではないかと捉えている。これは、権利上の平等が実現したがゆえにかえって「不和」が表面化したということなのだろうが、やや強引な解釈との印象は拭えない。そうではなくて、いまだ「不和」が継続していたからこそ、このような性格の円形闘技場が必要とされたのではないか。現実的には、一体化した「植民市」の姿に程遠かったからこそ、両住民の「融合」へ向けたプロパガンダとしてこの種の表現が採用されたのではなかろうか。これが初期植民時代の最有力者の行為であったからには、土着ポンペイ人とローマ人植民者が共に楽しむような場、互いの一体感が醸し出されるような場の創出を彼らがいかに緊急の課題と感じていたかを窺い知ることができよう。

ちなみに、キケロの『スッラ弁護演説』では、両住民間の「不和」が長年にわたってポンペイの「パトロン(保護者)」のもとに持ち込まれていたことが述べられている(*Cic. Sull.* 60)。ここでのパトロンが具体的にはプブリウス・スッラその人を指すのはもちろんであるが、キケロはパトロンを複数形で記しているだけに、スッラ以外にも、ウァルグスやポルキウスがパトロンとしてこの問題の処理に尽力していたのかもしれない。退役兵植民がもたらした社会的・政治的不和は、ポンペイ内の有力者の手によりその克服が模索されていたということではなかろうか。(99)

おわりに

本章は、カンパニアの一地方都市ポンペイに対象を絞り込みながら、スッラの退役兵植民がイタリアに与えた影響をできる限り明らかにすることを課題としてきた。繰り返しを恐れず、全体をまとめ直すことにより本章を終えることにしたい。

同盟市戦争に参加しローマと戦ったポンペイはスッラの攻囲を受け、前八九年ローマに降伏した。おそらく、ローマ市民権を付与されたのはこの年ではなく前八七年のことであり、その間のポンペイは中間王により暫定的に統治されていた可能性もある。そして前八〇年、独裁官スッラにより退役兵の植民が実施された。その規模は、ポンペイ領の面積からして、伝統的に主張されてきた四〇〇〇～五〇〇〇人より、下方修正された一五〇〇～二〇〇〇人が妥当なところであろう。彼らが具体的にどこに入植したのかとなると、考古学的な調査が進んでいるポンペイでも特定されてはいない。第一義的には農地の獲得が目的であったとはいえ、居住地として見れば、彼らが農村部だけではなく市街地（都市部）にも住んでいたのではないかと思われるが、その場合、旧住民（土着ポンペイ人）との混在は十分ありえよう。

このような退役兵植民後のポンペイを理解するために提起されてきたモデルが、「二重共同体」説である。これは、前八七年（あるいは前八九年）にローマ市民権を付与された土着ポンペイ人が彼ら自身の自治都市を保持し、他方、入植者はその傍らに植民市を建設することにより、ポンペイがしばらくの間「二重共同体」であったとする理解である。たしかにこの説は、植民直後の両住民間に生じた摩擦・軋轢を考える際に便利なモデルといえよう。しかしながら、そもその前提ともいうべき物理的に分離した「二重共同体」の痕跡は考古学的に確認されていない。また第二節で見てきたように、この説を論証するために用いられてきた論拠はいずれも確固としたものとはいえず、それどころかポンペイが「二重共同体」ではなかったことをむしろ積極的に論証する素材となっているのである。また、「二重共同体」説と関連して、土着ポンペイ人が少なくとも当初、ポンペイの政治から排除され政治的・社会的に不利な立場に置かれてきたとされてきたが、いまやこのような理解も再考が迫られている。

とはいえ、『スッラ弁護演説』をもとにすれば、土着ポンペイ人と植民者との間になんらかの「不和」が生じていたことは確実である。それらの事情を公共建築物の変容から読み取ろうとした興味深い研究として、ツァンカーとゼーヴィの論考がある。両者（とりわけゼーヴィ）は劇場と公共浴場の「二重性」のうちに、入植者が旧住民とこれらの公共の場を共有することを拒否していた様子を読み取った。これはもちろん、ひとつの共同体のあり方として決して好ましいものとはいえない。そこで、当時のポンペイのパトロンたちがこのような状況を克服しようとした試みとして次に注目したのが円形闘技場の建設である。ポンペイ市民が共に楽しむ場としての円形闘技場の建設は、両住民の融合・統合へ向けての切実さの現れであった。

なるほど、このようなツァンカー－ゼーヴィ説は、史料の過度の読み込みと思われ、あまりにも出来すぎたシナリオと映るかもしれない。だが一般的にいって、公共建築物の共有により利用者間で一体感が醸し出されることはありえた[100]。さらには、共に誇れる公共建築物の存在により、都市を核として新たな共属意識が作り出されることも十分ありえたであろう。当該期イタリアの地方エリートたちが公共建築物をめぐって他都市と競い合っていたという点は、エウェルジェティズム（有力者による恵与慣行）論の文脈ですでに指摘されるところである[101]。となれば、本章は、小劇場やフォルム浴場が入植者のためだけの施設であった点を強調してきたが、それはもちろん植民当初のことであり、ほどなくして――遅くとも円形闘技場の建設時までには――、新旧住民が共に利用する施設へと転じていったと考えた方がよいのかもしれない。ここでは考察できなかった両住民間の通婚関係の進展も含め、七九年の「最後の日」へ向けてポンペイ社会の融合は着実に進行していたのである。

最後に断っておくならば、ここで明らかにされたのはあくまでもポンペイについての知見であり、これがスッラによる退役兵植民のすべてに当てはまるというわけではない。今日では有名なポンペイも、当時にあってはひときわ影響力のある都市でもなければ、また典型的な都市でもなかった。ポンペイ以外の都市における植民は別個に考察していく必要がある。しかしながら本章で明らかにされたポンペイに関する知見は、次章以下で検討することになる諸都市における植民の実態に関して、その可能性の範囲を見極めるにあたり重要な指標となるに違いない。

註

(1) 埋没の日付に関する最近の研究動向については、坂井(二〇一六)が詳しい。

(2) Castrén (1975/1983), 41.

(3) ちなみに、アッピアノスによれば、ネアポリスがスッラ派の手に落ちたのは前八二年のことであるし(App. *BC.* 1. 89)、サムニウム人の立て籠もるノラは前八〇年まで持ち堪えていた(Liv. *Ep.* 89)。

(4) 坂井(一九九三)。

(5) 岩井(一九九四/二〇〇〇)。

(6) 岩井(一九九四/二〇〇〇)、二〇四―二〇八頁。

(7) Weber (1975), 187; Mouritsen (1988), 86も、前八七年説を採る。

(8) Castrén (1975/1983), 51.

(9) ただし、Mouritsen (1988), 74-75は公職以外の可能性を示唆する。

(10) 坂井氏はこのような性格を考慮してか、「暫定管理者」という訳語を用いている。坂井(一九九三)、四五頁。

(11) 岩井（一九九四／二〇〇〇）、二〇四—二〇五、二〇八頁。
(12) ちなみに、明示的ではないものの、岩井氏はこの「中間王」を、前八九年以降の自治都市時代のどこかに位置づけているように見える。岩井（一九九四／二〇〇〇）、二一六—二一七頁。
(13) プブリウス・スッラについては、Berry (1996), 1-13; Syme (2016), 169-172 参照。
(14) Weber (1975), 182-184.
(15) Zevi (1995), 10.
(16) 現在のフリジェントからの出土であるが、古代の都市名は特定されていない。ビスパンは、これもアエクラヌムに関する碑文ではないかとする。Bispham (2007), 304, 343.
(17) Harvey (1973), 84.
(18) Zanker (1988), 22.
(19) Castrén (1975/1983), 69.
(20) 岩井（一九九四／二〇〇〇）、二一四—二一六頁。サンタンジェロは、ウァルグスが前八〇年代の内乱および東方においてスッラのもとに従軍し、その後、カンパニアの諸都市の政治に関与したというクロノロジーを想定している。Santangelo (2007), 162.
(21) Zevi (1995), 10.
(22) たとえば、Castrén (1975/1983), 52 など。
(23) Lepore (1950/1989).
(24) 坂井（一九九三）、三八頁。
(25) Savino (1998), 440-444.
(26) 坂井（一九九三）、四二頁。
(27) 実例は、Brunt (1971/1987), 295 参照。
(28) 一〇ユゲラは、同じカンパニアの都市カプアの植民と関連して、キケロが具体的に挙げている数字である（第六章参照）。
(29) 坂井氏は、公共建築への従事のような農業以外の生計手段を想定している。坂井（一九九三年）、四二頁。
(30) 坂井（一九九三）、三九—四三頁。

(31) ケントゥリア地割については、山田（一九九九）参照。

(32) 農村領域に関してより詳しくは、浅香（一九九四）（二〇〇〇）参照。

(33) Andreau（1980）, 193.

(34) ヨンクマンも、穀物生産を行っていた小土地所有者の痕跡は残りにくいとする。ただし、それは植民者とは限らず、土着ポンペイ人の小作人をも想定しているようである。Jongman（2007）, 505.

(35) リング（二〇〇五／二〇〇七）、七八―七九頁：Zevi（1996）, 132–134.

(36) 坂井（一九九三）、五一―五四頁。

(37) 坂井（一九九三）、四二頁。

(38) 坂井氏の論文の公刊は一九九三年であるが、最新のポンペイに関する入門書で見る限り、状況は大きく変化していないように思える。Moormann（2007）.

(39) Onorato（1951）. もっとも、他の退役兵植民市に関しては、「二重共同体」としての言及がそれ以前から見られる。たとえば、Rudolph（1935/1965）, 92, n. 2. またポンペイに関しても、つとにモムゼンは、「旧市民と植民者という二つの市民団が同じ城壁の中で連合体として構成された」と表現している。モムゼン（一九〇三／二〇〇六）、三〇七頁。

(40) Hampl（1952）; Gabba（1951/1976）, 204, n. 218; Keppie（1983）, 102–103; Lo Cassio（1996）, 111–123.

(41) 坂井（一九九三）、四六―四九頁。

(42) Salmon（1969）, 130–131; Harris（1971）, 270; Brunt（1971/1987）, 306–308; Weber（1975）, 198–203; Salmon（1982）, 132.

(43) 岩井（一九九四／二〇〇〇）、二一一頁。

(44) Gehrke（1983）.

(45) 片岡（一九八六）。

(46) Castrén（1975/1983）, 41–42, 62–67.

(47) Rudolph（1935/1965）, 87–99; Sherwin-White（1939/1973）, 165; Bispham（2007）, 247, 253.

(48) *CIL* X, p. 93.

(49) Bispham（2007）, 261–267, 447–456.

(50) ルドルフも基本的にはこのような理解か。Rudolph（1935/1965）, 92–94.

(51) Lo Cassio (1996), 112-116.
(52) デグラッシは、ポンペイに関してはモムゼン流に四人委員を解釈しているが、植民市の碑文に四人委員が現れる他の可能性も指摘する。Degrassi (1949/1962), 287-289.
(53) Gehrke (1983), 484-485. 他方、サンタンジェロは、インテラムニアにおける植民市建設をスッラ時代のものであるとしながらも、その時点で自治都市は消滅していたと考えているようである。Santangelo (2007), 153.
(54) Gabba (1959), 317-319.
(55) リウィウスの当該箇所については、Briscoe (1981), 68-69 参照。
(56) エンポリオンが植民市であったことを伝える史料はリウィウスのこの箇所しかなく、貨幣ではむしろ自治都市として現れるという。植民市から自治都市への「格下げ」は考え難いので、ブラントは、カエサル時代の入植者は植民市ではなくパグスかウィクスを形成していたのではないかと推測している。Brunt (1971/1987), 603-604.
(57) エンポリオンに関しては数多くのスペイン語文献が存在するが、参照しえなかった。本文中の考古学情報は、Kaiser (2000), 10-14; Laurence *et al.* (2011), 28-29 による。
(58) Berry (1996), 1-13.
(59) 当時のイタリアの情勢全般については、Stewart (1995) が詳しい。
(60) Berry (1996), 254-256; Bispham (2007), 449-450. ただし、Coarelli (2000), 98-100 は、スッフラギウム(投票行為)と結びついた投票のための整列、あるいはその場所と考えているようである〔コアレッリ論文は、坂井氏のご教示による〕。
(61) Castrén (1975/1983), 49-57; Andreau (1980), 219-220; Dyson (1992), 74-76.
(62) 簡潔な研究史として、Franklin (2007) 参照。
(63) Castrén (1975/1983), 85-92. 前五五年の論拠は、キケロの書簡中で、キケロの友人であるM・マリウスという人物がポンペイの都市参事会員であるかのように言及されていることによる(Cic. *Fam.* 183. 1SB)。
(64) Mouritsen (1988), 70-89.
(65) もっとも、二つの批判点を突き合わせるならば、坂井氏が反批判するように、これらの土着ポンペイ人が前六〇年代後半以降に再出現してきた可能性、つまり植民市建設当初は政治的に排除されていた可能性は依然として残されている。坂井(一九九三)、五〇頁。

(66) Gehrke (1983), 476-477.

(67) Castrén (1975/1983), 79-82; Jongman (1991), 289-310.

(68) Forenses: *CIL* IV. 783. Campanienses: *CIL* IV. 371(?), 470, 480. Salinienses: *CIL* IV. 128, 1611, 4106, 5181. Urbulanenses: *CIL* IV. 7676, 7706, 7747, 7807(?).

(69) たとえば、これらの固有名詞を市街地のウィクスに同定すること、さらにはそもそもポンペイの選挙区をウィクスとすることに関して異論がある。Amodio (1996). ただし、Coarelli (2000), 108-110 は、前註(68)の四地区に、名前の不明な一地区を加えた「五選挙区」の存在とそれをもとにした選挙の操作を改めて強力に主張している。

(70) Bispham (2007), 450.

(71) このようなアプローチの有効性については、Lomas (2003), 28-29 参照。本文における以下のような試みにおいては、個々の公共建築物が建てられあるいは修復された正確な年代の特定、少なくともその先後関係が重要となる。しかし、ポンペイ考古学の専門家ではない私には、残念ながらこの点まで掘り下げて検討することができない。専門家のご教示を待ちたい。

(72) Santangelo (2007), 160.

(73) Laurence *et al.* (2011), 236.

(74) リング(二〇〇五／二〇〇七)、一九〇—一九五頁。

(75) リング(二〇〇五／二〇〇七)、七二—七四頁参照。ローレンスは、「演説の練習」といった機能を強調する。Laurence (1994), 26.

(76) Zanker (1988), 19; Zanker (1998), 65-68.

(77) この説の賛同者としては、たとえば、Savino (1998), 452-453 がいる。

(78) Zevi (1996), 130-131.

(79) Zevi (1995), 1-10.

(80) リングも、リング(二〇〇五／二〇〇七)七三—七四頁では明白な判断を留保していたが、ポンペイに関する入門書の中では、ツァンカー説を採用している。Ling (2007), 120.

(81) Laurence *et al.* (2011), 206.

(82) ポンペイの公共浴場の概要については、リング(二〇〇五／二〇〇七)、一八三—一九〇頁参照。

(83) たとえば、Laurence (1994), 26 など。

(84) Zevi (1996), 129-130. ちなみにこの点に関して、ツァンカーの見解はゼーヴィほど徹底してはいない。

(85) リング(二〇〇五/二〇〇七)、七八頁。

(86) Zevi (1996), 130. ツァンカーは当初、この第二の浴場を利用することは、市街地の東部地区や南部の傾斜地に新たに居を構えた住民にとって時間的節約になると考えていた。Zanker (1988), 22. しかし、一九九八年の研究ではゼーヴィの説を受け入れている。Zanker (1998), 68.

(87) たとえば、小劇場に関してはゼーヴィ説を受け入れたリングも、フォルム浴場に関してはそれを受け入れていない。Ling (2007), 121.

(88) ちなみに、フォルム浴場建設に関するものとされている碑文上に現れる公職者の氏族名は、カエシウス(Caesii)、オッキウス(Occii)、ニラエミウス(Niraemii)である(*CIL* X. 819)。このうち、ニラエミウスなどもローマ人植民者なのかどうか名前のみからでは判断できない氏族名とされる。Castrén (1975/1983), 195.

(89) この点をリングは、「古都市」の境界線上にあったので建物が少なかったのではないかと解する。Ling (2007), 121-122.

(90) Castrén (1975/1983), 90-91.

(91) Laurence *et al.* (2011), 259-262.

(92) Welch (1994).

(93) 本村(二〇一一)、七一―七四頁。

(94) Zevi (1996), 131-132.

(95) たとえば、リング(二〇〇五/二〇〇七)、七四頁。

(96) Zanker (1988), 22-23; Zanker (1998), 68-72. ただしツァンカーは、円形闘技場が当初は退役兵のための設備であったが、次第に土着ポンペイ人も参加していったかのような像を描いている。

(97) Santangelo (2007), 162 は、このような解釈を受け入れる。

(98) 砂田(二〇〇八b)、一五―一六頁。

(99) パースロウも公共建築物のうちに共存へ向けての「トレランスの雰囲気」を読み取ろうとしている。ただしその際、彼が注目するのは円形闘技場ではなく小劇場であり、これこそが土着ポンペイ人の文化的趣味に応えるものだったという。

Parslow (2007), 213.

(100) Laurence (1994), 26-27.

(101) Lomas (2003), 41-42.

第四章　ファエスラエ
――退役兵植民とエトルリアの騒擾――

はじめに

第一章で見てきたように、前八〇年代の内乱においてキンナ派の拠点となり、スッラに対して最後まで激しく抵抗した地域のひとつがエトルリアであった。おそらくそのことと関連して、キンナ派の政治家の中にはエトルリア出身者が幾人も含まれていた。E・ローソンの研究では、ノルバヌス（前八三年の執政官）、カッリナス（前八二年の法務官）、ペルペルナ（前八二年の法務官）といった人物がエトルリア系として挙げられている。また、内乱の終わりを待つことなくスペインへと渡り、かの地で反ローマ闘争を展開したセルトリウスについても、彼自身はエトルリアに近いサビニ人の都市ヌルシアの出身であるが、その側近にはエトルリア人が見られたという(1)。このような事情からしてエトルリアは、戦後、スッラによる厳しい処罰の対象になったと考えて間違いないだろう。

そもそもエトルリアにおいては、退役兵の植民以前の問題として、略奪や破壊が生じたことが指摘されている(2)。ス

ボノニア
アリミヌム
ピストリアエ
ファエスラエ
フロレンティア
ピサエ
アッレティウム
ウォラテッラエ
サエナ
チェーチナ川
ペルシア
ポプロニア
クルシウム
サトゥルニア
テラモン
コサ
フォルム・アウレリィ
0
50
100 km
ローマ

エトルリア地方

トラボンによれば、古くから鉱工業で栄えていたポプロニアは、スッラによる攻囲と破壊を受け彼自身の時代にはすっかり廃墟となっていたという(Strab. 5. 2. 6)。F・サンタンジェロは、ポプロニアのアクロポリスは前二世紀末に修復がなされていたが、スッラの破壊以降、打ち捨てられたとする[3]。同じくサンタンジェロによれば、アフリカから帰還したマリウスの上陸地点であったテラモンも破壊され、またサトゥルニアにおいては略奪の痕跡が確認されるという[4]。サトゥルニアは、第一章で見たように、スッラの分遣隊がカルボの分遣隊に勝利した地である。ただし、テラモンとサトゥルニアにおいては、これらの破壊と略奪以降も人々の生活は継続し一定の繁栄を維持していたようである[5]。同様の破壊と略奪をこうむったにもかかわらず、ポプロニアとは異なり、テラモンとサトゥルニアではなんらかの理由により速やかな再建が可能となったのであろう。ちなみにこれは退役兵の植民によるものではない。

さて、このようなエトルリアの都市の中から、本章ではファエスラエという都市を取り上げることにしたい。ファエスラエは、フィレンツェの北東約八キロメートルのところにある丘の上の町、現在のフィエーゾレである[6]。ファエスラエは、次章で取り上げる諸都市とは異なり、エトルリア内にあってとりたてて有力な都市国家だったわけではない。特徴的な点といえば、同盟市戦争時にエトルリアでは珍しく同盟市民側で戦いに加わったことぐらいであろうか。フロルスはこの時ファエスラエが破壊を受けたと伝えるが(Flor. 2. 6. 11)、おそらく、エトルリアを担当していた指揮官ルキウス・カトの手によるものであろう[7]。

前八〇年代の内乱の終結後、ファエスラエがスッラの退役兵植民市であったことは、第二節で検討するカティリナ陰謀事件(前六三年)とかかわるキケロの記述から確実である(Cic. *Cat.* 3. 14. *Mur.* 49)。ところが、ファエスラエが退役兵植民の対象となった理由は、前章のポンペイの場合同様、実はよくわかっていない。エトルリア全般の状況を考えれば、反スッラの姿勢に対する処罰であった可能性がポンペイの場合以上に高いといえるが、ことによるとこれはファエスラエ人にとっては言われのない処分だったのかもしれない。第一節でふれるように、他では見られないような激しい抵抗が発生しているからである。このように退役兵植民市となった経緯が定かではないにもかかわらず、エトルリア都市の中からまずはこのファエスラエを取り上げる理由は、それがスッラ死後のローマを襲った最初の大きな事件である「レピドゥスの蜂起」と密接に関連していたことによる。ファエスラエで生じたことは、一地方都市の出来事といった次元にとどまらず、中央政界へと大きく反作用を及ぼすような出来事だったのである。まずは、そのレピドゥスの蜂起の様子から見ていこう。

一　レピドゥスの蜂起

スッラの独裁官辞職は、最近の研究では従来の想定より早く、前八一年の末ではないかとされている。前八〇年、スッラはメテッルスとともに執政官に就任したが、もはや目立った活動はしておらず、引退同然の身であった。続く前七九年、執政官に選ばれたのはセルウィリウス・ウァティアとクラウディウスであり、彼らはいずれもスッラにとって信頼の置ける人物であった。ところが、前七八年の執政官選挙においては、少々厄介なことが生じた。おそらくスッラが推薦していたマメルクス・レピドゥスが落選し、代わってマルクス・レピドゥス(以下レピドゥス)がトップ当選したのである。後者レピドゥスが、本節の主人公となる人物である。ちなみに同僚執政官に選ばれたのは、スッラに忠実なカトゥルスであった。この時、レピドゥスの当選をもたらしたのはポンペイウスの支持であり、スッラはそのことでポンペイウスを厳しく叱責したとされている。(8) スッラの求心力・影響力が生前においてすでに衰えていたことを示す出来事であるとともに、スッラがあくまでも執政官選挙という共和政の伝統を重んじたことの証左でもあろう。

さて、レピドゥスとはどのような人物であろうか。ちなみに彼は後にアントニウスやオクタウィアヌスとともに三頭政治家となるマルクス・レピドゥスの父親にあたる。レピドゥスの属したアエミリウス・レピドゥス家はパトリキ貴族の名門であったが、前一二六年以降執政官を出してはいなかった。(9) 別稿において論じたように、ノビレス貴族の家柄に生まれた政治家たちは、とりわけ共和政末期に激しさを増す競争的な政治文化において、名門家系としての威信を保持しかつそれをさらに高めるべく邁進した。これはノビレス貴族のエートスといってもよいようなものであった。(10) レピドゥスの場合、しばらく途絶えていた執政官職への就任のみならず、そこでの活躍が期待されていたことは容易に推察されよう。まずは、この点を押さえておきたい。

このような至上命令を抱えていたためか、レピドゥスの経歴はいささか複雑である。(11) レピドゥスはまずアップレイアという女性と結婚していたが、彼女は前一〇三年の護民官サトゥルニヌスの親族であり、これはマリウスとの結びつきを窺わせる。その後、同盟市戦争中には、ポンペイウス・ストラボ（ポンペイウスの父親）のもとアスクルムで戦った。この時点でのストラボはスッラの強力なライバルであった。また、これを機にポンペイウスとも親密な関係を築くにいたったのではないかと考えられている。ところが、次にレピドゥスが姿を現すのは、スッラ体制下において、前八〇年のシキリア総督としてである。それどころか彼は、クラッスス同様、他ならぬスッラによる追放・財産没収（プロスクリプティオ）から利益を得た政治家の一人だったのである。このような経歴からすれば、スッラがレピドゥスを警戒したのも頷けよう。

前七八年、執政官に就任したレピドゥスとカトゥルスは折にふれて対立したが、それが激しさを増したのはスッラの葬儀をめぐってである。カンパニアに引退していたスッラは、この年、病を得て没した。そこで、国葬を主張するカトゥルスとそれに反対するレピドゥスとの間で激しいやり取りが交わされたのである。結局、この争いは、ポンペイウスが今回はカトゥルスを支持することで国葬の実施に落ち着いた。そうこうするうちに、エトルリアから騒擾の知らせが入った。この騒擾に関する貴重な情報が、グラニウス・リキニアヌスの記述から得られる。まずは関連箇所の拙訳を掲げておこう。(12)

ファエスラエ人は、スッラの退役兵の集落を襲撃し、多くの者を殺害して彼ら自身の農地を取り戻した。そして彼らは元老院において、田舎の大衆(農民)は家からも追い立てられこのような行為へと追い込まれたのだと弁解していた。そして民会決議にあったように、両執政官が軍隊を与えられてエトルリアへと向けて出発した(Licin. 36. 36-38C)。

リキニアヌスの作品は前一六三年から前七八年にあたる部分が断片として残されている。その最終的な典拠はリウィウスであり、他にサッルスティウスの『歴史(同時代史)』をも参照したのではないかと考えられている。(13) 上記引用も補読箇所を含むものの、このような成立事情からして内容の信憑性についてはある程度評価してよいだろう。

ここからは、他にはない二つの重要な知見が得られる。第一は、スッラの退役兵の本拠地が「集落」(castella)と表現されており、ファエスラエの旧住民とともに都市部(oppidum)に住んだのではないように書かれている点である。カステッルムの一般的な訳語は、「砦」「城塞」であるが、それがパグスやウィクスと区別なく用いられる場合があったとの指摘をもとに、(14) ここでは「集落」と訳した。あるいはサンタンジェロが想定するように、彼らは農村部に入植してファエスラエ人とは分離された共同体を形成し、それを護るようにして「砦」が存在したのかもしれない。(15) ただし、これを「二重共同体」と呼ぶことができるかどうかについては、第三章で検討したポンペイの事例からして、慎重な判断が必要であろう。(16) 第二に、旧住民が退役兵植民者を襲って土地を奪い返したことが読み取れる点である。しかも彼らはそのことを元老院に訴え出て正当化しようとさえしていた。このような旧住民による襲撃の記述はこれが唯一である。退役兵植民に際しての旧住民の不平・不満、彼らと入植者との摩擦・軋轢は容易に予想されはするものの、なかなか史料中に現れない。その貴重な一例をわれわれはここで手にしているのである。

ところで、ファエスラエに関しては、長らく議論されてきた問題がある。それはファエスラエからわずか数キロメートルしか離れていないフロレンティア（現フィレンツェ）との関係である。これは現時点でも解決を見ない難問のようであるが、[17]ひとまず私なりに論点を整理しておきたい。まず、植民市フロレンティアが建設された年代に関しては、つとにC・ハーディが指摘したように、[18]カティリナ陰謀事件においてフロレンティアへの言及が全くないという事実が重要であろう。このことは、植民市としてのフロレンティアの成立が少なくとも前六三年以降であることを強く示唆している。ましてや、かつて主張されたようなフラミニア街道あるいは前二世紀前半のカッシア街道の建設時ではありえない。ハーディ自身は、前四一年のオクタウィアヌスによる建設と見る。[19]他方、L・ケッピーは、前四七〜前一四年の間の退役兵植民を論じた基本書の中でこの問題を取り上げ、M・ロペス・ペーニャの説を「魅力的な示唆」とする。[20]ロペス・ペーニャの説は、中世の年代記および『植民市の書』（*Lib. col.* 211. 22-214. 2）の記述を手がかりに、カティリナ陰謀事件により放棄された土地をもとにして、前五九年の執政官であるカエサルにより植民が行われたのではないかとするものである。[21]いずれにせよ、植民市フロレンティアの起源はスッラ時代に求めないのが妥当といえよう。

ただしこれは、あくまでも植民市フロレンティアの起源にかかわることであり、フロレンティアの地に入植が行われた事実そのものに関しては別の解釈も成り立ちうる。先のリキニアヌスの断片からすれば、スッラの入植者はファエスラエの住民とは異なった場所を占めていたが、となると古くはK・J・ベーロッホがそうしたように、[22]彼らの居住地をフロレンティアの場所に求めることも可能だからである。もちろんこの時点でそれは、ファエスラエ領の一部であったということになるだろう。フロルスは、スッラによる処罰の対象となった「非常に卓越した自治都市」として、スポレティウム、インテラムニウム、プラエネステと並んでフロレンティアを挙げている(Flor. 2. 9. 27)。P・A・ブラントが指摘したように[23]、明らかに不正確なこの記述も、スッラ時代、フロレンティアの地で——自治都市ではなく——旧住民の小集落(conciliabulum)を押しのける形で退役兵の入植がなされたことの反映と考えれば納得がいく。ちなみに、フロレンティアにおける居住地の痕跡自体は前二世紀にまで遡るという[24]。

以上、ファエスラエとフロレンティアとの関係について考察してきた。先のリキニアヌスの記述も加味するならば、スッラ時代、当時はファエスラエ領の一部であったフロレンティアの地において退役兵植民が実施され、後に——少なくともカティリナ陰謀事件以降——新たな入植がなされたことによりそこが植民市フロレンティアへと昇格したというクロノロジーも、あながち否定できないように思われる[25]。

話をもとに戻そう。ファエスラエで生じたトラブルの対応は、リキニアヌスの記述にもあるように、前七八年の執政官であるレピドゥスとカトゥルスに委ねられた。ところが、その後の詳しい経緯は不明ながらも、エトルリアに赴いたレピドゥスはなんと反乱軍の指導者へと転じたのであった。元老院は執政官選挙開催のためとしてレピドゥスをローマへと呼び戻そうとするが彼はそれに応じず、二度目の執政官職を要求した[26]。「レピドゥスの蜂起」である。かくして執政官のいないまま前七七年に入り、ローマではフィリップスの奮起演説のもと(Sall. *Hist.* 1. 67)、「元老院最終決議」が出されることになった。前一二一年(ガイウス・グラックス一派の暴動)、前一〇〇年(サトゥルニヌス一派の暴動)そして前八三年(スッラのイタリア上陸)に続く四度目の非常事態宣言である[27]。この決議により全権を託されたカトゥルスは、ローマへと進軍しつつあったレピドゥスをローマ郊外で撃退した[28]。レピドゥスは一旦エトルリアのコサへと退却したが、カトゥルスの追撃を受けてサルディニアへと逃れ、かの地で病没した。ちなみにレピドゥス軍の残党は、ペルペルナに率いられてスペインのセルトリウスのもとへと向かうことになるだろう。他方、ガッリア・キサルピナには、レピドゥスの副官であるマルクス・ブルトゥスがいたが、ここには討伐のためにポンペイウスが派遣された。

ちなみにこのブルトゥスは、カエサルの暗殺者マルクス・ブルトゥスの父親にあたる（第六章で論ずることになる前八三年の護民官ブルトゥスとは同一人物）。

　さて、この「レピドゥスの蜂起」は、一見したところ非常に突飛でかつ無謀な行動のように私には思える。しかもこの事件には、さらに不思議なことが伴っていた。エトルリアへと出発する以前に、執政官レピドゥスはコンティオ（集会）で激烈な扇動演説を展開したとされており（Flor. 2. 11. 1–8）、その内容がサッルスティウスの『歴史』に残されている（Sall. *Hist.* 1. 49）。それからすれば、レピドゥスはスッラ体制を専制（tyrannis）として厳しく非難し、ローマ市民に対して、隷属状態を脱し自由を手にするため真の指導者である自分に付き従うよう訴えかけていたことがわかるのである。つまり、スッラ体制の転覆を公然と唱えていたような人物が、たとえ執政官とはいえ、軍隊とともにエトルリアへと派遣されたことになる。

　スッラの生前にこの種の演説がなされた可能性については、つとにR・サイムが疑問を呈している。そもそも前七九年にスッラの意に反した候補者が当選したり、スッラの生前に公然と彼を非難したりすることは不可能ではなかったかというのである[29]。たしかにギリシアの歴史家トゥキュディデスの有名な記述のことを考えれば[30]、レピドゥスの演説中にサッルスティウスの「創作」が含まれている可能性は多分にあるだろう。さらに、演説そのものが「創作」の可能性さえある。だがここでは、この種の発言が実際にありえたと仮定して、論を進めていきたい。その後の事件との整合性が説明できるならば、あえてそれを「創作」として処理する必要はないと考えられるからである。

　手がかりとなるのは、同僚執政官であるカトゥルスもまたエトルリアへと派遣されているという点であろう。この点に着目するL・ラブルーナは、レピドゥス派遣の理由を元老院の無力さに求めた。すなわち、レピドゥスを一人エトルリアへと派遣するわけにもいかないが、かといって一人ローマに残すわけにもいかない元老院が、仲違いしないよう宣誓させた上で両者をエトルリアへと派遣したのではないかと解するのである[31]。たしかに余程の重大時でもない限り、同じ方面へと二人の執政官が同時に派遣されるのは珍しい[32]。それだけにこれは異例の事態をうまく説明する鋭い解釈といえよう。だが、エトルリアにおいて蜂起に加担するのが予想されるような演説をレピドゥスが事前に行っていたとするならば、これはあまりにも危険な賭けではなかろうか。事態は実際にそう推移してもいる。となると、レピドゥスの演説の内容が改めて問題となってくる。

コンティオにおけるレピドゥスの発言内容をより詳しく見てみるならば、その中で展開されているのは、前述のようにスッラ体制への批判であり、スッラをはじめとして幾人かが名指しで非難されてさえいる。また、追放・財産没収の対象者(Sall. *Hist.* 1. 49. 6. 1. 49. 17)および市民権を剝奪された同盟者やラティウム人(＝ラテン人)への言及も見られる(1. 49. 12)。しかしながら、エトルリアの退役兵植民とその影響への直接的な言及はないのである。なるほどP・マクグシンのように、『歴史』第一二節にある、「そして、少数の取り巻き連中は、悪行の報酬として、罪なき平民の父祖伝来の家々(土地)を占領した」という記述を、退役兵植民に関するものと捉える解釈もある[33]。しかしながらこれも、利益を得たのが「少数の取り巻き連中」であることからして、退役兵植民というより追放・財産没収への言及とすべきではないか。兵士たちはむしろ、「沼沢地や森へと遠ざけられた」として、不良な土地を与えられた犠牲者であるかのように描かれているのである(1. 49. 23)。このような内容の発言であれば、レピドゥスをエトルリアへと派遣することにさして危険性を感じず、むしろ彼を一旦ローマから引き離すことに利点さえ見出す元老院議員がかなりいたということなのかもしれない[34]。

以上の少々込み入った議論を通して私がここで強調したいのは、たとえレピドゥスがエトルリアへと出発する前に――サッルスティウスが記す演説内容通りに――スッラ体制への批判を展開していたとしても、いまだ蜂起に直結するような態度を示してはいなかったのではないかという点である。つまり、エトルリアでの体験こそが彼に最終的な決断を促したのではないか。前述のように、ノビレス貴族の家柄に生まれたレピドゥスは、政治的功績をあげ、家の威信・名声を一段と高めるべく努めていた。しかし同僚執政官カトゥルスとの確執は、スッラの葬儀の例に見られるように、彼の思い通りにことが運ぶのを妨げた。カトゥルスは筋金入りの保守派＝スッラ派であっただけに、カトゥルスとの対立関係の中で一定の成果をあげるには、元老院ではなく民会に頼る「民衆派」路線をとらざるを得なくなったのであろう。ラブルーナも指摘するように、いわゆる民衆派の政治家たちは、その立場を鮮明にすればするほど旧来の政治家集団の中では孤立し、新しい同盟者を求めてより過激になる傾向があった[35]。レピドゥスの場合、まさにファエスラエの暴動がそのような機会を提供したのではなかろうか。ファエスラエのみならず、当時のエトルリアがいかに不穏であったのかは、これまたサッルスティウス『歴史』の断片から窺うことができる。それによれば、「非常に多くの人々が、彼らの農地から追い立てられ、あるいは都市から追放されて集まっていた」(Sall. *Hist.* 1. 57)。「しかしその時、エトルリア人たちは、主張を同じくする他の者たちとともに、ついに指導者を手に入れたと考えて、大いなる喜びをもって戦争を助長した」(1. 59)。「全エトルリアが、レピドゥスとともに暴動状態になるのではないかと疑われていた」(1. 60)。これらの断片からは、レピドゥス支持に集まる多くのエトルリア人の姿、およびエトルリア全体が蜂起に加担するのではないかというローマ側の不安が読み取れよう。

さらに、リキニアヌス(Licin. 36. 35C)やエクスペランティウス(Exuperantius, 36-37Z)といった後代の史料には、レピドゥスが退役兵入植により土地を奪われた農民に対してその土地の返還を約束したことが記されている。この約束は、一般的にはエトルリアへと出発する前のものと考えられているが、しかし先の発言同様このような約束を掲げる人物を、わざわざ元老院がエトルリアへと派遣したとはとても考え難い。これらの約束は、彼がエトルリアで蜂起軍の指導者へと転じた時点のものと考えた方が、遥かに事件の推移に合致するであろう。日頃からスッラ体制への批判を口にして憚らなかったレピドゥスは、エトルリアへと赴いていよいよその決意を固め、はっきりと農地の返還を約束することで現地住民の支持を得た。そして彼らを率いローマへと軍事行動をとったのであろう。この判断自体の妥当性はともかく、前八八年のスッラや前八七年のキンナによるローマ進軍として少なくとも先例は身近に存在した。他方で元老院はというと、ラブルーナの指摘通り、レピドゥスに対する警戒心から、カトゥルスの同時派遣という方法をとらざるを得なかったのかもしれない。

ところで、このようなレピドゥスの行動は、前八〇年代の党派闘争とどのように関連していたのであろうか。この点を検討するにあたり、ひとつ示唆に富むのがカエサルの行動である。マリウス、キンナ両名と姻戚関係にあったカエサルは、スッラから睨まれるところとなり、当時ローマを離れてキリキアで軍務についていた。スエトニウスによれば、「スッラの訃報に接するとすぐ、レピドゥスが政界に仕掛けていた新しい反目葛藤に望みをたくし」カエサルは急いでローマに帰国したという。だがカエサルは、レピドゥスとの盟約を思いとどまった。それは、レピドゥスの才能に見切りをつけたためでもあり、また予想していた以上に機会の熟していないのを見て失望したためでもあったという(36)(Suet. *Iul.* 3)。多分に後知恵的なところがあるものの、当時の雰囲気をある程度伝えているといえよう。たしかに、キンナ派の政治家であるペルペルナがレピドゥスに合流している。また、スペインを拠点とするセルトリウスの活動もおそらくレピドゥスの蜂起と無関係ではなかったであろう。しかしながら、カエサルに見られるように、レピドゥスはこの党派の中心となりそれを束ねて行動していたわけではなかったのである。つまり、レピドゥスの最終的な決断を支えたのは、キンナ派の存在ではなく、あくまでもエトルリアでの騒擾だったということができるであろう。

二　カティリナ陰謀事件

1　エトルリアの情勢

レピドゥスの蜂起から十数年、ファエスラエおよびエトルリアは、カティリナ陰謀事件との関連で再び歴史の表舞台へと現れ出ることになる。

まずは、この事件の概略を見ていこう。カティリナはパトリキ貴族であるセルギウス氏の一員であったが、選挙買収の嫌疑もあって政治的昇進が順調にいかず、執政官選挙で落選を重ねていた。そこで彼は、前六三年、他の不満分子とともに執政官や有力政治家の殺害による政権奪取を企てたのであった。前六三年の執政官の一人はキケロである。キケロはこの陰謀を未然に防ぐべく奔走した。だが、都市ローマの非常事態を告げる「元老院最終決議」を一〇月二一日に引き出したものの、なかなか陰謀の証拠をつかむことができずにいた。証拠不十分な中で、なんとかカティリナをローマから追い出すことができたのは、一一月八日のことであった。しかしその後もキケロは、ローマに残るカティリナ一派の確たる陰謀の証拠をつかめずにいた。一二月三日、彼らが蜂起への加担のためにガッリアのアッロブロゲス人と接触を試みるに及び、キケロはついに陰謀の証拠(書簡)を手にしたのである。同日、それにもとづいて四人の主謀者が元老院へと召喚された。主謀者の中には現職の法務官であるレントゥルスも含まれていた。残された問題は彼らの処分であったが、そのために一二月五日、有名な元老院会議が開催されることになる(Cic. *Cat.* 4. 7-8; Sall.

Cat. 50. 1–53. 1; Plut. *Cic.* 20–21)。

この会議でまず意見を求められたのは、慣例通り、翌年の予定執政官の一人シラヌスであった。彼は、牢獄に繋がれている者および今後逮捕される共謀者を死刑にすべきことを提案した。この提案にもう一人の予定執政官であるムレナが賛同し、その後発言を求められた執政官格の元老院議員（＝執政官経験者）も次々にシラヌスの意見に賛同していった。そしてカエサルに発言順が廻ってきた。カエサルは前六二年の予定法務官であり、当時、陰謀事件への関与も噂されていたようである。カエサルの発言の要点は、ローマ市民を裁判にかけずに殺害することの違法性と、この件が悪しき先例となることの危険性にあった。具体的な処分としては、死刑ではなくむしろ財産を没収した上で、監禁のため地方都市に預けるべきことを主張した。このカエサルの発言には説得力があり、その後の発言者は次々と彼の意見に賛同した。先のシラヌスも発言を翻す有り様であった。さらにプルタルコスによれば、キケロの支持者の中にも彼の身を案じてカエサルの意見を支持する者がいたという。ところが、この会議では、もう一度大どんでん返しが待っていた。主役は前六二年の護民官に予定されていた小カトである。彼はカエサルよりさらに年少の政治家であったが、今後、閥族派の論客となっていく人物である。小カトは、このような国家の危機にあっては、怯むことなく父祖の遺風に倣って決然と行動すべきことを主張し、再び死刑を唱えた。その結果、執政官格の元老院議員全員と元老院の大部分が彼の意見を支持し、キケロの命令で陰謀主謀者の死刑が執行されたのであった。キケロはのちに『カティリナ弾劾演説』を出版して（前六〇年）、この時の行動を大いに誇っている。

以上のような経過を辿ったカティリナ陰謀事件は、たしかにキケロの自負通り、都市ローマにおいてはその計画が未然に防がれ、それは「陰謀事件」と呼べるようなレベルの出来事であった。しかしエトルリアに目を転ずるならば、実際に武装蜂起が勃発しているのである。そこで次に、このエトルリアの情勢を焦点にして、この事件をより詳しく見ていくことにしよう。(37)

そもそもカティリナ陰謀事件の発端はエトルリアであった。前六三年は後の皇帝アウグストゥスが誕生した年でもある。スエトニウスによれば、アウグストゥスが生まれた日に、元老院ではカティリナ陰謀事件が審議中であったという(Suet. *Aug.* 94. 5)。アウグストゥスは九月二三日の生まれとされているので、この日までには執政官選挙が終わり、落選したカティリナによる陰謀の企てがすでに話題となっていたことが窺える。一〇月一八日の夕刻、クラッスス邸にもたらされた密告の手紙が執政官であるキケロへと手渡され、それをもとにしてキケロは、翌一〇月一九日元老院を召集した。手紙には、一〇月二八日における要人の殺害計画が書かれていた。そうこうするうちエトルリアからは、マンリウスに関する情報がもたらされた。キケロは再び、一〇月二一日に元老院を召集し、マンリウスの蜂起が一〇月二七日に予定されていることを報告した。その結果、レピドゥスの蜂起以来となる「元老院最終決議」が出されることになった。そしてマンリウスが実際に蜂起したとの知らせが入るや、前執政官のマルキウスがエトルリアへと派遣された。

とはいえ、キケロはまだローマにいるカティリナに手を出せずにいた。陰謀計画の確たる証拠がなかったからである。一一月八日、キケロは、ユッピテル・スタトル神殿に元老院を召集したが、そこにはなんとカティリナ本人も出席していた。キケロは決定的な証拠もないままカティリナにローマから立ち去るよう強く迫った。そして同日夜、サッルスティウスによれば、「少数の者たちとともに」(Sall. *Cat.* 32. 1)、またプルタルコスによれば、「三〇〇人の武装した人々とともに」(Plut. *Cic.* 16. 6)、カティリナはローマを離れたという。カティリナが去った後のローマでは、共謀者――現職の法務官レントゥルスほか数名――の捕縛と彼らの処刑へと事態が進展し、ローマでの陰謀事件がひとまず終息することはすでに述べたところである。

さて、ローマを離れたカティリナは、かつてからの噂通りマッシリアへと向かうことを装い(Cic. *Cat.* 2. 14, 2. 16)、まずはティレニア海に沿ってアウレリア街道を進んだ(Cic. *Cat.* 2. 6)。またその途中ローマの有力貴族たちに手紙を送り、自分は無罪であるが、国家に分裂が生じないようマッシリアへ亡命するのだと切々と訴えていた(Sall. *Cat.* 34. 2)。ところが、カティリナはそのままアウレリア街道を北上するのではなく、正確なルートは不明ながらもエトルリアの内陸部へと向かうことになる。キケロによれば、アウレリア街道沿いのフォルム・アウレリィに部下を先発させ、武装して待つよう指示していたという(Cic. *Cat.* 1. 24)。とすれば、このフォルム・アウレリィより北のどこかでの方向転換かもしれない。エトルリア内陸部へと向かったカティリナは、まずアッレティウムへと赴き、そこに数日間滞在して近隣の住民を武装させた。そして最終的には、ファエスラエへと向かいそこで待つマンリウスに合流するのである。これを確認した元老院は、カティリナおよびマンリウスを「公敵」と宣言し、執政官のアントニウスを派遣することを決定した(Sall. *Cat.* 36. 1-3)。

この時点でのカティリナは、サッルスティウスによれば二個軍団(Sall. *Cat.* 56. 1)、またプルタルコスによれば二万の人々を手にしていたという(Plut. *Cic.* 16. 6)。だが、ローマでのクーデタ計画の失敗が陣営に知れ渡るや、支持者の多くが逃げ去ってしまったようである。そこでカティリナはガッリア・トランサルピナ(「アルプスの向こうのガッリア」の意：フランスの地)に打開策を求めたのか(38)、軍隊を西へと向け、ピストリアエ(現ピストイア)の北でアペニン山脈を越えようとしていた。しかし、三個軍団とともにピケヌム地方へと派遣されていたメテッルス・ケレルが先回りし、おそらくボノニア(現ボローニャ)で待ち構えていたと思われる。また背後からは執政官のアントニウスが迫っていた。カティリナは結局アントニウス軍との決戦を選び、壮絶な最期を遂げることになる(Sall. *Cat.* 57-61)(39)。ディオ・カッシウスは、三〇〇〇人の兵士が共に倒れたと伝える(Dio 37. 40. 1)。年も改まった前六二年の一月のことであった。

2　カティリナ支持者の素情

以上のようなエトルリアでの事件の経過を踏まえ、ついで、そこに関与した人物を検討していくことにしよう。まずはマンリウスについて。アッピアノスによれば、カティリナは陰謀計画に先立って、秘密裏に兵士を招集するためイタリア中のスッラの退役兵のもとへと人々を派遣したという(App. *BC*. 2. 2)[40]。こうしてエトルリアのファエスラエに派遣されたのがマンリウスであった。同時代史料としてはサッルスティウスが同様の内容を伝えている(Sall. *Cat*. 27. 1)。他方、同じく同時代史料であるキケロはやや異なった情報を伝えており、それによれば、マンリウスはスッラの退役兵であったという(Cic. *Cat*. 2. 20)。これら二つの同時代史料は一見したところ食い違っているが、スッラ時代にファエスラエに入植したマンリウスが植民活動に失敗しローマへと流れ込んでカティリナの協力者になっていたと解釈すれば、両者は矛盾なく結びつく。そのマンリウスが、かつての入植地であるファエスラエに再び派遣されたと考えればよいからである。

このようにスッラの退役兵植民者がカティリナ陣営の主力をなしていたことは、これまでにも指摘されてきた[41]。ファエスラエへの入植者に関していえば、前節で見たように彼らはファエスラエ人による襲撃を受けて「多くの者」が殺害されながらも、なおファエスラエで生活を続けていたのであろう。だが、カティリナ陰謀事件に加担したということは、なんらかの理由で窮地に陥っていたということでもある。よく指摘されるようにそもそも農業に不向きであったのか、あるいはこの時期イタリア全体を襲っていた経済危機の煽りを受けたのか、はたまた旧住民からの根強い敵意が不利となっていたのか[42]、詳しい理由は不明ながらも、彼ら退役兵はカティリナ陰謀事件に呼応したのである。

さらにマンリウスに関しては、非常に重要な知見として、彼が百人隊長であったことがわかっている(Cic. *Cat*. 2. 14. 2. 20: Dio 37. 30. 5)。部隊ごとのある程度まとまった形での入植を想定するならば、かつての百人隊長という立場は、退役兵を再びまとめ上げるうえで少なからぬ影響力を発揮したに違いない。マンリウスがファエスラエを拠点としえたのも、またカティリナがそれを期待しえたのも、おそらくその種の人的結合関係があったからであろう。

次に情報量はマンリウスほどではないものの、プブリウス・フリウスという人物がいる。キケロによれば、フリウスは、「スッラがファエスラエに移住させた植民者のひとり」であったという(Cic. *Cat.* 3. 14)。またサッルスティウスによれば、カティリナが最後の決戦に臨んだ際の布陣は、右翼が先のマンリウス、そして左翼が「ファエスラエの或る人物」であった(Sall. *Cat.* 59. 3, 60. 6)。『カティリナの陰謀』の註釈者であるP・マクグシンは、多分この人物はフリウスであろうと推測している[43]。とすれば、カティリナの最後の戦いにおいて、要となる位置を占めた二人の人物は共にファエスラエの退役兵植民者であったことになろう。ちなみにこの時カティリナ自身はというと、解放奴隷および植民者を伴っていた(Sall. *Cat.* 59. 3)。合阪氏と鷲田氏も指摘するように[44]、この「植民者」はスッラが入植させた退役兵を指すと捉えるのが自然であろう[45]。退役兵植民者は、最後までカティリナ軍の主力をなしていたのである。

関連してもう一人、ガイウス・フラミニウスという人物がいる。彼はこれまでほとんど注目されてこなかったが、先にも述べたように、アウレリア街道を外れたカティリナがまず到着したのはアッレティウムであり(Sall. *Cat.* 36. 1)、そこでカティリナを待っていたのがこのフラミニウスであった。フラミニウスについてはこれ以外に言及がないが、マクグシンは疑いなくスッラの退役兵であろうとしている[46]。第二章で紹介したように、アッレティウムもまたスッラの退役兵植民市だったことが確実な都市だからである。キケロの記述には、「アッレティウムとファエスラエの植民者からなる大部隊」といった表現も見られる(Cic. *Mur.* 49)。これは、前六三年の選挙運動中にカティリナが引き連れていた連中に関する記述であるが、蜂起勃発後、彼らがそのままカティリナ軍の主力をなしたと考えるのは自然であろう。ファエスラエの場合同様、アッレティウムに入植したスッラの退役兵もなんらかの理由でうまくいっていなかったことが窺えるのである(詳しくは次章参照)。

さて、これまでの三人とは系列が異なるが、ルキウス・サエニウスという人物についても取り上げておきたい。一〇月二七日にマンリウスが実際に蜂起したとの知らせがローマへともたらされたことは先にもふれたが、かの手紙がファエスラエから届けられた先が元老院議員であるサエニウスのもとであった（Sall. *Cat.* 30.1）。二点が重要である。第一に、他ならぬ「ファエスラエから」手紙が届けられているということは、ファエスラエ全体がカティリナに加担していたのではなく、それがあくまでもファエスラエの一部にすぎなかったと考えられる点である。前節の考察からすれば、蜂起の主力をなす植民者は、都市ファエスラエとは別に農村部に居住していた可能性が高い。あるいは少し離れてフロレンティアにまとまって居住していた可能性もある。とすれば、蜂起は農村部での動きにすぎず、それを都市部に居住するファエスラエ人がローマに通報したのかもしれない。

第二に、この知らせを受け取ったサエニウスとはどういう人物なのか、特にその出身地がどこなのかという点である。彼は一般的にはエトルリア系の元老院議員と考えられており[47]、その出身地をファエスラエとする説がある。たとえば、『古典古代学事典』で〈サエニウス〉の項目を担当したF・ミュンツァーはそのような判断を示している[48]。他方で、エトルリア出身の元老院議員を網羅的に検討したM・トレッリは、サイムの研究をもとに[49]、この一族の出身地をサエナとする[50]。同定の論拠は、サエナに由来すると思われるサエニウスという名前と所属トリブス（オウフェンティナ区）のようである。現在のシエーナにあたるサエナにしても、ファエスラエからそれほど遠く離れた場所ではない[51]。つまり、ファエスラエからの情報が真っ先に寄せられたのは、エトルリア系の元老院議員、ことによるとファエスラエか近隣のサエナ出身の元老院議員だったことになる。サエニウスは、ファエスラエ人にとってローマでの窓口になっていたことが読み取れるが、これはいわゆる「都市パトロン」に極めて似かよった現象ではなかろうか[52]。前節で紹介したように、入植者に対する襲撃行為後、ファエスラエ人たちは元老院において自らの行為を弁解したが、このような行動を支えていたのも、ローマにおいて彼らの利害を代弁することが期待されたサエニウスのような政治家の存在だったのかもしれない。ちなみに、彼の息子と思われるルキウス・サエニウスが前三〇年の補充執政官に就任しているので、サエニウス氏はそれなりの有力家系だったことが窺える。

もちろん、カティリナ陰謀事件にはスッラの退役兵のみが加担していたというわけではない。キケロの記述には、カティリナの支援者を六つに分類して長々と論じた箇所がある（Cic. *Cat.* 2. 18-23）。それによれば、（ⅰ）多くの資産を持ちながらも多大な借金を抱えている人々、（ⅱ）カティリナのように借金に苦しんでいるにもかかわらず政治に携わらんとする人々、（ⅲ）いわゆるスッラの退役兵、（ⅳ）様々な理由による窮乏者、（ⅴ）各種犯罪者、（ⅵ）性格・生活態度上の問題者、となる。範疇相互の違いが不明瞭であるうえ、敵対する陣営に社会的な脱落者や犯罪予備軍を数え挙げるのはキケロの常套手段であるが、少なくともスッラの退役兵がその一部にすぎないことは読み取れよう。他方で、キケロによれば、「わたくしはそうした植民市が、全体的には非常に誠実で勇敢な市民によって構成されていると思うが、しかし中には、突然思いがけなく手に入れた財産に溺れて、過度に贅沢で放埓な暮らしぶりを誇示してきた植民者たちもいる」（Cic. *Cat.* 2. 20）という。つまり、退役兵植民者の参加といってもそれはあくまでもその一部であり、「過度に贅沢で放埓な暮らしぶり」により借金を抱え込んだ植民者の参加にすぎなかったことも窺えるのである。

ここでさらに興味深い情報は、「彼ら（＝退役兵）は以前のような略奪行為を望み、無力で貧しい農民の一群にも同じ希望を抱かせたのであった」とするキケロの記述である（Cic. *Cat.* 2. 20）。この「無力で貧しい農民の一群」とは一体どのような人々だろうか。キケロの記述だけではこれ以上の特定は不可能であるが、サッルスティウスの記述にそのための重要な手がかりがある。サッルスティウスによれば、「マンリウスは、エトルリアにおいて、窮乏と不正への憤りから刷新を熱望していた平民を唆していた。というのも彼ら（平民）は、スッラの支配により土地と財産すべてを失っていたからである」という（Sall. *Cat.* 28. 4）。ここで言及されているエトルリアの「平民」は、合阪氏と鷲田氏の指摘にあるように[53]、スッラの退役兵植民によって土地を奪われたエトルリアの農民と考えて間違いないだろう。とすれば、エトルリアでの蜂起の参加者には、かつての退役兵入植者だけではなく、彼らにより土地を奪われ貧困化した農民も含まれていたことになる。

C・M・オダールは、カティリナ軍のうち正式に武装していたのが四分の一にすぎなかったというサッルスティウスの記述をもとに(Sall. *Cat.* 56. 3)、残りの兵士、つまりカティリナ軍の大半は土地を奪われたりあるいは負債に陥ったりした農民軍だったのではないかとする。[54] この推定が正しいとするならば、スッラにより土地を奪われた農民はカティリナ軍のかなりの部分を占めていたことになるだろう。とはいえ、ローマでの陰謀計画の失敗を知り、いち早くカティリナのもとから離れていったのもおそらく彼らであり、陰謀への関与において退役兵植民者とは温度差があったのではないかと思われる。ピストリアエでの最終決戦では、先述のように三〇〇〇人がカティリナとともに倒れているが、この戦闘における主力は、やはり退役兵植民者であったと考えて大きな間違いはないだろう。[55] ファエスラエおよびアッレティウムからの退役兵、それに蜂起以外の手段が残されていなかったような人々を加えれば、三〇〇〇人は妥当な数字といえようか。

ちなみに史料には、「追放・財産没収者」の参加と思われる記述も見られるが(Sall. *Cat.* 58. 13-14)、ファエスラエの農民は厳密な意味での追放・財産没収の対象者ではなかった。この二つは区別して考える必要がある。[56] 追放・財産没収を受けた元老院議員や騎士は、見付け出され次第殺害される危険性があったが、ファエスラエの農民は同様に土地を没収されたとはいえ明らかにそうではなかったからである。また、ブラントも指摘するように、追放・財産没収の対象地は一般的には退役兵植民のために用いられることはなかったようである。[57] しかしながら、ファエスラエの農民がたとえかつての土地の近くにとどまり続けることができたとしても、土地を失ったことに伴う彼らの不満と絶望がどれほどのものであったかを、このカティリナ陰謀事件への参加という事実が指し示している。その意味でこれは、スッラの処分を受けた地方都市の一体験として非常に示唆に富む事例といえよう。

おわりに

以上、前七八～七七年のレピドゥスの蜂起、そして前六三年のカティリナ陰謀事件という、共和政末期の二つの出来事と関連させて、退役兵植民を受け入れたエトルリア都市ファエスラエの状況を見てきた。

そもそもレピドゥスの蜂起は、ファエスラエ問題に端を発していた。ファエスラエ人が退役兵入植者を大量に殺害したという報を受けてその鎮圧に派遣されたレピドゥスが、こともあろうに反乱軍の指導者に転じたのであった。エトルリア人――少なくともその一部――が不穏であったのは、彼らがキンナ派の信条を支持し続けていたからではない。イタリアでの内乱に突入した時点で、キンナ派とスッラの間にはイタリアの処遇をめぐってもはや大きな違いはなかった。スッラもすでに、市民権付与とトリブス再配分を認めていたからである。エトルリアに不満と不安が蔓延していたのは、他ならぬ前八〇年代の内乱の戦後処理のためである。スッラによってとりわけ厳しい処罰を科されたエトルリアはそこからの脱却を求め、レピドゥスに呼応したのであろう。つまり、スッラの戦後処理により引き起こされたエトルリア内の政治的・社会的緊張は、一見して無謀とも思えるような行動を執政官のレピドゥスに決断させるほどの飽和状態に達していたのである。

レピドゥスの蜂起の失敗後、ファエスラエがどうなったのかはよくわからない。退役兵入植者を殺害して土地を手にした現地住民がそのままかつての土地を保持したのか、あるいは返却を迫られたのか、ことの顚末が全く不明なのである。しかしながら、レピドゥスの蜂起から十数年後、ファエスラエはローマ史上に再び姿を現す。今度は、共和政末期の出来事としてはレピドゥスの蜂起以上に有名で事情のよく知られたカティリナ陰謀事件に、深くかかわってくるのである。キケロにより都市ローマを追い出されたカティリナは、ローマでの陰謀計画は他の同志に任せ、エトルリアで武力蜂起を展開した。その際、拠点となったのがファエスラエであり、退役兵入植者である百人隊長のマンリウスが、そこで部隊を指揮していた。そして興味深いことに、少なくとも当初は退役兵植民者だけではなく、彼らにより土地を奪われた旧住民もまたそこに参加していたらしいことが窺えるのである。

結局のところ、カティリナ陰謀事件と関連したこのエトルリアでの蜂起もレピドゥスの蜂起同様、失敗に終わるが、その後ファエスラエがどうなったのかは、これまたよくわかっていない。しかし、フロレンティアへの植民市の建設をこの事件と関連させる説もあるので、蜂起に参加しなかったスッラの退役兵と新たな植民者とによって、植民市フロレンティアが建設されたという仮説は魅力的である。他方で旧住民に関していえば、退役兵蜂起の情報をいち早く通報したのがおそらくは彼らであったこと、また帝政期にかけて都市ファエスラエでは劇場などの整備が進むことを考えれば、旧住民がカティリナ陰謀事件後も都市ファエスラエに住み続けたと考えるのが妥当であろう。

さて、このようなファエスラエの体験は、前章で考察したカンパニア都市ポンペイのそれとは随分と異なっている。ポンペイの事例では、植民当初は、入植者と旧住民が公共建築物を別個に利用することにより摩擦・軋轢をできるだけ回避しようとしていたが、しかしその後は、ポンペイ人としての一体化を生み出そうとする積極的な動きが見られた。これは両住民の「融合」過程の着実な進行といえよう。他方、本章で取り上げたエトルリアの都市ファエスラエで見られたのは、植民当初は、旧住民が入植者を襲撃して殺害するという事態であり、両住民の関係はポンペイの場合より遥かに険悪であった。それは、野心的な政治家レピドゥスに蜂起を決意させるほどのものだったのである。ところが、十数年後のファエスラエで見られたのは、退役兵入植者と彼らにより土地を奪われた旧住民とが共にカティリナ陰謀事件に参加するという事態であった。これは、ポンペイの場合とは異なり、旧住民と植民者間のいわばネガティヴな方向性を持ったある種の「融合」と捉えることができるかもしれない。

しかしここでそれ以上に重要なのは、先述のごとく、フロレンティアとファエスラエという形で、いまや入植者――新たな入植者を追加して――と旧住民との間で完全な住み分けが進行し始めたのではないかという点である。これは、両住民間の激しい敵対関係、そしてそれを踏まえてのレピドゥスの蜂起およびカティリナ陰謀事件への関与の結果として、それにふさわしい帰結かもしれない。フロレンティアの起源の問題は、いまだに論争の絶えない難問であるが、ひとまずこのような仮説を提起して本章を終えることとしたい。

註

（1）Rawson（1978/1991), 318-319.

（2）以下、Santangelo（2007), 172-173 による。スッラによるエトルリア処分に関しては、Pfiffig（1979）も詳しい。

（3）ただし、Boitani *et al.*（1975), 93-100 には、スッラによる破壊についての記述はない。

（4）Harris（1971), 258 は、レピドゥスの蜂起と関連した可能性も指摘する。

（5）Boitani *et al.*（1975), 117, 133.

（6）Boitani *et al.*（1975), 30-34.

（7）Dart（2014), 145.

（8）Seager（1994a), 206-207.

（9）Weigel（1992), 11.

（10）砂田（二〇〇八a）、二〇―二二頁。

（11）以下の経歴は、Hayne（1972), 661-663 による。

（12）訳註として、Scardigli（1983）参照。

（13）Schanz/Hosius（1922/1969), 78-81.

（14）Sacchi（2012), 279-281.

(15) Santagelo (2007), 181.
(16) 「二重共同体」説を採るデグラッシは、カティリナ陰謀事件の失敗後、植民市の住民が自治都市に合流したのではないかと捉える。Degrassi (1949/1962), 292-294.
(17) たとえば、OCD^4, s. v. Florentia 参照。
(18) Hardie (1965), 131.
(19) Hardie (1965), 128-132.
(20) Keppie (1983), 175-176.
(21) Lopes Pegna (1974), 40-53. 若桑みどり『フィレンツェ』講談社学術文庫、二〇一二年、三二頁は、この前五九年説を採用している。
(22) Beloch (1926), 511-512.
(23) Brunt (1971/1987), 711.
(24) Harris (1971), 342-343.
(25) やや不明瞭ながら、Harris (1971), 261, 342-343 もそのような可能性を残した理解か。
(26) この間のクロノロジーははっきりとしておらず、ローマ召還と執政官職の要求を前七七年初頭に持ってくる説もある。
(27) 砂田(一九八九)、三頁。
(28) この時のカトゥルスとポンペイウスとの権限問題については論争がある。Hillman (1998) 参照。
(29) Syme (1964), 185-186. Keaveney (2005), 217, n. 9 は、政治生活が通常の状態に戻っていたのならこの種の演説も可能と捉える。
(30) 「私は実際に語られたことの全体的な主旨に可能な限り迫りながら、各人がその時々に直面した問題について最も必要なことを述べたと私に思われた通りに記述することにした」(Thuc. 1. 22. 1)。
(31) Labruna (1975), 48.
(32) Scardigli (1983), 131; Seager (1994b), 208 は、両執政官の派遣を単に状況の重大さゆえと捉える。
(33) McGushin (1992), 119.
(34) レピドゥスの再評価を意図する Hayne (1972), 665-666 も、この時点の元老院が恐れたのは、レピドゥスというより両執政官の衝突によるトラブルと解する。

(35) Labruna (1975), 45-46.

(36) カエサルの叔母ユリアがマリウスと結婚し、またカエサル自身はキンナの娘コルネリアと結婚していた。

(37) 以下の事件の経過は、Wiseman (1994), 353-360 による。もとになっているのは、ハーディによる詳細な史料批判。Hardy (1924/1976), 51-60. ちなみに、一〇月一八日夜の事件を二〇日夜に設定し、この間の元老院会議を一回とするクロノロジーの方がむしろ一般的かもしれない。合阪／鷲田(二〇〇八)、一六〇―一六二頁の年表参照。

(38) Sumner (1963), 215 は、ガッリアのアッロブロゲス人のもとへ向かおうとしたとする。

(39) かつてカティリナと選挙協力を行ったこともあるアントニウスは、戦闘前、部下のペトゥレイウスに指揮官の地位を譲っている。

(40) 当該期イタリアの危機全般を取り扱ったスチュアートの論考は、そのすべてがカティリナの扇動によるものではなく、各地に独自の理由が存在したことを強調する。Stewart (1995).

(41) たとえば、Tatum (2006), 195. ただしハリスは、退役兵の重要性は誇張されているにすぎないと否定的に捉える。Harris (1971), 289-294.

(42) Santangelo (2007), 183-188.

(43) McGushin (1977), 284; *RE.* VII (1910), s. v. Furius, col. 317.

(44) 合阪／鷲田(二〇〇八)、一二五頁。

(45) ただし、「植民者」(colonis)の箇所に関しては、「従者」(calonibus)という読みもあり、Loeb 版はこちらを採用している。

(46) McGushin (1977), 199.

(47) Wiseman (1971), 258; Farney (2007), 132.

(48) *RE.* 1A-2 (1920), s. v. Saenius, col. 1722.

(49) Syme (1955), 57.

(50) Torelli (1969), 299-300; Torelli (1982/1995), 62.

(51) 共和政期のサエナの状況についてはよくわかっておらず、当時のサエナがウォラテッラエ領の一部であった可能性もあるようである。Keppie (1983), 173.

（52）同盟市戦争からアクティウムの海戦までの都市パトロンの一覧表は、Bispham（2007），457-461にある。共和政末期イタリアの都市パトロンについては、島田（一九九三）、五―八頁、帝政期のそれについては、飯坂（二〇一四）参照。
（53）合阪／鷲田（二〇〇八）、七二頁。
（54）Odahl（2010），67-68.
（55）前沢伸行氏のご指摘を受け、この部分の主張を旧稿から変更した。
（56）Santangelo（2007），188の記述は、両者を混同しているようにも思える。
（57）Brunt（1971/1987），300-305. ただし、故郷で土地を手にした退役兵に関しては、キンナ派から没収された土地を手にした可能性を想定する。

第五章　ウォラテッラエとアッレティウム

——退役兵植民と地方貴族の交渉力——

はじめに

前章に引き続いて、本章でもスッラの「エトルリア処分」を検討していく。

エトルリアは一般的には、マリウスあるいはキンナとの個人的な繋がりをもとに、最後までキンナ派を支持したのではないかと考えられている。エトルリア研究の基本書においてW・ハリスは、下層民はマリウスを、支配階層(地方貴族)はキンナ政権を支持したとするが[1]、いずれにしても全体としてはキンナ派支持といってよいだろう。前章ではこのエトルリアの中からファエスラエを取り上げ、前七八年のレピドゥス蜂起を経て前六三年のカティリナ陰謀事件にいたるまで、都市ファエスラエが体験したスッラの退役兵植民の衝撃について検討した。「エトルリア処分」の文脈で他に取り上げられることが多いのが、ウォラテッラエ、アッレティウムそしてクルシウムといった都市である。本章では、このうちウォラテッラエとアッレティウムを取り上げ、クルシウムについては、補論として、別途、取り扱うことにする。

ウォラテッラエ（現ヴォルテッラ）は、古くから栄えた有力な都市国家のひとつであるが、前三世紀にローマと同盟関係に入り、その後ローマとは友好的な関係を保っていた。たとえば、ハンニバル戦争中の前二〇五年、アフリカへ侵攻しようとしていたスキピオに対していくつかのエトルリア都市が自発的に支援を申し出たが、ウォラテッラエもそこに名を連ね、軍船のための備品と穀物の提供を約束している（Liv. 28. 45. 15）[2]。前八〇年代の内乱時にあってウォラテッラエは、キンナ派に与し最後までスッラに抵抗した都市のひとつとなった。最終的に降伏したのは前七九年になってからであり、一時期スッラ自身が攻囲にあたったこともある。戦後の厳しい措置が予想される都市であったといえよう。ちなみに史料的には、キケロの関与もあって、とかく盲点となりがちな当該期のイタリアにおいて比較的恵まれた状況にある。

アッレティウム（現アレッツォ）は、テッラ・シギラタと呼ばれる陶器の産地として知られる都市であり[3]、第三節でふれるようにアウグストゥスの腹心マエケナスの出身地でもあった。アッレティウムは遅くとも前四世紀末にはローマの影響圏に入ったとされているが[4]、その後ローマとは良好な関係を保っていた。ウォラテッラエ同様、前二〇五年にはスキピオに対して武器・武具の提供を約束している（Liv. 28. 45. 16）。前二世紀にはすでに自治都市となっていたとの説もあるが[5]、論拠は不十分であり、同盟市戦争後の市民権獲得を想定するのが無難であろう[6]。アッレティウムもまた前八〇年代の内乱時にはキンナ派に与し、その拠点のひとつとなった[7]。ガッリア・キサルピナでメテッルスに敗れたノルバヌスの軍隊の一部が退却したのがまさにここであった（第一章参照）。その結果、神殿破壊の跡も確認されているという[8]。ちなみにアッレティウムに関しては、二〇〇九年に『古代のアレッツォ』と題した包括的な論文集が出されており、地方史研究の現状を把握するにあたって貴重な情報源となっている[9]。

これら二つの都市を同時に取り上げる理由は、ウォラテッラエとアッレティウムがかなりの共通点を持つと共に、興味深い相違点をも有していることによる。内乱時の動向からして共に非常に厳しい措置が予想されながらも、両者の間に重要な違いが見受けられるのである。この違いを地方貴族の「交渉」力という観点から説明していくことにしたい。

一　ローマ市民権の剥奪をめぐって

エトルリアにおけるキンナ派の拠点をなしたウォラテッラエとアッレティウムには、内乱の終結後、非常に厳しい処分が待ち受けていた。その最たるものがローマ市民権の剥奪である。同盟市戦争の主たる目的であったローマ市民権が新市民から奪われるとなると、これは由々しき事態である。しかも、スッラは東方からイタリアへと帰還する際、新市民を味方につけるため、彼らが手にしたものを変更する意志がないことを表明していた（App. *BC*. 1. 77; Liv. *Ep.* 86）。しかしながら他方で、追放・財産没収に見られたように、スッラは前八三年のスキピオとの交渉決裂時以降において彼に敵対した者へは、まさに「敵」として対処する姿勢を示していた。となれば、スッラにとっては、市民権の剥奪も当然といったところであろうか。比較的史料に恵まれたウォラテッラエの事例を手がかりにして、まずはこの市民権剥奪をめぐる問題を見ていくことにしよう。

ウォラテッラエから市民権が剥奪されたのを伝える主要史料はキケロである。キケロは、前六九年の『カエキナ弁護演説』においてこの問題を取り上げている(10)。これは、ウォラテッラエの有力者であったカエキナが妻カエセンニアから遺産を受け取った際、生前彼女の財産運営に携わっていたアエブティウスという人物が異議を唱え、訴訟にいたったものである。当該訴訟に関しては、わが国においても、ローマ法学者である柴田光蔵氏と吉原達也氏による訳註がすでにあり大変参考になる。[11] 問題の記述は、この法廷弁論の終わり近く、柴田氏が「市民権論」と名付ける箇所に出てくる。[12] 原告のアエブティウスは、ウォラテッラエがスッラにより市民権を剝奪されていたので、その市民であるカエキナはカエセンニアの相続人たりえないと主張していた(Cic. *Caec.* 18)。それに対してキケロは、スッラがそのような市民権剝奪の法を発布したのを認めた上で、自由と市民権とは本来一体のものであるから、民会決議によって自由が奪われない以上、市民権も奪われることはないと主張する。ラテン植民市への移住者、国家により敵に引き渡された者、家長により売却された者、兵役を拒否した者、ケンススを逃れた者、そして亡命により生じた市民権喪失の例を挙げ、スッラによる処分とこれらとの相違を強調しているが、いささか強引な論法との印象は拭えない。

キケロは、亡命先からの帰還後、前五七年にも『彼の家について』という演説の中でこのテーマを取り上げている(Cic. *Dom.* 79)。前年にキケロはクロディウスの扇動のもと、民会決議によって追放処分を受けていただけに、これは自身にとっても非常に切実な問題となっていた。キケロはここで、スッラの立法手続きをより具体的に語っているが、それによれば、独裁官スッラの提案をもとにケントゥリア民会で法が制定され、「いくつかの自治都市」から市民権と領地が奪われたようである。もちろんここでも領地の没収はローマ人民の権限内にあるが、市民権の剝奪はそうではないと繰り返している。「いくつかの自治都市」という複数形の表記からすれば、市民権の剝奪はどうやらウォラテッラエのみの措置ではなかった。実際のところ、『カエキナ弁護演説』では、この市民権問題と関連させて、スッラの生前にアッレティウムの一婦人を弁護した際の話が出てくる(Cic. *Caec.* 97)。それによれば、訴訟相手のコッタが、アッレティウムは市民権を奪われているので神聖賭金の設定による訴訟は成立しえないと主張したのに対して、キケロは、市民権は決して奪われることがありえないと反論し、最終的には神聖賭金の設定が正当との判断を得たという。アッレティウムがウォラテッラエ同様に市民権の剝奪に遭っていたのは確実といえるが、ここからは「スッラの生前」においてすら、彼による市民権の剝奪を無効とする主張が一定の支持を得ていたことも読み取れる。

さらに、サッルスティウス『歴史』のいわゆる「レピドゥス演説」(前章参照)中にも関連記述が見られる。レピドゥスは、スッラ体制を「専制」として厳しく非難する中で、「ただ一人の男(スッラ)のせいで、かなりの数の同盟市民とラテン人は、多くの卓越した行いゆえにあなた方(ローマ人民)によって与えられた市民権から締め出されている」と述べている(Sall. *Hist.* 1.49)。多分にレトリカルな記述とはいえ、「かなりの数の同盟市民とラテン人」(sociorum et Latini magna vis)といった表現からすれば、当該処罰の対象はウォラテッラエとアッレティウムだけでもなかったようである。最後まで根強くスッラに抵抗したエトルリアやカンパニア、あるいはラティウム地方の諸都市がそこに含まれていたのかもしれない(13)。

それでは、市民権を剥奪されたこれらの都市は一体どのような地位となったのか。かつての同盟市民へと戻されたのであろうか。その手がかりも『カエキナ弁護演説』にある。それによれば、スッラは市民権を剥奪した後のウォラテッラエに対して、一二植民市のひとつに属する「アリミヌムの人々と同じ法が適用されるよう」命じていたという(Cic. *Caec.* 102)。アリミヌムは前二六八年建設のラテン植民市であるが、ここでの一二植民市が具体的にどれを指すのか、アリミヌムの地位はそれ以前の植民市より劣っていたのかそうでないのか、植民市研究の立場からこれまでに多くの見解が出されてきた(14)。しかしここでは、ハリスも指摘するように(15)、それが「ラテン植民市」の地位であったという点を確認しておけば十分であろう。全イタリアに対するローマ市民権付与以降もポー川以北のいわゆるトランスパダナにはいまだラテン植民市が存在していたが、スッラは、同盟市戦争においてローマ市民権を手にしたいくつかの都市をそれと同等の地位にまで格下げしようとしていたのであった。

この措置は、前述のようにスッラ生前からかなり評判が悪かったが、結局のところ実施されないままに置かれたのではないかと考えられている(16)。ここではその傍証として、これまで全く注目されてこなかった「フィリップス演説」を取り上げておきたい。これはサッルスティウスの『歴史』において先の「レピドゥス演説」と対をなす演説であり、前七七年、フィリップスはローマにとって脅威となっているレピドゥスに対して「元老院最終決議」を引き出すべく熱弁を揮った。その中でフィリップスは、「市民権が保証されるのを欲すると言っているが、彼〔レピドゥス〕はそれが奪われたことを否定している（ではないか）」と批判している（Sall. *Hist.* 1. 67. 14）。やや難解な表現ながら、奪われたことを自身が認めないものを復活すると主張するレピドゥスの矛盾が批判されているのだろう。レピドゥスの発言自体は理解できる。彼自身その有効性を認めていなかったにせよ、ケントゥリア民会を通過した法が現に存在したからである。他方、フィリップスの発言はというと、たしかにこのままではP・マクグシンがコメントするように「安っぽい修辞上のトリック」（a cheap rhetorical trick）[17]、つまり、ただの「揚げ足取り」に終わってしまう。だが、彼が演説を行っていた元老院内にも、市民権剥奪に対する否定的な雰囲気が広がっていたとすればどうであろうか。これはレピドゥスの主張の前提部分に対する鋭い批判となりえたに違いない。スッラ派であるはずのフィリップスの発言からは、そもそも市民権の剥奪などわれわれも認めていないとする態度が滲み出ているように私には思えるのである。

カエキナ訴訟に戻るならば、ついでこの訴訟と前七〇／六九年のケンススとの関連性が問題となってくる。第一章で紹介したように、前七〇年から翌年にかけて、前八〇年代の内乱以降初めてのケンスス、そして実質的には共和政期最後となるケンススが実施された[18]。前六九年の裁判の時点でこのケンススがすでに実施されていたならば、原告側にせよ被告側にせよ、その結果は自説にとって有力な論拠となりえたに違いない。両監察官がウォラテッラエ人やアッレティウム人をローマ市民として登録したかどうかは、市民権剥奪の有効性に関する重要な指標となりうるからである。ところが、キケロの記述中にこの点への言及は全く見られない。となると、この間のクロノロジーは、カエキナ訴訟が先に起こり、その判決結果を待って監察官がケンススを実施したということになるだろう。ハリスは、このような形での登録は前七〇年のケンススに影響力を発揮したポンペイウスの「和解政策」とも合致するものであったと述べている[19]。前五七年の時点でキケロは、「ウォラテッラエ人は単にローマ市民であるだけではなく、最高の市民として、われわれとともにこの市民権を享受している」と言い切っている（Cic. *Dom.* 79）。多分に戦略的な発言とはいえ、そこには当時のローマの人々を説得するだけの真実が含まれていたと考えてよいだろう。つまり、前五七年までにこの問題は決着がついていたことになるが、決定はなされたものの実施はされないというこの中途半端な状態は、前七〇年のケンススにより最終的に解決されたのではなかろうか。

二　ウォラテッラエへの退役兵植民

1　土地没収の実態

市民権の剥奪とは異なり、もうひとつの措置である土地没収はウォラテッラエに対して確実に実施された。このことは退役兵の植民を予想させよう。ところが、ウォラテッラエに植民市が建設された痕跡はなく、共和政期に属する碑文史料はむしろ自治都市の存続を示唆しているのである[20]。さらにキケロは、前四六年あるいは前四五年の書簡で、ウォラテッラエを「これほど堅実で、これほど高潔な自治都市」と表現しており（Cic. *Fam.* 318. 2SB）、少なくともこの時点まで、ウォラテッラエが自治都市であったのは確実といってよい。

それでは退役兵の植民は全く実施されなかったのかというと、おそらくそうではない。第二章で紹介したように、サンタンジェロはこれを植民市ではなく個人的土地分配の事例に含め、ウォラテッラエへの植民がこのような形態をとった理由として、それが遅い時点での植民であったためしっかりと組織化されていなかったのではないかとする[21]。

もちろんこのような説明もこれとして成り立ちうるが、私にはむしろ降伏時の経緯が大きく関与していたように思える。グラニウス・リキニアヌスの記述によれば、「ウォラテッラエ人」は攻囲軍による殺害が始まる前に降伏し、他方、ウォラテッラエに立て籠っていた追放・財産没収の対象者たち(proscripti)は、一旦町から逃れたものの執政官により派遣された騎兵により殺害されたという(Licin. 36. 8C)。このような事態が生じたのは、降伏が前七九年にまでずれ込んだため、ウォラテッラエの町はその内部に追放・財産没収の対象者を抱え込んでしまったことによる。この記述からすれば、なるほどウォラテッラエ全体がスッラ軍に降伏したとはいえ、そこへと逃げ込んでいた追放・財産没収の対象者、つまり筋金入りのキンナ派と本来のウォラテッラエ人とは行動を異にしていたように思えるのである。(22) となれば、降伏後のウォラテッラエ人の処分がさほど厳しくならなかったことも十分考えられるのではないか。ちなみにキケロは、このあたりの事情を、「彼ら〔ウォラテッラエ人〕はスッラの時代の過酷な状況を不滅の神々の好意によって切り抜けました」と表現している(Cic. *Fam.* 318. 1SB)。複雑な要因が絡んでいそうな言い回しである。

降伏後のウォラテッラエは領土のかなりの部分を没収され、その一部には退役兵が入植者として入り込んできた。しかしそれ以外の土地はというと、ウォラテッラエ人が保持し続けたようである。その形態は、一般的には公有地の占有と考えられている。退役兵が入植し植民市が建設された諸都市に比べれば恵まれていたともいえるが、このような公有地の占有も極めて不安定なものであり、今後、ウォラテッラエ人は自らの利害を守るためローマとの間に駆引きを強いられることになる。ローマ当局との「交渉」という新たな課題が生じたのである。N・テッレナートの論考をもとに、(23) その様子を見ていくことにしよう。

まず関連してくるのは、前六三年の護民官ルッルスによる農地法提案である。同年の執政官であったキケロの反対演説『農地法』がその内容を詳しく伝えている。キケロが仄めかすように、おそらくルッルス提案の背後には、ポンペイウスに匹敵する権力を求めるクラッススとカエサルがいた。法案の内容は、この法をもとに設置された一〇人委員(decemviri)がイタリア内の自治都市や既存の植民市に植民者を送り込み、彼らに土地を分与するというものであった(Cic. *Leg. agr.* 1. 17)。対象となったのはカプアのそれを含めた公有地であり、不足分については――キケロによれば――ローマ史上初めて私人から購入した土地が当てられることになっていた(2. 65)。キケロがとりわけ異議を唱えたのは、一〇人委員が手にすることになる巨大な権限である。向こう五年間にわたって法務官の権限を持つことになる一〇人委員には、候補地の選定はもちろんのこと、植民実施のために必要とされる資金獲得のためにかなり広範な権限が認められていた。その中には、ポンペイウスが東方で獲得した土地や戦利品の処分も含まれていたようである。クラッススとカエサルが狙っていたのは、まさにこのような地位であった。キケロはそれを「一〇人の王たち」と呼び(2. 15)、彼らによりローマ人の「自由」が奪い去られると訴えている。スッラの経験がいまだ生々しかったのだろうか、あるいは単なるレトリックだろうか。(24)

当該演説は、共和政末期の権力政治という文脈でたびたび取り上げられてきた。(25)また最近では、コンティオと呼ばれる集会での演説とのかかわりで注目されている。(26)他方で、そこでのキケロの記述がかなり歪められた内容となっていることも、早くから指摘されてきた。(27)たとえば、ウォラテッラエ問題に関していえば、実は当該演説中にウォラテッラエの名は一度も出てこないのである。しかし、ウォラテッラエがこの農地法の対象となっていたのは確実と思われるので、やや込み入った論証となるが、以下、その理由を説明していくことにしよう。その際、ポイントとなるのは、「スッラの占有者」(Sullani possessores)という表現である。

コンティオにおいて最初の演説を行った後、キケロに対しては、彼が「スッラの占有者」のために反対しているのではないかとの批判が沸き起こった。そこで急いでなされたのがコンティオにおける二回目の演説、『農地法』第三演説である。(28)キケロはここで、ルッルスの農地法こそが「スッラの占有者」を利するものであるという論を展開している。キケロは、ルッルスの義父であったウァルグスに議論を集中させ、(29)スッラ時代の混乱に乗じて膨大な土地を手にしたウァルグスのような人物、つまり「スッラの占有者」がこの法の受益者であると反論するのである。

それでは、「スッラの占有者」とは一体どのような人々だろうか。A・ドラモンドは、それを五つに分類している。[30]（ⅰ）スッラによる譲渡、売却、認可により土地を占有していた人々、（ⅱ）スッラにより免除されたにせよそうでないにせよ、購入した土地の代金をいまだ全額支払ってはいなかった人々、（ⅲ）スッラにより没収されたがいまだ分配されてはいない土地を占有していた人々、（ⅳ）スッラの法が禁止したようなやり方で植民者から土地を獲得した人々、（ⅴ）内乱時の混乱に紛れて他人の私有地を自分のものとしていた人々である。いずれも、スッラ時代に手にした土地が「占有」とみなされ、当該地所に対する権利が非常に脆弱であった人たちである。ちなみに、退役兵植民者をここに含み込む見解もあるが[31]、ドラモンドは彼らが手にした土地はあくまでも「私有地」であったとする。ただし彼らの土地も、スッラの独裁官職の有効性にまで遡って常に攻撃の対象となりえたという。

ルッルスの義父ウァルグスは、たしかに「スッラの占有者」に該当した。おそらく彼は（ⅰ）か（ⅱ）の範疇に属するような人物であった。（ⅴ）の可能性もある。キケロは、スッラ時代の混乱に乗じ膨大な土地を手にしていたウァルグスが、この法により利益を得ることになると批判するのである。キケロの主張だけではウァルグスが利益を得る仕組みがいまひとつわかりづらいが、ともかく、提案者の私的利害を持ち出すこの種の批判はいかにもコンティオ向けといえよう。だがここで注意すべきは、ルッルスの提案により不利益をこうむる「スッラの占有者」もいたのではないかという点である。というのも、先の範疇（ⅲ）の人々が占有している公有地は、真っ先に分配の対象となりえたと思われるからである。一〇人委員が脅かす自由への懸念という正論を吐き、さらにはウァルグスに対する便宜へと論点をすり替えることにより、事実は見えにくくされている。しかし、「スッラの占有者」のための反対ではないかとするキケロへの非難は、実は核心を衝いていたのである。そして、この種の「スッラの占有者」の中には明らかにウォラテッラエ人が含まれていた。

前六〇年、護民官のフラウィウスが別の農地法を提案した。これは東方で戦ったポンペイウスの退役兵のための法であり、この度キケロは条件付きでそれを支持した。キケロはこの法に関して、「フラウィウスは農地法を公示したが、軽薄なもので、プロティウス法と大体同じだ」と述べている(Cic. *Att.* 18. 6SB)。しかしそれにもかかわらず、条件付きで賛成したのは、ポンペイウスとの友好関係維持のためであった(Cic. *Att.* 21. 6SB)。ここで問題となるのはその「条件」である。キケロは彼の基本方針として、「個人の不利益に結びつくことはすべて」この法案から除こうとしたと述べ、具体的に以下の三点を挙げている(Cic. *Att.* 19. 4SB)。すなわち、(ⅰ)前一三三年に公有地だった土地を対象外にすること、(ⅱ)スッラの兵士たち(Sullani homines)の所有を認めること、(ⅲ)「スッラが公有地としたものの分配はしなかったウォラテッラエとアッレティウムの土地をそのまま占有状態におくこと」であった。(ⅲ)からは、ウォラテッラエの土地に対して退役兵植民の危険が迫っていたことが読み取れよう。前六三年のキケロの尽力にもかかわらず、ウォラテッラエの土地は引き続き不安定な状態だったことになる。結局のところ、この法案は元老院の激しい反対で成立にはいたらず、ポンペイウスの退役兵植民という課題は、いわゆる第一回三頭政治の成立を経て翌年へと持ち越されることになった。[32]

前五九年、執政官となったカエサルは早速、ポンペイウスの退役兵のための農地法に取りかかった。[33]その内容は前六三年のルッルスの農地法を基本的には受け継ぐものであり、公有地の分配、そして売却を欲する者からの土地購入とその分配が予定されていた。ただし、重要な点での変更があり、分配されるイタリアの公有地からカンパニアの公有地が除かれていた。カプアを中心としたカンパニアの公有地の分配は、ローマ人にとっての不可欠の財源としてキケロの主たる攻撃対象となっていたからである。土地分配委員の裁量権も制限された。たとえば希望者からの土地購入は、任意の価格ではなくケンススでの査定額に準ずるべきことが定められていた。またそのための資金には、ポンペイウスが東方で手に入れた戦利品や東方からの税収入が当てられた(Dio 38. 1. 4-5)。つまり、イタリア内の土地所有関係をできるだけ動揺させないような配慮が、ルッルスの提案以上になされていたのである。このような内容であったにもかかわらず、例によって小カトを中心に激しい反対が展開されたが、ポンペイウスおよびクラッススと協力体制をとっていたカエサルは、先のルッルスやフラウィウスとは異なり怯むことなく法案を通過させた。さらに第二の農地法を提案して、前五九年の第一の法では除外されていたカンパニアの公有地を分配対象に含めることにも成功している。

では、この前五九年の農地法でウォラテッラエの土地はどうなったのであろうか。それを知る手がかりがおよそ一五年後のキケロの書簡中にある。(34) キケロは前四六／四五年時点から振り返りながら、前六三年の自らの活動と前五九年のカエサルの活動について次のように述べている。「私のこの措置を、ガイウス・カエサルは、最初の執政官職の時に農地法をもって承認し、未来永劫にわたりウォラテッラエの土地と町をあらゆる危険から解放しました」(Cic. *Fam.* 318. 2SB)。つまりキケロはここで、前六三年の自らの措置を受けて、前五九年ウォラテッラエ人の所有権が執政官のカエサルにより確定されたかのように述べているのである。(35) この発言をもとにすれば、前六三年にキケロがウォラテッラエのために動いていたのは、いまや確実といえよう。

この前五九年の「カエサルの措置」を、キケロの主張そのままに受け入れる見解もある。(36) しかし、ウォラテッラエやアッレティウムの土地が「未来永劫にわたり」安全ではなかったことは、他ならぬこの書簡自体から明らかとなる。当該書簡は、前四六／四五年にキケロがウァレリウス・オルカ宛に出したものであり、法務官格(前五七年の法務官)の政治家であったオルカは当時、独裁官カエサルの指示のもとエトルリアにおいて退役兵のための土地分配にあたっていた。(37) そのオルカに対してキケロは、自身と縁故の深いウォラテッラエを土地分配の対象から外してくれるよう懇請しているのである。その際キケロは、「あなた〔オルカ〕の思慮にかかっているのは、あなたが誉れ高い地位をもってその方針と命令に従っておられる方〔カエサル〕の権威に従うことか、あるいは、ともかく、この件をすべて未決定のままにして、その方〔カエサル〕に委ねるかです」と述べている。この慎重な言い回しからは、オルカにはかなりの権限が委ねられており、前五九年のカエサルの措置を持ち出すだけではもはやウォラテッラエの利益を守ることができなかったことが窺える。

同じくオルカ宛に出されたもう一通の書簡からは、別の興味深い知見が得られる（Cic. *Fam.* 319SB）。ここでも主題はウォラテッラエへの退役兵植民であるが、先の書簡とは異なってガイウス・クルティウスという一個人の処遇が依頼の対象となっている。キケロによれば、クルティウスは若い頃から彼が大変親しく交際してきた人物であり、スッラ時代に「不公正きわまる災厄」をこうむった。しかしその後、キケロの助力により安寧が確保され、クルティウスは現在ウォラテッラエに地所を持っているが、その地所がいまや危険にさらされているという。さらにキケロは、最近カエサルがクルティウスを「元老院議員に指名した」（in senatum legit）が、ウォラテッラエの地所を失ったならば、クルティウスが元老院議員の地位を維持していくのは絶望的であると述べ、キケロ自身の財産であるかのようにクルティウスの財産を守ってくれるようオルカに依頼して手紙を終えている。

クルティウスのことを伝える史料は当該書簡のみであるが、前八二年の追放・財産没収の対象者にクルティウスという人物がおり（Cic. *Rosc. Am.* 90）、この人物は彼の父親ではないかと考えられている(38)。おそらくこれが、スッラ時代の「不公正きわまる災厄」であろう。となれば、キンナ派の流れを汲むカエサルによる元老院議員としての選任は合点がいく。しかしそれにもかかわらず、ウォラテッラエの地所に没収の危険性が迫っていたのは、それが他ならぬ占有地であったからであろう(39)。事実、キケロの書簡では、彼の地所について「占有」といった表現が用いられている。ウォラテッラエの土地の不安定さは、カエサル派の政治家であるクルティウスにさえ(40)、この種のトラブルをもたらしていたのである。

さて、ウォラテッラエへの退役兵植民に関しては、文献史料のみならず考古・碑文史料からも貴重な情報が提供されているので、次にそれを見ていくことにしよう。まずは、M・ムンツィとN・テッレナートの論考について。[41]これは、一九八九年に現在のヴォルテッラの近郊で発見された碑文断片に関する考察であるが、当該碑文は字体からして一世紀のものではないかとされ、次のように復元されている。

……/ colonia [Iul(ia)] / Aug(usta) Vol[ater(rae)].

前述のように、ウォラテッラエにおいてはスッラ時代に植民市の建設がなされなかったのはもちろんのこと、帝政期に入っても自治都市しか存在しなかったと考えられてきた。実際のところ、二世紀末から三世紀初頭にかけても自治都市の継続を窺わせる四人委員が碑文中に現れるという。[42]ところが、断片ゆえに決定的ではないまでも、上記碑文から遅くとも一世紀初頭にはウォラテッラエが植民市であった可能性が俄然高くなってきたのである。ムンツィとテッレナートは、カエサル時代後期か三頭政治家時代に植民が実施され、アウグストゥス時代に再植民されたのではないかとする。実は、前述の『植民市の書』に、三頭政治家の立法によるウォラテッラエでの植民市建設が伝えられている(*Lib. col.* 214. 10–215. 2)。従来この記述は否定的に取り扱われるのが常であったが、上記碑文史料との関連で見直しが必要かもしれない。キケロの依頼・嘆願にもかかわらず、前四五年にも退役兵植民がなんらかの形で実施されていた可能性が浮上してきたといえよう。[43]

しかしながら他方で、前四五年のカエサルによる退役兵植民や、遡ってスッラによる退役兵植民の影響があくまでも限定的なものでしかなかったことも、同じく考古学の成果から明らかにされている。チェーチナ川流域の調査をもとにしたテッレナートの研究によると、[44]前一〇〇年〜紀元後五〇年頃にかけての当該地域の変化としては、定住地のわずかな減少が見られるのみであり、また南エトルリアと比較して、大規模な農業生産施設としてのウィッラの欠如が顕著であり、それがわずかに見られるのは海岸部のみであるという。しかも墓の形態や被葬者の名前からして、ウィッラの所有者はエトルリア系の人物ではないかとする。つまり、ウォラテッラエの地方貴族は、共和政末期から帝政の成立期にかけても、その優位性を維持し続けたのであった。またチェーチナ川の下流域右岸（ウォラテッラエ領の西側にあたる地域）の別の考古学調査からも、前一世紀前半には社会・経済構造および農村部の定住という点で大きな変化が生じなかったこと、変化が生じたのはむしろ三頭政治家時代あるいはアウグストゥス時代であることが指摘されている(45)。

以上の考古学的な知見からは、スッラやカエサルの退役兵植民がもたらしたであろう農村部の変化はごく限定的なものにすぎず、ウォラテッラエの地方貴族たちが共和政末期から帝政の成立期にかけてもその卓越した地位を保持し続けていたことが読み取れるといえよう(46)。

2　カエキナ一族の関与：ローマ当局との「交渉」

ウォラテッラエの地方貴族としてよく知られているのが、第一節でふれたカエキナ一族である。ちなみにチェーチナ（Cecina）という川の名称はこの一族に由来する。カエキナについては、これまでにも少なからず考察がなされてきたが(47)、最近では、パトロネジ関係をもとにしたローマ当局との「交渉」という論点が注目されている(48)。なるほどパトロネジ関係は以前より古代ローマの政治と社会のあり方を考察する際の鍵概念とされてきたものであり、共和政期のローマがイタリアを征服し統治するにあたってのその重要性もすでに十分指摘されている(49)。それに対して最近の研究の焦点は、どちらかといえば地方貴族（地方エリート）が自己のあるいは一族の利害だけではなく都市共同体の生き残りのために果たした役割にある。テッレナートが強調するように、彼らは各都市とローマとの「交渉」にあたり、その「界面」(interface)に位置する人物として重要な役回りを演じていたのである。[50]

この種の「交渉」の必要性が高まってきたのは前一世紀に入ってから、とりわけスッラ以降である。同盟市戦争後、イタリアの全自由人にローマ市民権が付与されるとともに、政治闘争は一段とエスカレートし、ローマでの政治闘争が全イタリアを巻き込んだ内乱へと発展する時代が到来した(第一章参照)。繰り返される内乱の中で各都市はどちらの陣営につくかの厳しい選択を迫られ、選択を誤った都市はその生き残りをかけローマ当局との「交渉」に臨まなければならなかった。ウォラテッラエを例にして本章が論じてきたのはまさにこのような過程であるが、カエキナ一族の動向を中心に据えて今一度スッラ後のウォラテッラエの歩みを辿り直しておくことにしよう。

カエキナ一族がローマの歴史との関連で現れるのは、前六九年にキケロが弁護したアウルス・カエキナが最初とされる。とはいえ、この一族はエトルリアにおいてそれ以前からかなりの足跡を残している。カエキナ一族の歴史を長いタイムスパンで追ったG・カプドヴィルの研究によれば、前五世紀のフェルシナ(後の植民市ボノニア、現ボローニャ)で確認されるのが最も早い例であり[51]、ウォラテッラエで確認されるのは前三世紀になってからであるという。[52]ウォラテッラエのネクロポリスからは、一七三九年と一七八五年に二基の大きな家族墓が発見されており、考古資料・碑文史料をもとにカエキナ一族の私生活についてはある程度のことがわかっている。[53]だが彼らの公的活動となると、全くといってよいほどわからない。ウォラテッラエでなんらかの公職に就いていたのか、ローマ市民権を獲得したのは同盟市戦争より前なのかどうか、またなにより前八〇年代の内乱に際してどのように行動したのか、これらの点が全く不明なのである。

スッラ後においては、前述のアウルス・カエキナに関連して情報量が多くなる。キケロによれば、カエキナは、「きわめて慎み深く、徳に篤く、信義に深く、全エトルリアの誉れのきわみ、幸運・不運のいずれの運命にあっても徳と人間性の多くの証しによって知られた人物」であったという(Cic. *Caec.* 104)。もちろんこれは弁護演説特有の一種の誇張表現であろうが、カエキナの活動範囲がウォラテッラエにとどまらず、「全エトルリア」とはいかないまでも他のエトルリア都市にまで及んだことは、他ならぬこの訴訟自体から明らかとなる。というのも、彼が遺産を受け継いだ亡妻カエセンニアは、タルクイニィ（現タルクイニア）の上流階級の出身であり、問題の土地もウォラテッラエではなくタルクイニィ領の東端に位置するアクシア要塞（castellum Axia）の近くにあったとされるからである[54]。少なくともこの前六九年の時点から、カエキナ一族とキケロとの関係が始まった。なるほどキケロは、まだせいぜい造営官格の政治家であり、ローマの有力政治家と呼ぶには程遠い存在であった。しかしながら、前項で論じたその後の展開を考えれば、おそらくこの訴訟を契機に弁論家キケロがカエキナのパトロンとなったことは、ウォラテッラエの生き残り戦術においても重要な意味合いを持っていた。

ところで、キケロは前四〇年代に三通の書簡をカエキナ宛に書いており（Cic. *Fam.* 234SB, 235SB, 239SB）、カエキナからキケロに宛てた書簡も一通残されている（Cic. *Fam.* 237SB）。これらの書簡の相手が『弁護演説』のカエキナと同一人物なのかそれとも彼の息子にあたる人物なのかに関しては論争がある。同一説を採る論者としては、C・ニコレやP・ホーティ[55]がいるが、本章では多数説に従って両者を親子としておきたい[56]。これが『弁護演説』から二〇年以上も経た時点での文通であること、またシキリア総督フルファヌスに宛てた推薦状において、「令名高く、勇敢な人である彼の父君ともごく親しく接してきましたし……カエキナをも少年の頃より常に愛してきたからです」という表現が見えることからして（Cic. *Fam.* 236. 1SB）、やはりそこには一世代の隔たりが読み取れるように思われるからである[57]。文通の相手となっているこのカエキナ（以下、小カエキナ）は、ポンペイウス対カエサルの内乱にあってポンペイウス方に与し、当時はシキリアで実質的な亡命生活を送っていた。一連の書簡はそのような小カエキナに対するキケロからの慰めを主たる内容としている。ここからは、同盟市戦争後に初めてローマの歴史へと姿を現した地方エリートの家系が、息子の代になって中央の政治へと本格的に関与し始めたことが窺える。これは、R・サイムの有名な「ローマ革命」論に見られる、[58] イタリア・エリートの政治的台頭の顕著な事例といえよう。ただしカエキナの場合、状況は少々複雑であった。

カエキナ一族は、アウグストゥス政権下の前一年になるとついに執政官を出すまでになる。このカエキナ・セウェルスという人物に関して、サイムは、「ウォラテッラエの偉大な氏族のいずれの分脈に連なるのか、推測のしようがない」と述べている。[59] 一方、カプドヴィルは、この執政官の父親はキケロが前四四年一一月のアッティクス宛書簡(Cic. *Att.* 418. 2SB)で言及するオクタウィアヌス支持派のカエキナではないかとする。[60] となると、彼はわれわれが取り扱っているカエキナ父子の系譜ではなくなる。というのも、キケロは当該書簡で「ウォラテッラエ出身のカエキナなる人物」(Caecina quidam Volaterranus)と、極めてよそよそしい表現を用いているからである。もとは同じ一族とはいえ、かなり以前に分かれた別の支脈に属したのであろう。サイムの「ローマ革命」論のモデルに当てはまるのはまさにこちらのカエキナ一族であり、本章で取り上げているカエキナ父子の繁栄は、ポンペイウス派に加担したことで途切れたのかもしれない。ちなみに、前一年の執政官であるカエキナ・セウェルスもウォラテッラエとの強い結びつきを維持し続け、[61] おそらく兄弟と思われる人物とともに、ウォラテッラエに劇場を献呈している。この家系はその後も繁栄を続け、紀元後一三年、三七年、四二年、七〇年と執政官を輩出した。三七年の補充執政官カエキナ・パエトゥスは、同じウォラテッラエ出身の詩人ペルシウスと姻戚関係にあったようである。

時代が進みすぎたので少し戻そう。実はカエキナにはキケロの他にもパトロンがいた。キケロは、前四六年一二月(前四五年一月説あり)、属州アシア総督セルウィリウス・イサウリクス宛の書簡において、小アジアにおける小カエキナの活動への便宜を依頼している。その際キケロは、小カエキナを「貴家のとりわけ特別な被護民」(maxime proprium clientem familiae vestrae)でもあると説明している(Cic. *Fam.* 238. 1SB)。カエキナのパトロンであるキケロが、同じパトロンのイサウリクスに改めて属州アシアにおける庇護を依頼しているのは奇異な印象を与えるかもしれない。しかし、共和政期ローマの被護民が複数のパトロンを持っていたことはよく知られた事実なので、被護民とパトロン間の親密さの度合いが、時にパトロンからパトロンへの推薦といった現象を引き起こしたのであろう。このセルウィリウス氏のパトロン就任は、おそらく前七九年のウォラテッラエ降伏時のことと思われるので、次に、前項との重複を厭わずこの点を見ておくことにしよう。

　ウォラテッラエが最終的に降伏した前七九年、その攻囲にあたっていた執政官の一人が、他ならぬイサウリクスの父セルウィリウス・ウァティアであった。最後まで抵抗した都市であったにもかかわらず、陥落直後のウォラテッラエの処分はそれほど厳しかったようには見えない。サンタンジェロは、アクロポリスに破壊の痕跡がないことを根拠に、降伏時に略奪は伴わなかったとする(62)。またホーティは、前八〇年の内乱以前にとりたてて親マリウス的な態度が確認されないことをもとに、純粋に地政学的な理由でウォラテッラエはキンナ派の最後の砦となってしまったのではないかとする(63)。だが、ホーティの指摘については少々留保を要する。というのも、トレッリは前八二年の法務官であるカッリナスを他ならぬウォラテッラエの出身と捉えているからである(64)。キンナ派の「新人」政治家カッリナスは、通常はエトルリア系（あるいはウンブリア系）と同定される程度であった(65)。それに対してトレッリは、家族墓の存在を根拠に(66)、カッリナスのウォラテッラエ出自を主張するのである。降伏時におけるカエキナの行動を考える上でこれは非常に興味深い仮説といえよう(67)。

　リキニアヌスの記述によれば、降伏時においてウォラテッラエへと逃げ込んでいた追放・財産没収の対象者とウォラテッラエ人とは微妙に態度を異にしていた。本来のウォラテッラエ人はいち早く執政官に降伏した。敗者が勝者の被護民となるパターンはローマのイタリア支配においてよく見られるので、この時点でセルウィリウスとカエキナとの間にパトロネジ関係が成立した可能性は極めて高いといえよう。さらにいえば、最終的な攻撃を前にしたウォラテッラエの降伏にカエキナがなんらかの形で関与していた可能性も考えられる。先述のトレッリの主張が正しいとするならば、この時ウォラテッラエの城内では、カッリナスに繋がる一派とカエキナ派との間になんらかの駆引きが展開されていたのかもしれない。敗戦後のウォラテッラエの処分がそれほど厳しくならなかったのには、このような経緯が関係していたのではなかろうか。E・ローソンは、ウォラテッラエ攻囲の際にカエキナがセルウィリウスを支援し、その結果として財産と影響力を保持したのではないかとする[68]。しかしこの関与は、自己の財産と影響力の保持にとどまらず、ウォラテッラエの利害全体に及んだと捉えた方がよいだろう。これこそが地方貴族の「交渉」力であった。

カエキナと都市ウォラテッラエは、敗戦時に手にしたノビレス貴族セルウィリウス氏との結びつきをもとにして、そして遅くとも前六九年に手にすることになる雄弁家キケロとの結びつきをもとにして、スッラの「エトルリア処分」により引き起こされた危機をなんとか乗り越えていったのである。

三　アッレティウムへの退役兵植民

1　住民集団の構成

次に、アッレティウムの場合について見ていこう。戦後の処分に関して、アッレティウムの運命はウォラテッラエのそれと似かよっていた。ウォラテッラエ同様、ケントゥリア民会を通して市民権が剝奪され、土地が没収されたのである。第一節でも論じたように、このうち市民権剝奪についてはスッラ生前から評判が悪く、ついぞ実施されることがなかったようである。キケロによるアッレティウムの一婦人の弁護事件が、そのことを如実に物語っている。また土地没収についても、ウォラテッラエ同様実施が不十分であり、没収された土地の少なくとも一部は、かつての所有者であるアッレティウム人のもとに占有地として残されたのではないかと考えられている。サンタンジェロは、あまりに多くの土地が没収されたため植民者の数が足りず、このような事態にいたったのではないかとする(69)。占有地としての継続には、前節で検討したように、キケロの介入も大きく与っていた。

他方で、ウォラテッラエとの間に重要な相違点も存在した。アッレティウムには退役兵の植民市が建設されたからである(70)。このことと関連して注目すべきは、前六三年のカティリナ陰謀事件への関与であろう。第四章でも紹介したように、ローマを離れたカティリナがまず立ち寄った先がアッレティウムであり、そこにはフラミニウスという人物が待っていたのである。フラミニウスの素性は不明ながらも、スッラが送り込んだ退役兵植民者の一人ではないかとの指摘がある。同じくエトルリア内の蜂起地であるファエスラエの指導者が、退役兵植民者（かつての百人隊長）のマンリウスという人物だったからである。また、ファエスラエの場合同様、植民者が都市ではなく農村部に居住していた可能性もある。G・チャンポルトリーニの研究によれば、都市の西方にはアウグストゥス時代のものと思われるケントゥリア地割（centuriatio）の跡が残されているが、その一部には異なった方角のケントゥリア地割が見られ、これはスッラ時代の植民に遡る可能性があるという(71)。このようなカティリナ陰謀事件への関与からして、ファエスラエの場合同様、アッレティウムへの入植者がなんらかの理由で経済的危機に陥っていたのは確実といってよい。しかも最後までカティリナを支持したことからすれば、その度合いはかなりのものであったことが予想されよう。スッラによる退役兵植民後のアッレティウムの状況は、ウォラテッラエよりむしろファエスラエのそれに近かったように思える。

ところで、退役兵植民市アッレティウムからは、入植者と旧住民との関係を考える上で非常に貴重な情報が得られる。大プリニウスが伝えるウェテレス（Veteres）、フィデンティオレス（Fidentiores）、ユリエンセス（Iulienses）と呼ばれる住民集団の存在がそれである（Plin. *NH.* 3. 52）。それぞれ、「古くからの人々」「より勇敢な（自信のある）人々」「ユリウス氏ゆかりの人々」といったところであろうか。大プリニウスはアウグストゥス時代の史料を利用したのではないかとされているので、(72)少なくともアウグストゥス時代にはこの種の住民集団が存在したのであろう。実際のところ、Arretini Veteres（*CIL* XI. 1849）および Fidentiores（*CIL* XI. 6675）を記す碑文史料も出土している。(73)これらの史料をもとに、「二重共同体」の存在が唱えられる場合もあった。(74)同盟市戦争後にローマ市民権を得たアッレティウム人からなる自治都市と、新たに入植してきた退役兵植民者からなる植民市とが併存していたとされてきたのである。しかしながら、第三章においてポンペイに即して考察したように、このような理解はもはや支持し難い。そもそもこの説でいくと、アウグストゥス時代には「三重共同体」となってしまうが、この状態を想定するのは不可能ではないまでもかなり難しいであろう。異なった住民集団が別個の政治共同体を構成していたというより、むしろひとつの政治共同体内に異なった住民集団が存在したと考えた方がよいのではないか。

アッレティウムの場合には、スッラによる退役兵植民の結果、旧住民は「ウェテレス」、植民者は「フィデンティオレス」と呼ばれ、さらにカエサル時代かあるいはオクタウィアヌス時代に植民者が追加されたことにより彼らは「ユリエンセス」と呼ばれたのであろう。このようにして植民市アッレティウムは、遅くともアウグストゥス時代には三つの住民集団から構成されるようになっていたのである。それでは、彼ら相互の関係は一体どのようなものであったのか。G・フィルポの論考を手がかりにこの点へと考察を進めていくことにしよう。(75)

第一にフィルポは、スッラの退役兵植民者を入植者というより駐留軍（guarnigioni）のような存在と捉え、彼らにより都市政治がしばらくの間コントロールされていたとする。フィルポの論の特徴は、地方都市レベルでのケンススの実施を想定し、それをもとにローカルな政治を推し量っている点にある。それによれば、土地没収をこうむったアッレティウム人はいまやケンススの最低ランクへと後退し、これにより都市政治に参与するチャンスを失った。ただし、占有を続けることができた旧土地所有者はその限りではなかった。占有地からの収益をもとにかつてのランクを維持できたからである。他方、入植者はというと、軍隊内での等級に応じて異なった広さの土地を受け取ったことが予想され、これをもとに彼らは都市政治をコントロールしたという。しかしながら、植民当初の政治の実態に関しては、ポンペイの事例から推して植民者による排他的な支配を想定しない方がよいのではないか。アッレティウムでは、フィルポ自身も述べるように、旧土地所有者による占有が少なくとも一部で継続していたと考えられるだけになおさらである。対立の有無はともかく、両者は共に都市政治に関与していたとするのが妥当であろう。

第二にフィルポは、「ウェテレス」という呼称の出現時期に関して、それは「フィデンティオレス」と同時ではありえず、上記のような経済的・政治的不平等が解消し、「ウェテレス」つまり旧アッレティウム人が自信とプライドを取り戻した時点であったとする。そしてこれは、Ｅ・ベネッリが挙げる三枚の「二言語併用碑文」(エトルリア語とラテン語からなる碑文)に見られる共属意識の表明と同種のものであるという[76]。非常に示唆に富む指摘であるが、しかしこのような不平等の解消がいつの時点でどのような形で実現したのかは不明のままである。没収地の回復が条件だとすれば、そもそもこのような措置が可能かどうか問題となろう。没収地の回復は少なからぬ所有権の変更を伴うからである。

第三にフィルポは、政治的平等が実現した後の政治システムとして、たとえば三集団がいずれも都市参事会にその代表者を出しうるような政治を想定している。これは、Arretini Veteres である都市参事会員の存在が碑文から知られること、およびキケロが伝える有名なシキリアの都市アグリゲントゥムとの類比による。第三章でも紹介したように、キケロによれば、アグリゲントゥムには古くからのアグリゲントゥム人とマンリウスの属州総督時にシキリア内の他都市から連れてこられた入植者のアグリゲントゥム人とが住んでいた。そしてアグリゲントゥムの元老院(＝都市参事会)の構成に関しては、後者の議員数が前者のそれを越えることがないように定められていたという(Cic. *Verr.* 2.

2. 123-124)。またシキリア南西部の都市ヘラクレア・ミノアでも、元老院(＝都市参事会)議員の選出と新旧市民の議員数に関して類似の法が与えられていたようである(Cic. *Verr.* 2. 2. 125)。しかし、この最後の仮説は、事例がいずれも属州におけるローマ将軍の措置であるだけに、それをそのままイタリア内の都市に適用するのには躊躇を覚える。しかもアッレティウムの場合、三つの住民集団である。またなによりも、この種の制度の存在は、異なった住民間の「融合」にとって足枷となりかねなかったのではないか。

以上のフィルポの仮説は、そのままでは受け入れ難い点はあるものの、複数の住民集団の存在を切り口に、アッレティウム社会とそこでの都市政治の展開を具体的に描き出そうとした極めて意欲的な試みといえよう。退役兵植民を受け入れた都市の内部がどのような衝撃をこうむったのか、それがさらにどのように変容していったのかを考える際の貴重な論点を提供している。とりわけ、地方都市レベルでのケンススを想定し、それを根拠にローカルな政治的変動を読み取ろうとする視点は斬新である。今後は、ポンペイにおける研究の進展を待って、それと突き合わせていく作業が有効かもしれない。また、これまでほとんど指摘されてこなかった事実として、このような三種類の住民集団の存在が確かだとすれば、カティリナ陰謀事件後も、旧住民だけではなく、実は退役兵の一部もそこに住み続けていたことが明らかになる。キケロが述べるように、退役兵のすべてがこの陰謀事件に加担して滅んでしまったわけではなかったのである。

2 ローマ当局との「交渉」

次に、ウォラテッラエの場合同様、ローマ当局との「交渉」の有無を検討していこう。まずローマ側のパトロンとしては、ここでもキケロが重要となる。前述のようにキケロはアッレティウムの或る女性のために弁護を行っているし、前六〇年のフラウィウス農地法に際しては、ウォラテッラエと並んでアッレティウムのために特別の配慮を提案しているからである。さらにチャンポルトリーニは、アッレティウムの地方貴族が昇進するのに助力したローマ政治家（元老院議員）として、三〜四人の名を挙げている(77)。しかしこれは、彼らがアッレティウムに土地財産を所有していたという事実にすぎず、パトロネジ関係の有無をも明らかにするものではない。他方、アッレティウム側の地方貴族としては、トレッリの研究から幾人かの名前が知られているが(78)、これらはいずれも紀元後一世紀に入ってから中央政界で活躍した例であり、本節で取り上げている時期の地方貴族の姿は見えてこない。唯一、可能性として残されているのが冒頭で紹介したマエケナスの一族である。

マエケナスについてはこれまで、アウグストゥス新体制における彼の位置づけ、彼とアウグストゥスとの個人的な仲、そして彼の奇抜な生活スタイル等々をめぐって考察がなされてきた(79)。しかしここで問題となるのは、むしろ彼以前の世代におけるローマ政界への関与である。まずキケロによれば、前九一年、護民官ドルススの法廷改革に激しく抵抗したローマ騎士の一人に、ガイウス・マエケナスなる人物がいた（Cic. *Clu.* 153）。彼はマエケナスの父親かあるいは祖父であろうとされている。当該マエケナスが騎士身分であることからして、この家系はすでにかなり裕福であったことがわかる。ところがマエケナス一族は、前八〇年代の内乱時にキンナ派に味方し損害をこうむったのではないかと考えられている(80)。というのも、マエケナスという名の書記が、スペインでのペルペルナによるセルトリウス殺害の場に居合わせたからである（Sall. *Hist.* 3. 57）。ペルペルナもセルトリウスもキンナ派の政治家であり、当時セルトリウスはスペインにおいて一種の「亡命政権」を形成し、反ローマ闘争を展開していた。マエケナスの父親（あるいは祖父）とこのマエケナスとの系譜関係は不明であるが、エトルリアという土地柄を考えるならば、マエケナスの父親（あるいは祖父）もキンナ派を支持した可能性は高い。となると、スッラによる処罰の時期、マエケナス一族がローマとの交渉にあたったと考えるのは難しくなるであろう。ちなみに、この一族が次に史料に現れてくるのは前四四年のことであり、ルキウス・マエケナスという人物がオクタウィアヌスと友人関係にあったことが知られる(Nic. Dam. 31. 133)。ルキウスという個人名が正しく伝承されているとすれば、これはマエケナスの父親となるが、マエケナス本人である可能性も指摘されている[81]。

ところで、マエケナスに関しては、彼の母方の家系とされるキルニウス一族も見落とすことができない[82]。実はこちらの方が、マエケナス氏そのものより地方貴族の名門であった。リウィウスによれば、前三〇二年、アッレティウムでは非常に有力な一族であったキルニウスを武力で追い払おうとする騒動が発生し、ローマが軍事介入したという(Liv. 10. 3. 2)。すでに前四世紀の末に、ローマがアッレティウムの内政へと干渉し始めていたこと、また現地の有力者であるキルニウスがすでにローマと親密な関係を取り結んでいたことが読み取れる。詩人ホラティウスが、パトロンにあたるマエケナスに対して「王家の出なるマエケナス」と呼び掛けているのも(Hor. *Carm.* 1. 1. 1)、以上のような背景があったのかもしれない。キルニウスのその後の動向は不明であるが、紀元後一世紀になると中央政界でも政治的昇進を遂げ執政官を出すまでになる[83]。つまりこの一族は、アッレティウムの地方貴族として共和政末期の動乱を生き抜いていたと考えられるが、となれば、アッレティウムにおいてローマ当局との交渉にあたった人物としては、キルニウス一族こそその役柄にふさわしいのかもしれない。だが、キルニウス一族はこの時期少なくとも歴史の表舞台には現れ出て来ないのである。

おわりに

以上、ウォラテッラエとアッレティウムという北エトルリアの二都市について、前八〇年代の内乱後におけるスッラの処罰とその影響を考察してきた。両市に対する最大の処罰はローマ市民権の剝奪である。これはイタリア人が戦争にまでいたった成果の否定を意味する。それだけに、さすがにローマの支配者層にとっても過酷と映ったらしく、ケントゥリア民会を通した独裁官スッラの措置であったにもかかわらず、実施されなかったようである。そしておそらく前七〇年のケンススで、ウォラテッラエとアッレティウムの住民がローマ市民として登録されたことにより、この問題は最終的に決着がついたのではないかと思われる。前七〇年は、執政官に就任したポンペイウスとクラッススによって護民官職権の完全復活が実現し、スッラ体制が最終的に崩壊した年とされているだけに、このような措置にもふさわしいといえようか。

ウォラテッラエとアッレティウムがこうむったもうひとつの処罰は、領地の没収とそれに伴う退役兵の植民であった。これはスッラによる戦後処理として、市民権の剝奪より広範囲に見られたものである。しかしこの点で、両市の処分内容は異なっていた。アッレティウムには退役兵の入植に伴う植民市の建設が見られたが、ウォラテッラエにはそれが見られなかったからである。後者は個人的土地分配という入植形態であろうと考えられている。一概にはいえないが、入植者のために新たに植民市が建設されるより、自治都市が保持された形での受け入れの方が、旧住民にとってはより好ましいものであったことだろう。場合によっては、いずれかの時点で自治都市への入植者の「吸収」もありえたと思われるからである。

このような相違がなぜ生じたのか、その正確な理由はわからない。だが、本章で注目したのは、ローマ当局との間で「交渉」にあたる地方貴族の存在である。ウォラテッラエの場合には、明らかにカエキナという地方貴族がそのような役割を演じていた。他方で、アッレティウムの場合にはそのような一族が特定できないのである。アッレティウムは、アウグストゥスの腹心であったマエケナスの故郷であっただけに、彼の父方および母方でそのような可能性を探ってみたが、カエキナ一族のように確定的なことはいえなかった。単に史料の残り方にすぎない可能性はあるものの、このような役割を担う地方貴族の有無は、同盟市戦争後のイタリア都市の体験において重要な要因であったように思える。両市の運命を大きく分けることになったのは、他ならぬ降伏の時点での交渉だったのではなかろうか。ウォラテッラエの場合には、攻囲を実施し最終的に降伏に応じた執政官であるセルウィリウス・ウァティアとカエキナ一族との間にしっかりと交渉がなされ、その結果として植民市の建設は免れたが、アッレティウムの場合は、そうではなかったのであろう。

このような相違にもかかわらず、前六〇年代までは、両市の歩みに違いは見られなかった。どちらの都市においても、旧住民による占有という形で土地保有が継続されている。これには、パトロンであるキケロの活動が大きく与かっていた。両都市は彼のお陰で、占有地再分配の危機を何度か乗り越えたように見える。だが、前六三年になって両者の違いが顕在化する。アッレティウムの退役兵入植者は、カティリナ陰謀事件において、ファエスラエのそれと並んで重要な役割を果たすことになるからである。この点で、アッレティウムは、ウォラテッラエよりむしろ前章で論じたファエスラエに近かったといえよう。退役兵の動機はおそらく経済的な困窮であろうが、それが彼らだけの問題であったのか、旧住民をも巻き込んでいたのかとなると、残念ながらよくわからない。しかしながら、アウグストゥス時代のこととされる三つの住民集団の存在を考えれば、カティリナ陰謀事件後もアッレティウム人の生活が継続していたのはもちろんのこと、退役兵植民者も全員がカティリナと運命を共にしたのではなく、その一部はここに住み続けていたと考えて大きな間違いはないだろう。

イタリア内のいくつかの都市共同体は、前八〇年代の内乱時において反スッラの陣営についたため、まさに共同体存続の危機に直面した。そこで、各都市の地方貴族はローマの有力政治家とのパトロネジ関係を駆使しながら、この難局をなんとか乗り越えようとしていた。このような都市にとっては、ローマ市民権の獲得によりすべてが決着したわけではなく、イタリア内の一地方都市としてローマへと組み込まれていく過程は、カエサル時代や三頭政治家の時代を経て少なくともアウグストゥス時代まで続いていたのである。

註

（1） Harris (1971), 251-256.
（2） 当時のエトルリアがむしろ不穏であったとして、当該記述の信憑性を否定する見解もある。Blösel (2015) 参照。
（3） グリーン（一九八六／一九九九）、三四四—三五六頁。
（4） Camporeale (2009), 74-78.
（5） Ruoff-Väänänen (1975a), 50-52; *OCD*[4], s. v. Arretium.
（6） Camporeale (2009), 77.
（7） Gabba (1958), 242 による。ちなみに Loeb 版では、アッレティウムではなくアリミヌム（Ariminum）とされている。
（8） Harris (1971), 263; Camporeale (2009), 76.
（9） Camporeale/Firpo (2009). 本稿が取り扱っている時期のアッレティウム全般については、特に Sordi (2009), 169-175 が詳しい。
（10） クロノロジーは、May (2002), 1-21 による。
（11） 柴田（一九七四）、吉原（二〇一一）。当演説に関しては、長谷川（一九七六／二〇〇一）、一一一—一三〇頁、吉原（二〇一四）も参照。
（12） 研究史を踏まえた詳しい検討は、Frier (1985), 97-104 参照。
（13） McGushin (1992), 119.
（14） 石川（一九九一）、二一九—二二六頁：Salmon (1969), 92-94; Sherwin-White (1939/1973), 102-104, 109-110; Bispham (2006), 89.
（15） Harris (1971), 280-281.
（16） Degrassi (1949/1962), 105; Brunt (1971/1987), 306.

(17) McGushin (1992), 142.
(18) 詳しくは、砂田(二〇一五)参照。
(19) Harris (1971), 281-283.
(20) Berrendonner (2003), 158. ただし、根拠となっている碑文のうち、明確に四人委員と読み取れるのは、*CIL* XI. 1744 のみ。
(21) Santangelo (2007), 186.
(22) ちなみに、同じ事件を記すストラボンは、テュレニア人(＝エトルリア人)とプロスクリプティオの対象者が条約のもとその場から退去したとしており、両者を区別してはいない(Strab. 5. 2. 6 = C223)。
(23) Terrenato (1998).
(24) 詳しくは、米本(二〇一〇)参照。
(25) たとえば、ゲルツァー(一九五九／二〇一三)、三七―三九頁。
(26) 米本(二〇一〇)；Morstein-Marx (2004). 農地関連の史料としてさらに活用することを提唱する研究として、Carlsen (2009)がある。
(27) Gabba (1966/1973). 他に Ferrary (1988) など。
(28) 一月一日の元老院における演説が第一演説にあたるため、民会においては二度目であるが、これは第三演説と呼ばれている。
(29) 彼は初期植民市時代ポンペイの有力者であるウァルグスと同一人物ではないかと考えられている。Ferrary (1988), 312. 第三章も参照。
(30) Drummond (2000), 139-141.
(31) たとえば、Roselaar (2010), 285 など。
(32) ここで挙げられているプロティウス法について、ブロートンはその提案者を前七〇年の護民官プラウティウスに同定する。Broughton (1952), 128. 他方、キケロ書簡の校訂・註釈者であるシャクルトン・ベイリーは、前八九年の護民官プラウティウスか前七〇年のプラウティウスとする。Shackleton Bailey (1965), 333.
(33) 以下、ゲルツァー(一九五九／二〇一三)、六二―六五頁による。
(34) 当該書簡については、Deniaux (1991) が詳しい。

(35) ちなみにこの箇所の記述は、前六三年と前六〇年の混同ではないかとされる場合もあるが、必ずしもそう考える必要はない。前六三年、キケロはたしかにウォラテッラエのために行動していたからである。
(36) 多少留保がなされているとはいえ、ゲルツァー（一九五九／二〇一三）、六三頁。他に、Santangelo (2007), 179 など。
(37) Broughton (1952), 312.
(38) *RE* IV (1901), s. v. Curtius (6), col. 1864; Shackleton Bailey (1977), 460.
(39) Deniaux (1991), 226 は、クルティウスがウォラテッラエで土地を獲得するに際してのキケロの関与を示唆する。
(40) ちなみに、トレッリのプロソポグラフィ研究において、クルティウスは土着ウォラテッラエ人に含められてはいない。Torelli (1982/1995), 60-61.
(41) Munzi/Terrenato (1994).
(42) Munzi/Terrenato (1994), 33.
(43) Campbell (2000), 406 は、『植民市の書』の当該箇所に、「カエサルが少人数の退役兵を個々に定住させた可能性がある」とコメントしている。同様の指摘はすでに、Pfiffig (1966), 68 にも見られる。
(44) Terrenato (1998), 96-102. 関連して、Terrenato (2001) 参照。
(45) Pasquinucci/Menchelli (1999), 130.
(46) すでに長谷川（一九七六／二〇〇一）、一二六頁で、同様の指摘がなされている。
(47) たとえば、Hohti (1975); Capdeville (1997) など。
(48) Terrenato (1998), 107-109; Santangelo (2007), 189-191.
(49) たとえば、長谷川（一九八六／二〇〇一）。
(50) Terrenato (1998), 108.
(51) Capdeville (1997), 254-255.
(52) Capdeville (1997), 266-267.
(53) Cristofani *et al.* (1975); Hohti (1975), 414; Nielsen (2013), 183.
(54) Frier (1985), 4-8 が指摘するように、カエセンニウス氏は地方貴族と呼ぶにふさわしい家柄である。ここからは、都市という単位を越えて取り結ばれたエトルリアの地方エリート間の婚姻関係を読み取ることができよう。

(55) Nicolet (1974), 812-814; Hohti (1975), 418-419.
(56) *RE* III (1897), s. v. Caecina (6) (7), col. 1237; Torelli (1969), 295; Capdeville (1997), 289-294; *OCD*[4], s. v. Aulus Caecina など。
(57) ちなみに、「同一人物説」を採った場合、キケロとカエキナ一族との関係は前六九年の段階でカエキナの父の代にまで遡ることになる。
(58) サイム(一九三九/二〇一三a)(一九三九/二〇一三b)。
(59) サイム(一九三九/二〇一三b)、一〇三頁(訳文一部変更)。
(60) Capdeville (1997), 294.
(61) 以下、Capdeville (1997), 294-309による。
(62) Santangelo (2007), 173, n. 8.
(63) Hohti (1975), 410.
(64) Torelli (1977), 251-252; Torelli (1982/1995), 60.
(65) Harris (1971), 319-320; Farney (2007), 132.
(66) Cristofani *et al.* (1975), 13. ただし、家族墓の特定に用いられた碑文自体はすでに失われてしまったようである。
(67) Haynes (2000), 385はこの説を採用する。
(68) Rawson (1978/1991), 298. カプドヴィルはこの点を、カエキナがセルウィリウスの「積極的な敵対者ではなかった」と表現する。Capdeville (1997), 285-286.
(69) Santangelo (2007), 180-181.
(70) Buonocore (2009), 187.
(71) Ciampoltrini (1981), 50-52.
(72) Firpo (2009), 182.
(73) ただし *CIL* XI. 6675は、一八七四年にアッレティウムから出土した屋根瓦(tegla)に刻まれた短い銘であり、大プリニウスの記述を参考に編者ボルマンが、[r(es)] p(ublica) col(onorum) Fid(entiorum)と補読したものにすぎない。
(74) Degrassi (1949/1962), 104; Harris (1971), 270. 最近の研究としては、Bispham (2007), 451が、この見解を採る。
(75) Firpo (2009), 182-184.

(76) Benelli (1994), no. 2-4. ちなみにベネッリが挙げるこれらの碑文の年代は、前一世紀末から紀元後一世紀である。

(77) Ciampoltrini (1984), 506-507.

(78) キアルティウス(Ciartii)、キルニウス(Cilnii)、マルティウス(Martii)、アウィリウス(Avilii)そしてウァレリウス・フェストゥス(Valerii Festi)。Torelli (1982/1995), 59-60. ちなみに、Buonocore (2009), 192-194 は、それに加えてペティッリウス(Petillii)を挙げ、アウィリウスは除いている。

(79) 詳しくは、Porena (2009), 197-204 参照。

(80) サイム（一九三九／二〇一三a）、一九六頁。

(81) Malitz (2003), 192 (n. 440); Toher (2017), 417. マエケナスの父親の名は碑文史料から(*CIL* VI. 21771)、ルキウス・マエケナスであることがわかっている。

(82) Torelli (1982/1995), 59-60.

(83) Porena (2009), 197.

補論　クルシウムに退役兵植民市は存在したか？

ウォラテッラエやアッレティウムと並んで、エトルリアにおけるスッラの退役兵植民の例として取り上げられることが多いのがクルシウムである。クルシウムを補論として別個に取り扱う理由は、ウォラテッラエあるいはアッレティウムとの直接的な比較があまり有効ではないように思われることによる。

さて、クルシウム（現キュージ）は、エトルリアにおける古くからの有力国家のひとつであり、その王ポルセンナは、共和政の樹立後間もないローマを一時期軍事占領したとさえされている。(1)前四～三世紀の間にローマと同盟関係に入ったクルシウムは、前述の前二〇五年には、ペルシア（現ペルージャ）やルセッラエとともに、船を建造するためのモミ材と大量の穀物の提供をスキピオに約束している（Liv. 28. 45. 18）。前八〇年代の内乱時に、クルシウムもまた、キンナ派の中心人物であるカルボの拠点のひとつとなり、近郊ではカルボとスッラとの間に激しい戦闘が行われた。結局、この戦いに決着はつかなかったものの、戦況全般に絶望したカルボは、友人たちとともにアフリカへと向けて船出した（App. *BC*. 1. 89）。残された軍隊はというと、ポンペイウス軍と戦い二万人が斃れた（App. *BC*. 1. 92）。

以上のような経過に加え、クルシウムに関しては、アッレティウムと似た現象として、旧クルシウム人（Clusini Veteres）および新クルシウム人（Clusini Novi）と呼ばれる二つの住民集団が存在した、と大プリニウスは伝える（Plin. *HN*. 3. 52）。また独裁官スッラに対する献呈碑文も一点確認されている（*CIL* I^2. 723 = XI. 2102）。ただし、この碑文は、トラヴァーチンの基壇に「独裁官ルキウス・コルネリウス・ルキウスの息子・スッラ・フェリクスのために」と刻まれているのみであり、誰が何のために献呈したのかはわからない。さらには、植民市の公職者に多く見られる二人委員を記した碑文も何枚か見つかっている（*CIL* XI. 2116, 2119–2121）。

このような事実は、一見したところ、スッラによる「エトルリア処分」の一環として、クルシウムにも退役兵植民が実施されたことを思わせよう。そこで、K・J・ベーロッホに始まり、[2] H・ルドルフ、[3] E・ガッバ[4] そしてW・ハリス[5]といった著名な研究者たちは、クルシウムにおけるスッラの退役兵植民を想定してきた。[6] さらに明示的かどうかはともかく、従来の自治都市に植民市が追加される形での「二重共同体」が想定される場合もあった。[7] 他方で、T・モムゼンは一八八三年の時点ですでに、「旧クルシウム人」「新クルシウム人」という表現の解釈について一種の戸惑いを示していた。[8] 第三章でのポンペイに関する考察、および本章でのアッレティウムに関する考察からすれば、このモムゼンの躊躇は、にわかに妥当性を帯びてくる。スッラによる退役兵植民の特色を「二重共同体」に求め、「旧クルシウム人」「新クルシウム人」といった表現からクルシウムにも退役兵植民の実施を想定する説はいまや再考を迫られているといえよう。

クルシウムの場合、再考のポイントは、四人委員（＝自治都市の公職者）と二人委員（＝植民市の公職者）を記す碑文史料の年代分布にある。つとに、『ラテン碑文集成』第一一巻の編者であるE・ボルマンは、四人委員関連の碑文の方が二人委員関連の碑文より古く、よって四人委員から二人委員へ都市公職の変化が生じた可能性があることを指摘していた。[9] つまり、すでに一九世紀末の時点で、自治都市と植民市とが同時に存在したのではない可能性が示唆されていたのである。この点をより精緻に検討したのがE・パックとG・パオルッチの研究である。パックとパオルッチは、クルシウム出土の四人委員シキニウス（L. Sicinius A. f. Arn. Bellutus）についての未刊行碑文を紹介する中で、[10]『ラテン碑文集成』に収められた関連碑文についても網羅的な検討を加え、四人委員はすべて共和政末期か遅くともアウグストゥス時代に年代付けられること（*CIL* I². 3359 = XI. 2117, I². 3360 = XI. 2122, XI. 2126? 7122–7123）、他方で二人委員はすべて紀元後に年代付けられることを確認したのである（*CIL* XI. 2116, 2118–2121, 2127, 2128? 7119）。[11] 都市公職に関するこのクロノロジーが正しいとするならば、「二重共同体」が存在しなかったのはもちろんのこと、クルシウムにおける自治都市から植民市への変化はスッラ時代ではなく帝政初期であったことになる。つまり、従来の通説的な理解とは異なり、スッラ時代のクルシウムには退役兵の植民市が存在しなかった可能性が高くなるのである(12)。

植民市の存在についてはそれでよいとして、スッラ時代に起こったことについてはもう少し慎重に判断しておきたい。というのも、第一にウォラテッラエやアッレティウムの処遇と比較してクルシウムに何も生じなかったとは考えにくいからであり、また第二に、植民市の建設と退役兵植民とは厳密には別個のものと考えられるからである。この点を考察するにあたって手がかりとなるのが、他ならぬ「旧クルシウム人」と「新クルシウム人」という呼称であろう。もちろん、これらの呼称は、先の結論に合わせ、カエサル時代後期からアウグストゥス時代にかけてのどこかで実施された植民市建設の結果とするのが最も自然かもしれない(13)。しかしながら、二種類の住民集団の存在は必ずしも植民市の建設を意味するものではないので、「新クルシウム人」をスッラの植民者とする余地は残されている。その場合、植民市の建設が確認されない以上、これはウォラテッラエで見られたような個人的土地分配であり、また彼らは「旧クルシウム人」が構成する自治都市に属したことになるだろう。

このような理解に根本的な問題点があることは承知している。第二章で論じたように、一般的には個人的土地分配で土地を手にした人々は、都市ローマを「本籍地」とし、近隣の都市共同体に属したのではないと考えられているからである。しかしながら、そもそも個人的土地分配についてはまだ十分に研究がなされていないし、共和政初期・中期のやり方がそのまま同盟市戦争後に適用されたのかどうかも不明である。今回の場合のように、既存の都市から土地を剝奪した形での植民とすれば、入植者が当該都市に属した可能性も十分考えられるのではないか(14)。同盟市戦争後のイタリアにおいては、とかく退役兵による植民市の建設のみが注目されがちだが、イタリア内での植民は同胞市民に対して多大な影響を与えることが予想されるだけに、この種のより小規模な植民の実態についてももう少し目を向

ける必要性があるように思える。(15)

ついでここでも、クルシウムとローマ当局との「交渉」について検討しておくことにしよう。F・サンタンジェロは、敗戦後にクルシウムの地方貴族が勝者スッラにうまく取り入り、厳しい処罰を免れたのではないかと推測している。(16)となれば、独裁官スッラの名を刻んだ先の献呈碑文も(*CIL* XI. 2102)、別の意味合いを帯びてくる。それが建てられた文脈が不明なだけに、退役兵植民者がスッラのために献呈したのではなく、キンナ派に与したクルシウム人が敗北後になんとかしてスッラとの関係修繕をはかろうとした生き残り戦術の一環とも考えられるからである。ただし、そのような地方貴族がいたとして、残念ながら具体的な名前はわからない。

その後の時期についてはどうか。E・ベネッリの論考によれば、(17)クルシウムからはスッラの他に、ポンペイウスおよび前五六年の執政官であるレントゥルス・マルケッリヌスに関する献呈碑文も発見されている(*CIL* XI. 2103, 2104)。このうち前者の碑文は、ポンペイウスが帯びている「インペラトル二回」の称号から、彼が三度目のインペラトル(大将軍)の称号を得た前六一年以前のものであるという。また後者に関しては、マルケッリヌスがいわゆる第一回三頭政治に激しく対立した人物であった点を根拠に、ベネッリは彼がポンペイウスとまだ良好な関係を保持していた時点にこそこの碑文はふさわしいとし、ポンペイウスへの献呈と同一時期のものではないかとする。被献呈者の名前しか残されていない碑文だけに、ポンペイウスとマルケッリヌスが都市クルシウムのために何をなしたのか、さらには両政治家とクルシウムとの間に果たしてパトロネジ関係は存在したのか、詳細は不明である。だが少なくとも、クルシウムが彼らとの関係を重要視していたのは確実といえよう。

他方、クルシウム側の地方貴族の特定となるとさらに推測の域となる。何人かクルシウム出自の元老院議員が知られてはいるものの、(18)これは帝政期に入ってからの事例であり、共和政期における彼らの活動内容は不明である。そこでベネッリは、ガイウス・センティウス・サトゥルニヌスという人物に注目する。センティウス・サトゥルニヌスは、セクストゥス・ポンペイウス派の人物であり、前四三年に追放・財産没収にあったが、前三九年のミセヌム協約後に復権した（Vell. Pat. 2. 77. 3; Val. Max. 7. 3. 9; App. *BC*. 5. 217）。前一九年に執政官となった同名の人物は、彼本人か、あるいは彼の息子ではないかとされている。つまり、センティウス・サトゥルニヌスはポンペイウス家と緊密な繋がりを持つ人物であったことがわかるのである。しかも彼は前述のマルケッリヌスとは姻戚関係にあった[19]。たしかにこのような人物こそクルシウムとローマ間の「交渉」にふさわしいのかもしれない。ところが、この魅力的学説の最大の難点は、センティウス・サトゥルニヌス家が一般的にはクルシウムではなくラティウム地方のアティナ出身の有力家系とされている点にある[20]。それに対して、ベネッリは通説の論拠の不確かさを指摘し、クルシウムの出自と考えるべきとする[21]。この再構成が正しければ、スッラからポンペイウスへと続く人脈上でクルシウムのために「交渉」にあたった地方貴族としてセンティウスの名が浮かび上がることになるが、残念ながらこれは現時点では仮説にとどまる。

註

（1）平田（一九八二）、七八―一一二頁。
（2）Beloch（1926）, 511-512.
（3）Rudolph（1935/1965）, 92-94.
（4）Gabba（1951/1976）, 68.
（5）Harris（1971）, 263.
（6）他には、Boitani *et al.*（1975）, 54; Torelli（1982/1995）, 63; Patterson（2006a）, 205 など。
（7）Degrassi（1949/1962）, 112-113; Keaveney（1982b）, 523; Mansuelli（1993）, 50. ただし、Rudolph（1935/1965）, 93, n. 4 は、植民市の建設は認めるものの「二重共同体」を否定する。

（8）Mommsen（1883/1908），165, n. 1.

（9）*CIL* XI, p. 372.

（10）当該碑文は、のちに、*AE* 1987, 364として収録されている。

（11）Pack/Paolucci（1987），164-173.

（12）Pfiffig（1966），61-63は、すでに一九六六年の時点で、スッラの植民市に関して否定的な見解を採っている。また最新の研究としては、自治都市に関する研究の中でビスパンも、「二重共同体」の存在を否定する。Bispham（2007），451.

（13）ベネッリは、クルシウムが自治都市となった段階でアッレティウム同様に領域が大きなままであったので、ある程度の自治機能を備えた単位に分節化されていたのではないかとする。Benelli（2009），314-315. とすれば、なぜ「新」「旧」なのだろうか？

（14）私は以前、共和政初期・中期に関して、同一トリブスに属することを通して、個人的土地分配の入植者と近隣都市の住民とが「融合」する可能性について論じたことがある。砂田（二〇〇六）、三八―四一頁。

（15）ちなみに、クルシウムの考古学に関するボルギの包括的な研究によれば、クルシウムにおいては前一世紀前半に城壁の修復が確認されるようである。これは、スッラの退役兵植民に伴う防御施設の強化とも考えられそうであるが、ボルギ自身はそのような解釈に懐疑的である。考古学的に見て、この時期にスッラの退役兵植民に伴う明白な変化は読み取れないということであろうか。Borghi（2002），87-88, 116.

（16）Santangelo（2007），150-151.

（17）以下、Benelli（2009），315-317による。

（18）Torelli（1982/1995），63. 具体的には、プピウス（Pupii）とゲッリウス（Gellii）。

（19）マルケッリヌスの妻スクリボニア（後にオクタウィアヌスと結婚することになる女性）は、センティウス・サトゥルニヌスの叔母センティアの娘にあたった。Benelli（2009），315.

（20）たとえば、*OCD*^{4} s. v. Sentius Saturninus など。

（21）Benelli（2009），315-317. ちなみに、追放・財産没収に関する大著の中で、イナールがすでにセンティウス・サトゥルニヌスをエトルリア出身としている。Hinard（1985），518-519, no. 120.

第六章　カプア
――退役兵植民と有力都市の再興――

はじめに

ローマ共和政末期のイタリアを大きく揺るがした事件として、剣闘士スパルタクスの蜂起がある。このスパルタクス蜂起が、前七三年、カンパニア地方の都市カプアで発生したことはわが国でもよく知られている(1)。だが、この時のカプアが、剣闘士養成所と円形闘技場の存在からも窺えるように非常に繁栄した都市であったにもかかわらず、法制度的な意味での「都市共同体」として存在しなかったことはあまり知られていないのではないか。

カプアは古くから栄えていたイタリア内でも有数の都市国家である。ローマとも早くから関係を持っており、サムニウム人の侵入に備えて前三四三年、ローマに支援を要請したとされている(Liv. 7. 30-32)。その後もカプアとローマとの良好な関係は継続し、ローマから比較的優遇された取り扱いを受けていた。ところが、第二次ポエニ戦争時、イタリア南東部カンナエでのローマの敗北後、カプアはいち早くハンニバル側へと離反したのであった(Liv. 23. 7. 1-2)。

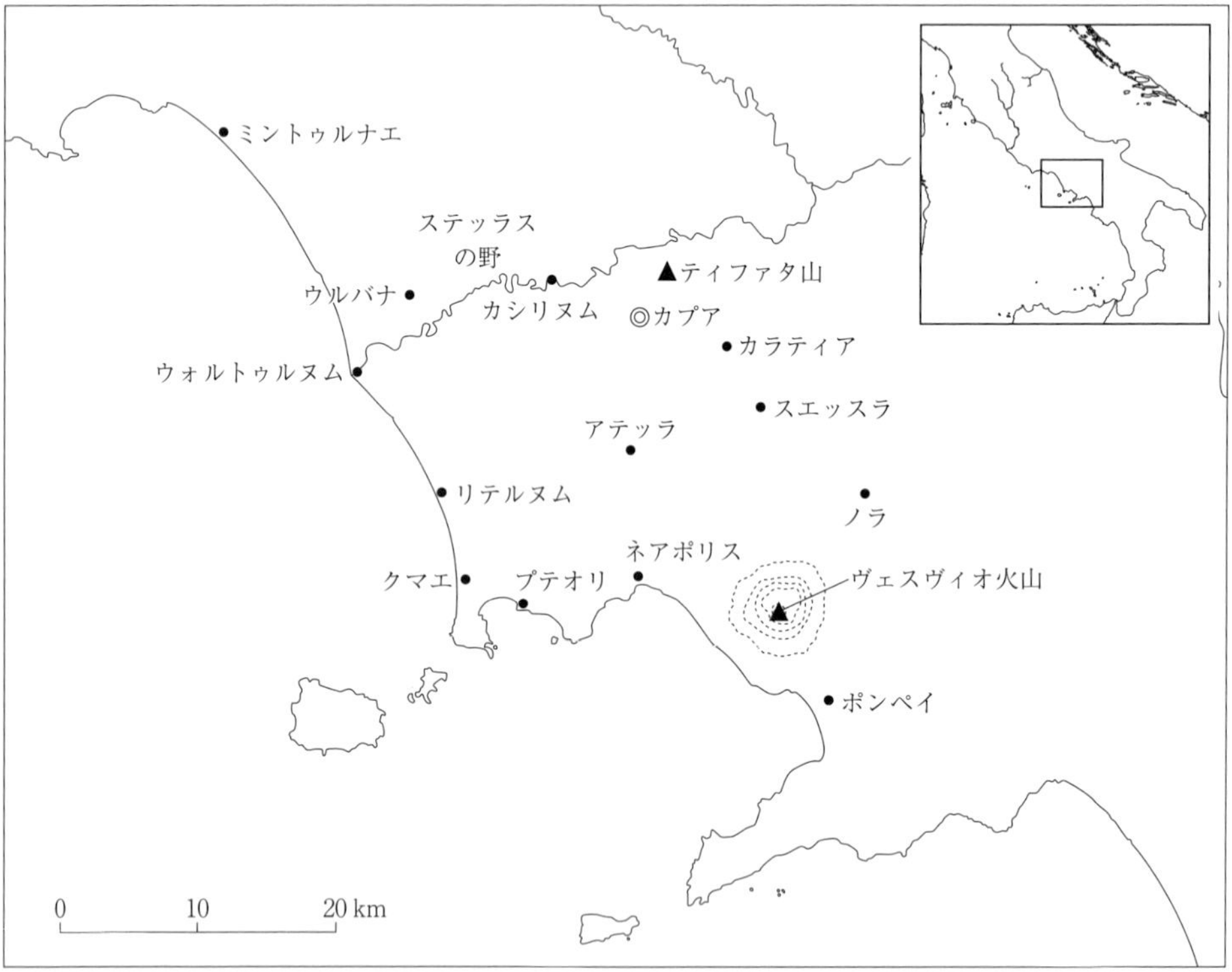

カンパニア地方
Fronda(2010), Map 8より作成

この間の経緯について――もちろんローマ側からの視点ではあるが――、リウィウスは次のように語っている。

当時われわれは彼らのために、およそ七〇年にもわたって多大な損害を被りつつもサムニウム人と戦ってきた。最初は条約の締結によって、ついで通婚し血縁関係となり、ついには市民権をも与えて、われわれは彼らとの間に絆を築いてきた。それにもかかわらず、彼らは、われわれが逆境に陥るや、イタリアのあらゆる民族の中で真っ先に、われわれの守備隊を虐殺してハンニバルへと寝返った(Liv. 31. 31. 10-12)。

カプアはローマにより不当に奪われた領土(アゲル・ファレルヌス)の回復を求めていた。また、比較的恵まれた状態にあったとはいえ、有力国家であっただけにローマへの従属に我慢がならず、かつての覇権の回復を夢見たのであろう(Liv. 23. 6. 1)。カプアは離反した。しかしながら、カプアの奪還をイタリア戦役での最重要課題とみなしたローマによってカプアは執拗な攻囲を受け、最終的にはハンニバルにも見捨てられる格好で前二一一年ローマに降伏した。

降伏後のローマの措置は非常に厳しいものだった。リウィウスによれば、責任のある七〇人の元老院議員(＝都市参事会員)が処刑され、のみならず、都市カプアが単に人々の住むところ人々の集まるところとしてだけ存在し、いかなる都市共同体もいかなる元老院もいかなる民衆の集会もそしていかなる公職者も存在しないことが決議されたという(Liv. 26. 16. 6-9)。つまり、独立の都市国家としての存続はもちろんのこと、ローマという国家内で自治都市として存続することさえカプアには許されなかったのである。カプアは政治的権利をすべて剝奪され、その領土はローマの公有地とされ、以後、その行政業務はローマから派遣されるプラエフェクトゥスと呼ばれる地方長官が担うことになったと考えられている。そしてこのような措置が最終的に解除され、カプアが都市共同体としての地位を回復したのは、前五九年のカエサルによる植民市の建設時であった。母方を通してカプアの出自とされる歴史家のウェッレイウス・パテルクルスは万感を込めて、「第二次ポエニ戦争時にプラエフェクトゥスの管轄領域（praefectura）に格下げされてから約一五二年後にカプアは都市の権利を取り戻した」と記している（Vell. Pat. 2. 44. 4）。

こうした経緯により、前七三年のスパルタクス蜂起の勃発時に、法制度的な意味での都市カプアは存在しなかったのである。都市の形態をいまだ保持していたとはいえ、自治都市でもなければ植民市でもなかったのである。

さて、そうなるとカプアは、本書で取り上げているスッラの退役兵植民とはなんら関連がないようにも思えてこよう。スッラの措置としてではなく、カエサルの措置として植民市が建設されているからである。しかしながら、詳しくは第一節で論ずるように、実は前八四／八三年にキンナ派の政治家ブルトゥスがここに植民市を建設し、他ならぬスッラがそれを廃止している。退役兵植民を焦点としてスッラがイタリアに与えた影響を考察するという点で、このカプア問題は本書の課題と決して無関係ではないのである。また、第四節で論ずるように、前五九年のカエサルによる植民と前四四年のアントニウスによる再植民の経過からは、本書でこれまで検討してきた諸都市に相通ずるパターンも見えてくることであろう。

ところで、これまで取り上げてきた諸都市同様、カプアに関しても地方史研究が日々進展し多大な成果が生み出されてきている。否、カプアの場合は最も活発に地方史研究がなされてきた都市のひとつといってもよいだろう。一九五九年の時点でM・フレデリクセンは、前二一一年以降のカプアの歴史は比較的なおざりにされてきたと嘆いたが[2]、他ならぬそのフレデリクセンの貢献により前二一一年以降のカプアの研究も格段に進んだ。とりわけ重要なのが、G・フランチョージの編で二〇〇二年に出版された『古代カンパニアのローマ化』第一巻に収められた諸論文であり[3]、これによりわれわれは当該期のカプアに関して研究の現状（到達点）を知ることができる。またそれに先立ち一九九三年に出されたG・ディサントの研究により、プロソポグラフィの基本情報も提供されている[4]。本章はこれまでの諸章と同様、これらの先行研究からできうる限り有用な知見を汲み取っていくという方法をとることにする。

一　ブルトゥスの植民市とスッラ

1　ブルトゥスによる植民市建設

政治共同体としての地位を失い特殊な形で存続していたカプアに最初に植民市を建設したのは、前八三年の護民官ブルトゥスであった(Cic. *Leg. agr.* 2. 89, 98)。ブルトゥスは、前八〇年代の内乱にあってキンナ派の政治家として活動した人物であり、カエサルを暗殺したかのマルクス・ブルトゥスの父親にあたる。

ブルトゥスによる植民市の建設を伝える唯一の史料は、キケロ『農地法』の記述である。『農地法』は前六三年の護民官ルッルスがカンパニア公有地の分配を提案した際、キケロによって行われた一連の反対演説であり、そこにルッルスの先駆者としてブルトゥスが何度か言及されている。キケロは、前八〇年の内乱時にスッラと接触するためカンパニア地方を旅行したのではないかとされており、(5) その際、建設間もないカプア植民市を実際目にして強烈な印象を受けたようである。(6) それによれば、カプアの公職者であるコンシディウス／コンシウス(後述)とサルティウスは通常の植民市の公職者とは異なり――「二人委員」ではなく――プラエトル(法務官)と称しており、彼らはローマでのようにファスケス(束桿)を掲げた二人のリクトル(先導吏)に先導されて、極めて尊大にふるまっていたという。このままでは、いずれコンスル(執政官)の称号をも欲するであろうとまでいっている。また、ブロッシウスやウィベッリウスを目撃したかのような印象を受けたとも述べているが、ブロッシウスやウィベッリウスはかつてローマに敵対したカプアの地方エリートであった。

ブルトゥスは前八三年の護民官とされるのが一般的であるので[7]、彼による植民市の建設は、前八四年一二月一〇日から前八三年の春の間におかれる[8]。前八四年一二月一〇日は護民官の就任日、前八三年の春はスッラによるカンパニア侵攻の日付である。このブルトゥスによるカプア植民は退役兵のためのものではなく、スッラのイタリア上陸に備えてカンパニアの要地を抑える、優れて軍事的な性格のものであったと考えられている。内乱がいまだ終結していなかったのであるから、これは当然であろう。カプア植民の性格づけをめぐっては、地方エリートの「交渉」力という点で見落とすことのできない仮説が提起されているので、次にそれを見ていくことにしよう。

当該仮説は、一九五一年に出されたE・ガッバの論文を嚆矢とする[9]。ガッバは、ブルトゥスによるカプア植民の内に、単に農業問題や軍事問題ではなく、カンパニアの上層階級の支援を取り付けるという目的を読み取った。ガッバによれば、カンパニア地方はグラックス兄弟からキンナ時代にかけて、一貫して反寡頭派・反閥族派の態度をとってきた。グラックス時代でいえばティベリウスの家庭教師であったクマエ出身のブロッシウスが有名であるし、また前八八年にスッラにより「公敵」とされた一二名の中には、少なくとも四人のカンパニア人が含まれていたという。さらにキンナ派の政治家としてはカプア出身のマギウスが前八七年に護民官になっている。ガッバによれば、ブルトゥスの植民市建設はこのようなカンパニアの政治的伝統を踏まえてカンパニア人の支援を取り付けるためのものであり、前二一一年の措置に対する報復として彼らの自尊心に訴えかけたに違いないという。

ガッバの指摘をさらに発展させたのがP・ハーヴェイの研究である[10]。ハーヴェイは、先に紹介したカプアの二人のプラエトルのうち、比較的情報量が豊富なコンシディウスに注目した。一般的に採用されている読みはコンシディウス／コンシウスであるが、コンシディウスのままではスッラ派の政治家となるので、ハーヴェイは、D・R・シャクルトン・ベイリーに従い[11]、コンシウスに訂正する。そしてその上で、共和政期において唯一確認できるのはカプアのコンシウスであり、[12]これにより、植民市カプアの最初の公職者の一人がカプア人であったことがほぼ確認されたのである。素性の定かではないサルティウスについても同様の可能性はありうるだろう。

以上のような研究の結果、ブルトゥスが植民市を建設した目的——少なくともそのひとつ——が、カプア人のための自治機能を備えた政治共同体の復活にあったのではないかという論点が導き出されることになった。これは、スッラのイタリア帰還に備えた軍事拠点の掌握・強化といった先の目的とも合致する。スッラに対する、より効果的な対応のためには現地の有力者の協力が不可欠と思えるからである。G・カモデカにいたっては、実際にカプアへと植民[13]者が派遣されたのではなく、カプアの自治権回復に伴う単なる植民市への昇格だったのではないかと考えている。

地方都市と地方貴族の「交渉」力に視点を据えてスッラの退役兵植民のインパクトを見届けていこうという本書の課題に照らし合わせるならば、なるほど上記の事実はその方向を一八〇度異にしている。これまでの各章で論じた都市の場合、ローマ当局との交渉における中心課題は、スッラによる退役兵植民の影響をいかにやり過ごすかにあった。それに対して、カプアの地方貴族はむしろ植民市の建設を熱望しているからである。しかしながら、ローマの中央政界の動きに応じた地方都市・地方貴族の必死の生き残り戦術として見るならば、このカプア問題も同様の性格を持っているといえよう。しかもここにもスッラの施策が深く影を落としてくるのである。

2 スッラのカンパニア処分

前八三年の春、ブルンディシウムに上陸したスッラは、二人の執政官の待ち受けるカンパニアへと進軍した。まずは、カプア近郊のティファタ山の麓で執政官の一人であるノルバヌスの軍と出会い、プルタルコスによれば七〇〇人の敵兵を討ち取ったという。ノルバヌスはカプアへと退却した(Plut. *Sull.* 27. 10)。その後スッラは、もう一人の執政官であるスキピオへと向けて進軍した。植民市カプアが廃止されたのはおそらくこの時点であろうと考えられている(14)。しかしながら、敵将ノルバヌスを受け入れたカプアは、この時点で陥落していたようには見えない。ノルバヌスは、スッラの後を追うようにしてカプアを離れているのである。また、後にプラエネステ攻防戦において、プラエネステに立て籠もる小マリウスを救出しようと駆け付けた人物の中にカンパニア人のグッタという人物がいた(App. *BC*. 1. 90)。ハーヴェイは、スッラによりカプアから追放された者たちをグッタが引き連れてきたのではないかとするが(15)、しかしこれとて、単純にカプアからの支援と解することも可能だろう。となれば、通説に反し、ブルトゥスの建設した植民市の廃止は、スッラの独裁官就任後と考えた方がよいのではなかろうか。

さて、スッラは前八二年一一月一日のコッリナ門の戦いの勝利後、大規模な退役兵植民計画に取りかかった。しかしながら、第二章でも記したように、この時スッラがどこにどれだけの退役兵を送り出したのかはよくわかっていない。カプアについても、スッラが、ブルトゥスの植民市を廃して自身の植民市を建設したのかどうかをめぐって見解が対立している。T・モムゼンは、『ラテン碑文集成』第一〇巻の〈カプア〉に関する導入部分で、スッラによる植民市の建設を否定した(16)。その際の主たる論拠はキケロであるが、キケロは先述の『農地法』の中で「カプアの土地」の利点をいくつか挙げ、次のように述べている。

> このような理由で、多くの場合にローマ平民の利益のことを考えたグラックス兄弟も、そしてまたいかなる良心の呵責もなしに彼が欲する人々に何でも惜しみなく与えたスッラにしても、あえて「カプアの土地」に手を触れようとはしなかった(Cic. *Leg. agr.* 2. 81)。

なるほどキケロはルッルス提案の非を強調する目的でかなり誇張した表現を用いている。それだけに、グラックス兄弟の場合には、彼らが植民市建設を計画した可能性まで否定することはできないかもしれない[17]。だが、スッラの事例に関していえば、キケロが事実関係まで捻じ曲げたとは考え難い。というのもスッラの措置は、キケロ自身も含め、聴衆の中にそれを体験した者が多く含まれていたに違いない同時代的事件だったからである。キケロも強調するように、非常に豊かな「カプアの土地」はローマ国家にとっての貴重な財源のひとつであっただけに、保守派政治家とされるスッラにとって、そこに手をつけない政策こそがふさわしい。

この「否定説」が優勢のように思える中にあって[18]、一九八七年に出されたG・シュケとF・ファヴォリの研究は、改めてスッラによる植民市建設を想定している[19]。彼らは、カプアを中心とした「カプアの土地」で確認されるケントゥリア地割(centuriatio)のうち、より小規模でより古いものをグラックス時代、またより大規模でより新しいものをスッラの仕事と推定し、後者はカエサルの植民(後述)に引き継がれたとするのである。ケントゥリア地割に関する研究であるだけに考古学的な知見をもとにして論じているのかというと、実はそうではない。論拠となっているのは、あくまでも従来取り上げられてきた文献史料の再検討である。そこでわれわれも、それらの史料を改めて検討し、スッラの植民の有無について見極めていくことにしよう。

スッラによる植民市建設の論拠とされてきた史料は二つある。ひとつは『植民市の書』と呼ばれる史料である。第二章でも記したように、『植民市の書』は一般的に史料価値が低いとされているが、その『植民市の書』の〈カプア〉の項目に、「その土地はスッラの法により分配(adsignatio)されていた」とあり、また近隣都市〈カラティア〉の項目には、「その町(カラティア)は、敵との戦闘の結果として、その領域ともどもスッラ・フェリクスによって植民市カプアに併合された(adjudicatum)」とあるのである。たしかにここには、「植民市カプア」の名が見られる。しかしそこに記されているのは、土地の「分配」や「併合」であり、植民市建設への直接的な言及ではない。しかも〈カプア〉

の項目には、前述の引用文に先行する箇所で、植民市がカエサルにより設置されたと明記されているのである。[20]
もうひとつの史料は、グラニウス・リキニアヌスの記述である。グラニウス・リキニアヌスは、『植民市の書』のように史料価値が低いとされてきたわけではないが、それでも断片的にしか残されていない記述は、少なからぬ解釈の相違を引き起こしている。ここで問題となるのも、前一六五年の都市係法務官であったレントゥルスの活動を記す中で（詳しくは第二節参照）、「カプアの土地」をめぐる彼の措置が土地図（forma）として神殿に掲げられていたのを述べ、「それを後にスッラが無効にした」とする短い記述である。これが、『植民市の書』と相まってスッラによるカプア植民市建設への言及ではないかとされてきたのである。しかし『植民市の書』同様、ここにも植民市建設への直接的な言及はない。
それでは、スッラによるカプアの植民市建設を否定する論者は、これらの史料をどのように解釈してきたのだろうか。彼らはそれを、スッラによるディアナ・ティファティナ（Diana Tifatina）への土地献上と関連づける。[21]ディアナ・ティファティナとは、カプア近郊のティファタ山に聖域を持つ女神であり、[22]スッラは、先述のノルバヌスとの戦闘後に、この戦闘の勝利をディアナ女神に感謝し彼女に泉と土地を献上したのであった。[23]ウェッレイウス・パテルクルスによれば、関連碑文が彼の時代、つまりティベリウス帝代にいたるまで神殿内に残されていたという（Vell. Pat. 2. 25. 4）。この事実が、『植民市の書』やグラニウス・リキニアヌスにおいて上記のような形で記述されているのではないかと解釈されてきたのである。蓋し、妥当な見解であろう。
さて、そうなると、スッラはこの「カプアの土地」に全く手をつけなかったのかといえば、おそらくそうではない。ディアナ・ティファティナへの奉献それ自体が、すでにそのことを示唆している。植民市を建設することと植民者を送り込むこととは必ずしもイコールではないので、植民市を建設することなく「カプアの土地」に退役兵を送り込んだとも考えられるからである。実際、第二章でふれたサンタンジェロの研究では、カプアは植民市ではなく個人的土地分配の事例に数えられている。植民市の建設がキンナ派に与したカプアの地方エリートをも利することになるとすれば、このような形式での植民は十分ありえよう。

これと関連して、スッラが、「カプアの土地」に隣接していたと思われる場所にウルバナという退役兵植民市を建設したことがわかっている。ウルバナは、大プリニウスの記述をもとに（Plin. *NH*. 14. 62）、スッラの植民市建設が確実とされてきた都市のひとつである。また、ウルバナが後にカプアに併合されていることからも、[24] 両市の緊密な繋がりが窺われる。さらにスッラが、カプアの近隣に植民市スエッスラを建設した可能性もある。スエッスラは先のウルバナほど確実ではないものの、[25] スッラの植民市に含められることが多い都市である。

以上のように考えるならば、スッラが決してこの方面への退役兵植民に無関心ではなかったことがわかるであろう。少し離れた場所には、植民市ポンペイやノラが建設されてもいる（第二章参照）。カモデカはこれを、スッラが「カプアの土地を統制下に置くために、自身の植民市でそれを包囲した」と表現する。[26] L・ミニエーリも主張するように、スッラは「カプアの土地」の一部に個人的土地分配の形で退役兵を送り込み、さらに隣接して植民市を建設することによって、カンパニア地方の掌握を目指していたのである。[27]

二　ハンニバル戦争後のカプア

1　前二一一年の措置

それでは、ブルトゥスによる配慮の対象となったような地方エリートは、一体どのようにして存在しえたのであろうか。彼らは前二一一年の措置により、姿を消したはずではなかったのか。次にこの点を考えていくことにしよう。

比較的早くからローマとの接触を持っていたカプアは、前三三八年のラテン戦争後に「投票権なきローマ市民」とされローマ国家へと編入された(Liv. 8. 11. 16)。つまりこの時点でカプアは、独立の都市国家としての歴史をひとまず終えたことになる。「投票権なきローマ市民」は、ローマ市民権がいまだ特権性を持たなかったこの時代、一種の懲罰的な意味合いを帯びていたと考えられている。だがカプアの場合、先のリウィウスの言を信ずるならば比較的恵まれた状況にあった(Liv. 31. 31. 10–12)。実際のところ、カプアのエリート層は通婚によりローマ人の上層と緊密な姻戚関係を取り結んでいたことが知られている(Liv. 23. 4. 7)。それだけに、カプア離反に対するローマ人の驚きと憎しみもひとしおだったのであろう。

ローマ人の憎しみの強さは、前二一一年のカプアに対する措置に如実に表れている。リウィウスによればまず、カプアの降伏後、指揮官の一人であったフラックスの命令によってカプアの元老院内の有力者が殺害されたという。その数は、近隣のテアヌムやカレスに預けられていた者を含めおよそ七〇名に及んだ。これを文字どおりに受け取るならば、カプアにとってエリートの喪失という点で、かなりの打撃であったことが予想されよう。ローマ軍の受け入れを前に、すでにカプアでは三〇名近い元老院議員が自害しているのである。

その後、ローマの元老院でカプアとその領土の処分に関して議論がなされ、「はじめに」でもふれたように、非常に厳しい処罰が科された。前二〇〇年、中部ギリシアのアイトリア同盟の総会においてローマを非難したマケドニア使節の言葉を借りるなら、「カプアは今も残っているが、それはカンパニアの民の墓として、墓碑としてだ。当の住民たちの方は、埋葬へと運ばれ、流刑にされ、駆逐されてしまった。元老院も平民も公職者もいない、手も足も失ったおぞましい姿になりながら、この都市は、新たな居住者を受け入れるべく残された。破壊するより残酷な措置だった」(Liv. 31. 29. 11)、という。

ところが、前二一〇年になると元老院は少し方針を転換し、次第に追及の手を緩めていったように見える(Liv. 26. 34. 2-9)、戦争のあいだカプアにもそしてローマ国民から離反したカンパニア諸都市にもいなかったカプア人、あるいはハンニバルがカプアへとやってくる以前にローマ人の陣営へと移ったカプア人に対して、一定の配慮がなされているのである。なるほどそれに続いて、すべての元老院議員およびカプア、アテッラ、カラティアで公職を務めた者の財産がカプアで売却されるべきことが決議されてはいるものの、彼らの身体への言及はない。つまり、額面通りに受け取るならばかなり厳しい措置も、その実施過程において相当程度緩められていたのではないかと推察されるのである。

このような事態は、前二一六年の離反時にまで遡って考えれば、理解がより容易になる。離反時の様子をよくよく見ると、カプアは一致団結してローマからの離反へと踏み切ったのではなく、それに反対する――少なくとも慎重さを求める――勢力が一定数存在したことがわかる。これは、通婚関係も含めそれ以前のローマとの関係の深さを考えればいわば自然なことだろう。たとえば、デキウス・マギウスという有力者は最後まで離反に反対し、ハンニバルの手でカルタゴへと送られようとしていた。また当時、カプアの有力者の子弟三〇〇名が騎士としてシキリアに送られていたが、彼らはいわば人質のような存在であり、彼らの身内は離反に際しその処遇に気をもんでいた(Liv. 23. 4. 8, 23. 7. 2)。これら三〇〇人のカンパニア騎士がその後どうなったかというと、前二一五年、シキリアで忠実に軍務を務めローマへと帰還したのち、民会決議によりローマ市民権(完全市民権)が付与され、隣接するクマエの市民(municipes Cumani)となるべきことが決定されているのである(Liv. 23. 31. 10)。

これと関連して、前二世紀に入ってからのカプア人をめぐる動きにも注目しておきたい。まず前一八九年、ローマでケンススを受ける権利がカプア人に認められた(Liv. 38. 28. 4, 38. 36. 5-7)。軍務および政治的権利の確定という点で非常に重要な制度であったケンススは、ローマ国家の下に編入された自治都市においては、おそらく、従来通り各都市ごとに実施され、その結果がローマ市へともたらされていたものと思われる(28)。ところがカプアの場合、すべての公職者が廃止されていたのであるから——カプア担当のプラエフェクトゥスがこの任務を行わない限り——この作業が実施されず、古いデータのままであることは、とりわけ次第に富を蓄えていく有力者にとって著しく不利となる。こうした中、前一八九年、ローマでケンススを受けることが可能となったのである。ケンススを受けるためにわざわざローマへと赴く経済的負担を差し引いても、カプアのエリート層にとってこのような措置は非常に好ましいものであったに違いない。さらに翌前一八八年には、カプア人がローマ人との間に通婚権を回復したことも伝えられている(Liv. 38. 36. 5)。

P・A・ブラントらが指摘するように、これらの措置によりカプア人の完全市民としての受け入れが完了した(29)。都市共同体が存在しないとなると、カプア人は無権利のまま放置されたのではないかと思われがちであるが、決してそうではなかった。彼らはローマ市民としての権利を着実に手にしていったのである。

2　土地没収の実態

次に、同じ問題を土地没収という観点から検討していこう。

前二一一年に没収された「カプアの土地」の原語はアゲル・カンパヌス（ager Campanus）であり、これは字義通りには「カンパニアの土地」となる。しかし、共和政期においてこれはカプア領を指し、広く「カンパニアの土地」を指すようになったのは帝政期になってからであると考えられている。[30] だが、事態はもう少し複雑であった。カプアはカンパニア地方においてある種覇権国家であり、いくつかの従属都市（衛星都市）を抱えていたからである。アテッラ、カラティア、カシリヌム、そしてサバティニ（正確な位置不明）といった都市がそれにあたる。そして、これらの従属都市もまたカプア離反後に相次いでローマから離反し、[31] カプア降伏後には同じように処罰の対象となった。つまり、前二一一年の措置は、カンパニア地方全体ではないまでも、カプア領に限定されることなくその近隣にも及んだのである。その証拠に、この地で確認されるケントゥリア地割はカプアから広範囲に及ぶという。[32] とすれば、ここでのアゲル・カンパヌスは、必ずしも「カプアの土地」のみを指すのではなく、それよりもう少し広い範囲を指すと考えた方がよいだろう。

このような「カプアの土地」は、前二一一年の処罰によってローマの公有地とされた。しかしながら、ここでまず留意しなければならないのは、「カプアの土地」が果たしてすべて公有地とされたのかどうかである。前項での検討からして、前二一六年の離反時に「親ローマ派」であり、その後もローマに忠実であり続けたカプア人がいたが、ローマ当局が彼らからもその所有地を没収したとは考え難い。さらにクマエの市民権を獲得したとされる三〇〇人の騎士にしても、同様のことがいえるだろう。ローマに忠実であり続けたカプア人による土地所有の継続は十分考えられるのではないか[33]。まずは、この点を押さえておきたい。

さて、ローマの公有地は、植民市の建設やあるいは個人的土地分配のために利用されるのでない場合、公有地のまま先取占有地(ager occupatorius)とされるのが一般的であった。しかし「カプアの土地」に関しては、もう少し複雑な処理がなされた。具体的には、前二〇五年、戦費調達のため財務官に対してその一部売却が命じられた(Liv. 28. 46. 4-5)[34]。これは買戻しの権利を国家が留保した上での公有地の売却形態と考えられている。ここで問題となるのは、それを購入したのが一体誰かである。もちろん、まずは所有地の拡大を目指すローマの有力者(元老院議員等)が考えられようが、しかしその中に、前述のローマに忠実であり続けたカプア人や、さらには一旦公有地として没収された自身の土地を買い戻したカプア人がいたのかもしれない。さらに興味深いのは、公有地である土地に関して、当該地の価値の十分の一を報酬として情報提供が求められた点である。S・ローゼラールが指摘するように、前二一一年の処分からわずか数年ですでに、公有地であるかどうかの確定が「密告」を必要とするほどに難しくなっていたことが窺える[35]。これはまた、カプア領のすべてが公有地とされたのではないことをも強く示唆している。

これに先立つ前二〇九年、公有地とされた「カプアの土地」を、監察官が賃貸契約すべきことが民会で決議されている(Liv. 27. 11. 7-8)。ローゼラールによれば、ローマの公有地の処理として、先取占有ではなく監察官による賃貸契約という方式(ager censorius)が採用された例は、イタリア内においては「カプアの土地」以外に見られないという[36]。ところが、そのような賃貸契約がうまくいかず、実質的にはそれが先取占有地と変わらなかったことがその後の経緯から明らかとなる。ローマの元老院は、前一七三年、執政官のポストゥミウスにカンパニアへと赴き、公有地と私有地との境界線を確定するよう指示した。私人が次第次第に境界線を前へと推し進め、「カプアの土地」のかなりの部分を占有していたからである(Liv. 42. 1. 6)。だがこの時も、公有地として回収された土地の賃貸契約は実現せず、翌年、護民官のルクレティウスが、監察官はかの公有地を賃貸契約するようにという提案を改めて提出している(Liv. 42. 19.

い。このような事態をもたらした原因として、A・マンゾは、元老院内における有力者の経済的利害の他に、カプアの有力者（地方エリート）の利害を指摘する。[37]前二一一年の処罰の対象となりながらも、曖昧な土地状況に付け入りしぶとく生き延びた地方エリートがいたのであろう。

この前一七三〜一七二年の措置によっても「カプアの土地」の占有問題は解決しなかった。前一六五年、法務官のレントゥルスがカンパニアへと派遣されたが、キケロによれば、それは公有地へと浸食していた私有地を公金により購入するためだったという（Cic. *Leg. agr.* 2. 82）。ここで真新しいのは、公有地であるにもかかわらず、ローマ国家がそれを公金により買い戻さなければならなかったという点である。[38]代償なしでは返却が不可能なほどに、すでに公有地の私有地化が進行していたのであろう。他方で、グラニウス・リキニアヌスの記述からは、この時のレントゥルスの措置がかなりの成果を収めたこともわかる。境界線を示す土地図（forma agrorum）が青銅板に刻まれてリベルタスの神殿（atrium Libertatis）に設置されたという（Licin. 28. 29-37C）。[39]前節でふれたように、グラックス兄弟も独裁官スッラもそれに手をつけることなく、この土地図は基本的には有効なまま残り続けたのだった（Cic. *Leg. agr.* 2. 81）。

前二一一年の措置により一旦没収された「カプアの土地」がカプア人の手に残り続けたこと自体は古くから指摘されているが、[40]以上の考察からしていまやそれは確実である。カプアの地方エリートが生き残るための経済的な条件は、十分整っていた。つとにフレデリクセンは、前二一一年の措置は一般的に考えられているほど、都市自治の伝統に暴力的な影響を与えるものではなかったと主張している。[41]そこで次に節を改めて、そのカプアの自治と地方エリートの動向について検討を進めていくことにしよう。

三　「マギステル碑文」と地方貴族

1　「マギステル碑文」とは

本節では「マギステル碑文」と呼ばれる史料を利用する。当該碑文に関しては、すでに毛利晶氏による詳細な検討が存在するので[42]、ここではそれを参考に考察を進めていく。

さて、「マギステル碑文」とは、カプアのマギステル(長)の名とその活動を刻んだ一連の碑文史料であり、フレデリクセンの研究以来、全部で二八枚が数えられている[43](以下、史料番号はフレデリクセンによる)。ちなみに、ほぼ同じ内容のものが少なくとも二組存在するが(四番と五番、六番と七番)、H・ソーリンはこれらが同じ建造物内の二つの場所に置かれていたのではないかと説明する[44]。「マギステル碑文」はそこに記された執政官名をもとに、前一一二年あるいは前一一一年(一番)から前七一年(二〇番)の間に年代付けられているが、年代を特定できない碑文もかなりある(二一~二八番)。ちなみに年代のわかる碑文の中には、「カルボが二度目の執政官の年」、つまり他ならぬブルトゥスの植民とかかわる前八四年に刻まれた碑文も含まれている(一八番)。カプアの自治そして地方エリートの動向に関してここからは何が読み取れるのであろうか。

まずは碑文の形式から見ていこう。当該碑文の形式としては、特定の神々の名前とともに「○○のための長」あるいは「○○の長」と記載された後、複数のマギステルの名前が出てくるパターンが多い。神格として現れるのは、ヨウィウス・コンパグス、スペスとフィデスとフォルトゥナ、ウェヌス・ヨウィア、ケレス、カストルとポルックス、メルクリウス・フェリクス、ディアナ・ティファティナ、ユノ・ガウラなど、実に様々である。このことをもとに判断するならば、彼らはそれらの神々に使えその祭祀を司る役員とまずは考えてよいだろう。実際のところ、神殿の財産とその支出をなんらかの形で管理していたのではないかと思われる事例もある(45)。

しかし、彼らの活動はそれにとどまらなかった。各種の土木・建築事業を行っているのが目につくのである。というより、それらの土木・建築事業を記録として残すことが一連の碑文の目的のようにも思える。具体的には、壁や胸壁、柱廊、円柱、舗道、池などを作り、祭壇、神像を建立している。これらの事業の中には特定の神殿と関係しているにすぎないと思われるものもあるが、都市全体とかかわるような事業も含まれている。というのも、前一〇八年以降になると劇場の建設・増設を伝える碑文が目立つようになるが(46)、これなどは明らかに都市全体とかかわる建築事業と思われるからである。それと並んでルディ(見世物)開催への言及が多いのも目につく(47)。つとにA・E・R・ボークが示唆しているように、劇場と関連して言及されるルディは、そこで上演された演劇と考えてよいだろう(48)。ただし、後に剣闘士競技で有名な町だけに、他の見世物の可能性も排除しえない。これらの活動は、まさに都市のエリートが伝統的に担ってきた活動であった。

次に、マギステルの身分構成はどうなっているのだろうか。出生自由人だけからなるものが一〇例(一二碑文)(49)、解放奴隷だけからなるものが八例(50)、出生自由人と解放奴隷両方からなるものが三例となる(51)。例外的なものとしては一三番碑文がある。これはそもそもマギステルではなく、ラレス崇拝のためのミニステル(補佐役員)に関する碑文であるが、そこには解放奴隷とともに奴隷の名前が記されている。また、比較的長い一七番碑文では、パグス(村落・行政単位)のマギステルなる人物も現れる(後述)。

このような身分構成を持つマギステルが一体いかなる人々だったのかは非常な難問であり、古くから論争がある。

モムゼンは『ラテン碑文集成』第一〇巻の〈カプア〉の項の解説において、彼らを聖所の管理人(curatores fanorum)と捉え[52]、フレデリクセンはこの見解を支持した[53]。神々と関連した先の表現からしてまずは導き出されうる説といえよう。しかしながら同じく上述の活動内容からは、彼らが単なる聖所の管理人を越えた存在であったことも予想されるのである。そこで、なんらかのコッレギア(組合)の長を想定する見解も有力であり、宗教結社の長、同職組合の長、そしてコンピトゥム(四つ辻祭祀)の長などの説が出されてきた[54]。聖所の管理人とは異なり、これらの説は、マギステルの背後にそれなりの集団の存在を想定している。毛利氏によると、カプアのマギステル碑文は形式こそ似かよっているものの、これらを立てたマギステルのすべてが同じ性格の役員だったわけではないという[55]。私も同意見であり、先の説のどれかを採用すれば、その定義に当てはまらない碑文が出てくるように思える。一連のマギステルの性格として、まずはこの点を確認しておきたい。

　では、以上のような性格のマギステルは、当時のカプアの政治・行政とどのようにかかわっていたのだろうか。前述の一七番の「マギステル碑文」はヘルクラネウスと呼ばれるパグスの決議碑文であり、そこには当該パグスのマギステル(長)として出生自由人のグナエウス・ラエトリウスなる人物が出てくるが[56]、このパグスおよびパグスの長との関係を考察の手がかりとしていこう。

　K・J・ベーロッホによれば[57]、前二一一年の都市共同体としての解体後、カプアではおそらく都市国家の成立以前から存在していたパグスが[58]、都市当局に代わって行政機能を担うようになった。各パグスには長がおり、パグスの住人は特定の日に集まって決議を行った。そして個々の神殿の責任者を務め見世物をも挙行していた団体(collegia)がパグスに従属していたという。この「団体」の長こそが「マギステル碑文」中のマギステルとなる。ちなみにモムゼンもまた[59]、前二一一年以前の姿に立ち返ったという理解は採らないものの、ベーロッホ同様にパグスという行政単位を想定し、その下にマギステルを位置づけている[60]。

このモムゼン＝ベーロッホ説をより体系的なものに仕立て上げたのが、J＝M・フランバールである[61]。フランバールは、当時のカプアには、まずは「カプアの土地」全体を統治するプラエフェクトゥス(praefectus Capuam Cumas)が、その下にいくつかのパグスとそれを統治する長(magistri pagorum)が、さらにその下にはコッレギアの長(magistri collegiorum)が位置したとする。最後のコッレギアの長が「マギステル碑文」中のマギステルであるが、フランバールの理解によれば、彼らは地縁的でもあれば、同職組合的でもありかつ宗教的でもある「結社」の長であったという。しかも、都市当局が欠如している状況下で――あくまでも私的結社としてではあるが――これらのマギステルもまたカプアの政治・行政機能を担っていたとする[62]。

このフランバールの理解からすれば、われわれは「マギステル碑文」から、まさにカプアの都市自治を担っていた地方エリートの姿を読み取ることができるということになる。これは、都市当局の欠如という特殊事情ゆえに、宗教的結社・団体がある程度この空白を埋め、本来ならば都市の政治を担うはずの富裕な社会層がこのマギステルに就任していたとする理解といってよい[63]。だが、このようなことは果たして可能であろうか。というのも、「マギステル碑文」中には先述のごとく少なからぬ解放奴隷が現れるが、「組合」ならばともかく、一都市の指導者としての役割が彼らに認められていたとは考え難いからである。フランバールは、当時のカプアを厳格な身分ヒエラルキーが存在せず、解放奴隷にも社会参加が認められていた稀有な都市と捉える。しかし、いかに都市共同体として資格を失っていたとはいえ、前節で検討したようにかつての地方エリートの残存が想定される状況下で、果たしてそのようなことがありえたのか。この点を見極めるためには、やはり最新のプロソポグラフィ研究の成果に依拠し、個々のマギステルの素性を検討していく必要がありそうである。

2　プロソポグラフィからの知見

カプアとかかわった人物に関して、非常に詳細なデータを提供しているのは、前述のディサントの研究である。[64] それをもとにするならば、まず、ハンニバル戦争時まではカプアの有力家系として知られながらも、「マギステル碑文」には姿を現さない一族がいることがわかる。カラウィウス(Calavii)とウィッリウス(Virrii)がそれである。彼らの史料上からの消滅は、前二一一年の処罰の結果と考えて間違いないだろう。たとえばウィビウス・ウィッリウスなる人物は、前二一六年、カプアの元老院(都市参事会)に対してローマからの離反をしきりに勧めたいわば離反の張本人であった(Liv. 23. 6. 1-4)。それゆえ、前二一一年のカプア降伏の日には、二七人の同士とともに毒をあおり壮絶な最期を遂げている(Liv. 26. 14. 3-5)。また、前二一七年にカプアの最高長官であるメディクス(meddix tuticus)を務めたパクウィウス・カラウィウスも、当初は離反に反対するかのような動きを見せてはいたものの、結局は離反を支持する有力者の一人となり、ハンニバルのカプア到着後には息子を連れて彼のもとを訪れている(Liv. 23. 8. 1-3)。カラウィウスはローマの有力政治家であるクラウディウスの娘を妻とし、また自身の娘をリウィウスに嫁がせていただけに(Liv. 23. 2. 5-6)[65]、このような躊躇が見られたのかもしれない。このカラウィウスとウィッリウスの両一族は、「マギステル碑文」に姿を見せないのである。さらに、カプアでハンニバルの逗留先となったのはニンニウス・ケレレス兄弟の屋敷であったが(Liv. 23. 8. 1)、このニンニウス一族(Ninnii)も「マギステル碑文」には姿を現していない。

一方、「マギステル碑文」中に現れる家系としては、初出の家系が大多数を占めるとされている。そしてその中には、明らかにローマ‐ラテン系の氏族の名前が見られる。[66] ディサントも指摘するように、カプアは政治的機能が奪われていたとはいえ経済的には非常に繁栄した都市だっただけに、これらの氏族の関心を引き付けたのであろう。[67] 実際に移住していたのかどうかはともかく、「マギステル碑文」に名を刻んだローマ人がいたのである。しかしながら、カプア－オスク系の一族も確実に姿を見せている。注目すべきはその中に、ローマ支配以前から帝政期まで間断なく続いたとされる、アンニウス(Annii)、ビウェッリウス(Bivellii)、ブロッシウス(Blossii)、ヘルウィウス(Helvii)そしてマギウス(Magii)といった名門の地方貴族も含まれる点である。これらのうちアンニウスとマギウスがとりわけ名門であり、アンニウス一族は前三世紀前半に最高長官を出していた。またマギウス一族の人物としては、前二一六年のカプア離反時に最後までそれに反対したデキウス・マギウスがよく知られている(前述)。ビウェッリウスとヘルウィウスは、それぞれ前一一三年と前一一二年に都市公職者(アエディリス)を出すことになる。

さて、問題となるのは、このような有力五家系を含むカプアあるいはオスク系の地方貴族と実際に「マギステル碑文」に名前が現れる人々との関係である。というのも、「マギステル碑文」においてこれらの一族の名前を持つ人物の中には、解放奴隷も相当数含まれているからである。フランバールはこの現象を解放奴隷の社会参加・政治参加として解釈したのであった。この解釈への疑念はすでに述べたが、ここではソーリンの所説に従い、以下のように考えておきたい。

「マギステル碑文」中の解放奴隷をどう理解するかについては、実はすでに有力な仮説が存在する。その前提となるのは、ブロッシウス一族についての知見である。前二一六年の離反時に、マリウス・ブロッシウスなる人物がカプアの最高長官として指導的な役割を果たしていた。前二一一年の降伏時には当然厳しい処罰が科されたことが予想されよう。実際のところ、キケロは『農地法』の中で、悪意をもってこの一族に言及している(前述)。他方、この一族の者としては、農地法の作成にあたってティベリウス・グラックスの助言者を務めたガイウス・ブロッシウスが有名であるが、彼の出身地はカプアではなく近隣都市のクマエであった。そこでフレデリクセンは、D・R・ダッドリィの指摘をもとに(68)、ガイウス・ブロッシウスの父親が前二一五年にクマエでの市民権獲得を認められた三〇〇名のカンパニア騎士の一人だったのではないかとした。(69) またブロッシウス一族はプテオリにも姿を見せるが、こちらは、前二一一年の処罰の結果としてプテオリに移住したのではないかと想定する。すなわちフレデリクセンの研究を契機に、前二一一年の措置を受けて近隣都市へと「逃れた」地方エリートの存在が注目されるにいたったのである。ちなみに、クマエとプテオリは、ハンニバル戦争中ローマに忠誠であり続けた都市である。(70)

以上のような事実をもとにして、都市共同体としての権利を剝奪されたカプアの地方エリートが、クマエやプテオリといった近隣都市に逃れ(移住し)、しかしそれにもかかわらずカプアには解放奴隷を残して経済的関心を示し続けたのではないかとされてきた。これが、「マギステル碑文」中に解放奴隷が見られる理由とされてきたのである。たしかに、「マギステル碑文」中のブロッシウスなどは、すべて解放奴隷である。また、近隣の諸都市に移り住んだカプアの地方エリートがいたことは史料上確実であり、プテオリの場合は、それがかなりの数に上ったと考えられている。(71)

それに対してソーリンは、地方エリートの移住を否定するわけではないものの、「マギステル碑文」中に現れる解放奴隷の旧主人をわざわざ近隣の諸都市に求める必要性はないと主張する。他ならぬカプアにそれを求めるのである。前節で検討したように、前二一一年以降もカプアの地方エリートがカプアに住み続けていた蓋然性は高い。地方エリート全員が処分の対象になったのではないこと、ローマでのケンススの実施と通婚権の回復、そして彼らによる土地保有等々、そのような条件は十分整っていた。またソーリンは、都市カプアの場合、そこで純粋に経済活動のみが展開されていたとは考え難く、おそらくなんらかの行政業務を日常的にこなす必要性があったが、ローマから派遣されたプラエフェクトゥスだけでこのような業務をこなすことは不可能であったとする。そして「マギステル碑文」中のマギステルではなく、このカプアに住み続けた地方エリートこそが当該時代の都市行政を担っていたのではないかと捉えるのである。彼らが史料上に現れないのは史料の残り方のせいであり、同種の「マギステル碑文」が存在するミントゥルナエの例でも、都市公職者は碑文に現れないという[72]。

カプアに居住し続けたが決して歴史の表舞台には姿を見せない地方貴族、その存在を想定する説明は実に魅力的である。第一節で見てきたように、前八四／八三年のブルトゥスによる植民市建設を強く支持したのも、また最終的には次節で論ずるように前五九年のカエサルによる植民市建設によりその目的を果たすことになったのも、このような地方貴族だったのではなかろうか。彼らは「マギステル碑文」に見えるマギステルとしてではなく、おそらく後述のコンウェントゥスに集う一団として都市行政をこなしていたのではないかと思われる。

四　カプアの再興

1　カエサルによる植民市建設

前六三年、護民官のルッルスにより農地法が提出され、「カプアの土地」の分配が問題とされた[73]。しかし、執政官キケロの激しい反対によってこれは廃案となり、「カプアの土地」の処理は前五九年へと持ち越されることになった。

前五九年、執政官となったカエサルは、ポンペイウスおよびクラッススとの打合せ通り、公有地再分配に取りかかった。いわゆる第一回三頭政治である。一般的にはこの年、二つの農地法が提出されたと考えられている[74]。第一の法は、おそらく一月に提出されたが(Cic. *Att.* 23. 3SB)[75]、その内容は、「カプアの土地」を除くイタリア内の公有地[76]、および売却希望の私人から買い上げた土地をポンペイウスの退役兵に分配するというものであった。買い上げのための資金となったのはポンペイウスが東方で獲得した戦利品および東方からの収益であり、二〇人委員(viginitiviri)が土地分配の実施にあたった。当該法に対しては、小カトが元老院で終日演説するというお決まりの妨害活動を行い、また同僚執政官のビブルスが様々な手段を用いて抵抗を試みたが、結局、法案は民会を通過した。前一〇〇年のサトルニヌス法同様、法を遵守する誓いが元老院議員に求められたようである。

ついで、同年四月に第二の農地法が提案され、遅くとも五月には成立した(Cic. *Att.* 36. 1-2SB, 37. 1 SB, *Fam.* 20. 8SB, *Q. fr.* 10. 1SB. 11. 2SB)。第二の法では、分配地として「カプアの土地」が直接的な対象となっていた。「カプアの土地」は非常に豊かな土地であり長らく公有地としてローマの重要な収入源とされてきた。それだけに、前六三年にはルッルスの提案に対してキケロが執拗に反対し、また第一の農地法でも慎重にその対象から外されていたのである。だがこの度は、ポンペイウスとクラッススの支援を背景に執政官のカエサルが法案の民会通過を強行した。ちなみに、スエトニウスの記述によると、この第二の農地法では、「カプアの土地」に加えて、往古神聖視されていた「ステッラスの土地」(ager Stellatis)が分配の対象とされていたという(Suet. *Iul.* 20. 3)。前六三年のルッルスの農地法を伝えるキケロの記述にも、「ステッラスの野」(campus Stellatus)といった表現が見られるが(Cic. *Leg. agr.* 1. 20, 2. 85. cf. Liv. 9. 44. 5)、その正確な場所はわかっていない。ウォルトゥルヌス川の右岸にあったとされるのが一般的であるが[77]、シュケとファヴォリはそれをウォルトゥルヌス川の左岸、つまりカプアの西隣に位置づけている[78]。いずれにせよ、カプアに近い公有地だったのであろう。

土地分与の対象者は、三人以上の子供を持つ二万人のローマ市民であった(Vell. Pat. 2. 44. 4; Suet. *Iul.* 20. 5; App. *BC* 2. 10)。M・ゲルツァーは、「その中にはもちろん多くの退役兵およびこれまでカンパニアに住んでいた土地貸借人」が含まれたであろうとする[79]。ところがキケロは、一人あたり一〇ユゲラとすると、「カプアの土地」はせいぜい五〇〇〇人分にしかならないと、諸史料とは矛盾するコメントを残している(Cic. *Att.* 36. 1SB)。農地法の魅力を貶めようとする発言であろうが、別の可能性については後述する。法の執行にあたったのは、おそらく第一の法同様二〇人委員であり、そのメンバーとしてはポンペイウスの他に、『農業論』の著者として有名なウァッロ、そしてアウグストゥスの母方の祖父であるアティウス(アッティウス)らの名が知られている。[80] また第二の農地法では、元老院議員のみならず、政務官への立候補者にも法遵守の誓いが求められたようである(Cic. *Att.* 38. 2SB)。[81]

おそらくこの第二の農地法によって、カプアでの植民市建設も決定された(Dio 38. 7. 3)。先にも引用したカプアゆかりの歴史家ウェッレイウス・パテルクルスが記しているように、「第二次ポエニ戦争時にプラエフェクトゥスの管轄領域に格下げされてから約一五二年後にカプアは都市の権利を取り戻したのである」(Vell. Pat. 2. 44. 4)。またこの時、カプア領の北に隣接するカシリヌムにも植民市が建設されたのではないかと考えられている。[82] というのも、アントニウスによる植民の際(後述)、キケロは次のように述べているからである。すなわち、予兆によって入植が行われた植民市に入植者を追加するのはよいがそこに新たに植民市を建設するのは違法であると。この発言は、アントニウスの計画以前にカシリヌムに植民市が存在したことを強く示唆している。さらに、カプアの東隣に位置するカラティアへの植民を想定する論者もいる。[83] カシリヌムやカラティアは「ステッラスの土地」同様、ベーロッホによって「カプアの土地」に含まれるとされてきた地域であるだけに、[84] 諸史料の伝える二万人とキケロの伝える五〇〇〇人の相違は、広義の「カプアの土地」を指すのか、あるいは狭義のそれなのかに由来するのかもしれない。[85]

ちなみに、ルッルスの提案に関してではあるが、興味深い情報がある。それによれば、植民市建設実施に責任を負う一〇人委員によって、一〇〇人の参事会員と一〇人のト鳥官と六人の神祇官が設けられる予定であったという(Cic. *Leg. agr.* 2. 96)。カエサルの農地法はこのルッルスの法案をかなりの部分引き継いだのではないかとされているだけに、植民市カプアも一〇〇人規模の都市参事会員を有していたのかもしれない。また、いわゆるマミリウス－ロスキウス－ペドゥカエウス－アエミリウス－ファビウス法の名で伝えられている断片(三つの章)が、カエサルの農地法の一部ではないかとする説がある。(86) もしそうであれば、これはカエサルの農地法の条文そのものを伝える貴重な史料といえよう。しかしながら当該法は、そもそもカプアを取り扱った第二の法ではなく第一の農地法に関連するものとされている。また、そこに記されている内容は境界線の侵犯に関する規定がほとんどであり、残念ながらカプアへの植民を問題としている本節にとって資するところは少ない。

さて、上述のように二万人――キケロの算定でも五〇〇〇人――もの植民者が移住してきたとするならば、すでに第三章でポンペイに即して見たように、かなりの混乱が生じたこと、あるいは少なくとも旧住民との間になんらかの摩擦・軋轢が生じたことが予想されよう。だが管見の限り、史料中にそのような痕跡は見当たらない。分配対象が公有地であったからとも考えられるが、しかしたとえ公有地であっても、それがローマ国家の重要な財源になっていたからには、それを農地として利用し税を支払っていた土地貸借人が存在したはずであり、彼らとのトラブルは避けられまい。しかもこれまでの考察からして、その土地貸借人の中にはかなりのカプア人が含まれていたのではないかと考えられるのである。

この点を考究するにあたって有効な手がかりとなるのが、キケロ『セスティウス弁護演説』第九～一一章である。『セスティウス弁護演説』の当該箇所は、これまであまり注目されてこなかった史料であるが、実は植民市建設前後のカプアに関する非常に貴重な情報を含んでいる。

時間は少し遡る。前六三年、この年の財務官であったセスティウスは軍隊とともにカプアへと派遣された。これは、カティリナ陰謀事件とのかかわりで、軍事的に好条件のこの町が陰謀派の手に握られるのを阻止するためであった。カプアへと到着したセスティウスは、アントニウス(前六三年の執政官)の軍団副官であったメウラヌスという人物を即刻カプアから追放し、またカプアにあった最大の剣闘士集団に武闘訓練を施そうとやってきていたマルケッルスという人物を同じくカプアから追放したという。その結果、「カプアのかのコンウェントゥス」(conventus ille Capuae)は、町が安全に保たれたことを理由にキケロを唯一のパトロンに選出し、キケロの家でセスティウスに最大の感謝を捧げたと、キケロは記している。またこのことが縁で、当該弁護演説が行われている前五六年に、「武勇、品格ともに並ぶ者のない彼ら〔カプアの人々〕が、肩書きを変え、植民者としてそして都市参事会員として」(Cic. *Sest.* 9)、セスティウスから受けた恩義に関して証言をし、彼を救うべく請願を行ったという。法廷では実際に、カプアの参事会の決議が読み上げられたようである。

ここからは、非常に重要な二つの知見が得られる。第一に、植民市建設以前のカプアにコンウェントゥスなるものが存在し、それがキケロを都市のパトロンに選出している点である。このコンウェントゥスの実態は必ずしも明瞭ではないものの、キケロをパトロンに選出するほどの主体的な行動をとりうる集団であることからして、それがなんらかの形で都市当局（公職者や都市参事会）の代役を務めるような団体ではなかったかと思える[87]。とすれば、前節で検討したマギステルではなく、このコンウェントゥスこそが当該期のカプアの都市行政を支えていたと考えた方がよいのではなかろうか。またここまでの考察からして、このコンウェントゥスを構成するメンバーがカプアの地方エリートから成り立っていた可能性も極めて高いといえよう。

第二に、そのコンウェントゥスのメンバーがそのまま「植民者」となり、さらには「都市参事会員」となったらしいことが述べられている点である。つまりここからは、前二一一年のカプア処分後もカプアに住み続けていたカプア人が、前五九年の植民市建設時にその構成員となったこと、のみならず、そのうちのコンウェントゥスを構成していたようなエリート層は、植民市建設後も植民市の都市参事会員としてカプアの政治をリードし続けたことが読み取れるのである。事実、前五九年の植民を挟んで、カプアの態度には一貫性が見られる。キケロはカティリナ陰謀事件の対処（一二八頁参照）がもとで護民官クロディウスの法により前五八年に亡命の身となったが、前五七年、ポンペイウスの発議でキケロ召喚の決議をいち早く行ったのが、他ならぬカプアであった(Cic. *Red. sen.* 29, *Mil.* 39)。『ピソ弾劾演説』では、そんなカプア人に対して、「この上なく輝かしい人々、この上なく勇気ある男たち、この上なく徳があって私に対してこの上もなく親切な市民たち……」といった讃辞が与えられている(Cic. *Pis.* 25)。

植民の実態をこのように捉えることができるならば、カエサルによる植民後のカプアに混乱の痕跡が窺えないのは納得されよう。具体的な割合は不明ながらも、そこにかなりの程度のカプア人が含まれたのは確実と思われるからである。そうでなければ、ウェッレイウス・パテルクルスのあの手離しの歓喜はありえない。先のゲルツァーからの引用にある、「これまでカンパニアに住んでいた土地貸借人」は、このような人々を指すのであろう。とはいえ、実際に退役兵の植民が行われたのも確かである以上、旧住民であるカプア人と退役兵とがどのようにして共存していたのかといった問題は依然として残されている。そこで次にそれを探るべく、カプアをめぐる動きをもう少し追っていくことにしよう。

2 アントニウスの植民計画(前四四年)

カエサルによる植民市建設から一五年ほど経った前四四年のこと、キケロによれば、アントニウスはカエサル暗殺直後の三月から四月にかけて退役兵の植民市を尋ね歩き、カプアに植民しようとしていた。しかし、激しい抵抗にあったという(Cic. *Phil.* 2. 100)。「カプアは、その不敬な市民たち〔アントニウス派の植民者〕を断罪して、追い出して、閉め出してしまった」のであった(Cic. *Phil.* 12. 7)。アントニウス派の不敬な市民として具体的に挙げられているのは、道化役者や賭博師や女郎屋(Cic. *Phil.* 8. 26)、それに加え百人隊長とされるサクサとカフォであり(Cic. *Phil.* 8. 26, 10. 22)、カフォは退役兵とも呼ばれている(Cic. *Phil.* 11. 12)。キケロによる誹謗中傷の常として、いかがわしい連中の存在が特記されているが、サクサやカフォで仄めかされているように、その主たる対象はアントニウスの息のかかった退役兵と考えて間違いないだろう。キケロによれば、アントニウスはさらにカシリヌムにも植民を実行したという(Cic. *Phil.* 2. 102)。カシリヌムへの植民は、カプアへの植民がうまくいかなかったことへの代替措置だったのかもしれない。結局のところ、アントニウスによるこれらの植民計画は、前四三年一月のムティナでの彼の敗北後、元老院により廃止されることになった(Cic. *Phil.* 13. 31)。

さて、以上のようなアントニウスの行動の「不可解さ」を指摘したのが、V・カレッラである。カレッラは、前五九年にカエサルが植民していた場所に、他ならぬカエサル派の政治家であるアントニウスが再植民を試みた理由を問題とする。植民者の増強という動機は考えられるものの、その場合でも以前からのカエサルの植民者に深刻な影響を与えるのは必定であろう。そこでカレッラが注目するのが、前五九年の植民は執政官のカエサルが実施したとはいえ、ポンペイウスとその退役兵が深くかかわっていたという事実である(88)。なるほどこのことからするとアントニウスがカプアに対して脅威を感じていたことは十分ありうるし、また植民者からの反発も十分考えられよう。ちなみに、前四九年の内乱時には、ポンペイウス派はカプアで徴兵を行っている(Caes. *BC* 1. 14. 4)。

だが、私がむしろここで注目したいのは、土着カプア人の動向の方である。彼ら土着カプア人にしてみれば、前五九年、退役兵植民を受け入れたとはいえ、それは念願の都市共同体としての復活を意味していた。ところがこの度、新たにアントニウスによる退役兵植民の危機に直面したのである。これは、本書でこれまで見てきたようなスッラによる退役兵植民の危機に直面した諸都市の場合と極めて似かよった状況となっている。この状況下で、土着カプア人とポンペイウス派の植民者との利害の一致、彼らの共闘は十分ありえよう。また、パトロンとしてのキケロの影響力についても、キケロは当時アントニウスと激しく対立していただけに、なんらかの支援は予想されうる(89)。カプアは一体となって、この危機を乗り切ったのである。前五九年の入植地としては、前述のように「ステッラスの土地」がわざわざ挙げられているだけに、この「ステッラスの土地」やあるいはカシリヌムやカラティアにローマからの移民が入植し、土着カプア人とはうまく住み分けが行われていたのかもしれない。

以上のようなカプア像をプロソポグラフィ研究から補強しておこう。ディサントの研究によると、前五九年の植民市建設からユリウス＝クラウディウス朝期にかけて都市公職に就任したと思われる者が一八名（一六家系）知られている。[90]そのうち二名は、ローマの有力政治家ポンペイウス（前五九年の二人委員）とピソ（前五八年の二人委員）である。残りの一六名が属する家系のうち、それ以前に知られていないのは五家系であり、[91]それらは前五九年の植民市建設時に入植してきた可能性が高いという。また特殊な例としては、カエサルおよびアウグストゥスの退役兵だったアンティスティウス（Antistii）の場合がある。退役兵の同名の息子が、前一三年に二人委員となっているのである。これは一見したところ、入植した退役兵の家系が都市公職者にまで上り詰めた事例となりそうだが、事情は少々複雑であった。というのも、アンティスティウスは他ならぬカプア出身者とされているからである。[92]つまりこれは、退役兵として出身市に戻りそこで土地を手にしたケースとなるのであり、同様のパターンは他にも見られた（第二章参照）。他方で、第三節の「マギステル碑文」のところで検討した古くからのカプアの家系であるビウェッリウスやヘルウィウス、さらにはメッティウスといった名門の一族が都市公職に名を連ねている。また他にも、「マギステル碑文」にすでに姿を現している家系が公職に就いている。[93]

以上のプロソポグラフィの知見からも、前五九年以降の植民市カプアでは、カプア土着の家系あるいは遅くとも「マギステル碑文」時代にカプアに住み着いていた家系と、入植者内の有力者とが共に都市の要職に就任し、都市行政を担っていた姿が読み取れるのである。両者の間に摩擦・軋轢が存在したのかどうかは不明だが、少なくとも表面的には、互いに排除し合うことなく共存していたように思える。

おわりに

われわれはこれまでの各章において、スッラの退役兵植民に際して不幸にもその対象となった都市が、かの難題をいかに切り抜けたのか、またその過程でどのようにしてローマへと統合されていったのかを見てきた。それに対して、本章の対象となっているカプアはかなり様相を異にしていた。たしかに前八〇年代の内乱においては、カンパニアにおけるキンナ派の拠点となっていたが、植民市の建設はキンナ派の措置であり、おそらくそれはカプア側が望んだことでもあった。スッラはというと、それを廃止している。つまり、カプアの地方貴族は、スッラが建設した植民市への対応策としてではなく、むしろ植民市の建設という形でローマ当局と「交渉」していたのである。

このような相違が生じた理由は、ハンニバル戦争時、離反に対する処分としてカプアには都市共同体としての存続が禁止されたことによる。しかしながら、カプアに対する処罰は史料が伝えるほどに完璧なものではなく、カプアの地方貴族、少なくともその一部は確実に生き延びていた。前二世紀に入ってからのケンススや通婚権の復活、あるいは没収された公有地をめぐる経過からして、そのようなことが窺える。また、前二世紀の末から前一世紀の前半にかけてのカプアの状況を伝える「マギステル碑文」からは、都市当局不在の中で、劇場の建設や見世物の開催に責任を負う一群の人々がいたことが知られる。彼らが富裕者であったのは確かだが、本章では、彼らがカプアの行政機能を担ったとする見解を採らなかった。彼らのうちには、多くの解放奴隷が含まれていたからである。本章が注目したのは、むしろこのような解放奴隷の旧主人の方であり、これらの旧主人は、近隣の諸都市に移り住み解放奴隷を通してカプアの経済的利害に関与していたのではないかと考えられてきたが、ソーリンの所説に従い、彼らが依然としてカプアに居住していた可能性を強調した。このような地方貴族が中心となり、前八四／八三年に植民市として都市共同体の復活を目指したのであろう。だが、それはスッラの勝利により阻止されたのである。

その後のカプアがどのような状態にあったのかは、いまひとつはっきりしない。しかし、それほど厳しい処罰を受けたようには見えない。個人的土地分配という形で退役兵が送り込まれた可能性は高いものの、退役兵のための植民市建設は確認されないのである。重要な公有地であっただけに、急激な変化が避けられたのかもしれない。そしてこの間の状況を窺わせる重要な事件が、前六三年に起こっている。まず、護民官のルッルスの提案により、カプアの公有地が土地分配の対象とされた。公有地の分配は、それを占有していたカプアの地方エリートにとって大きな打撃となったことだろう。さらにこの年、カティリナ陰謀事件とのかかわりで不穏な動きも見られた。この危険な陰謀事件に巻き込まれることもカプアにとっては決して望ましいことではなかったであろう。これらの事態にあって、カプアのために積極的に介入したローマの政治家がキケロであった。特にカティリナ陰謀事件への迅速な対処の結果として、キケロはカプアの都市パトロンに選出されている。

さて、カプアにとっての大きな転機は前五九年に訪れた。この年、執政官のカエサルにより退役兵植民が実施され、カプアに植民市が建設されたのである。もちろん、ポンペイウスの退役兵を中心にローマから植民者が入り込んできたと思われるが、土着カプア人にも植民は認められた。彼らにとってこれは待ちに待った都市共同体の復活であった。のみならず、植民市カプアの都市参事会のメンバーには土着カプア人が含まれており、都市公職者としても姿を現している。この植民に際して、土着カプア人と入植者との間に摩擦・軋轢は確認できないので、カプアとその近隣の土地という形で住み分けが行われていたのかもしれない。カエサル暗殺後の前四四年、今度はアントニウスにより退役兵の植民が実施されようとした。パトロンであったキケロの働きはともかく、カプアの地方貴族はローマ当局との「交渉」を通して、なんとかこの危機を乗り切った。ここで見られたのは、スッラの退役兵植民の場合に見られたのとまさに同じパターンといえよう。

ちなみに、その後もカプアの試練は続いた。前四三年のボノニアの会談時には、来る戦いの勝利後に退役兵に配分される予定の一八都市のひとつに選ばれたのである。これは三頭政治家による非常に悪名高い措置であり、内乱時の向背とは無関係に単に退役兵にとって望ましいという理由だけで、繁栄した一八都市が選ばれたのであった。もはやそこには、形式的な大義名分さえなかった。しかし、これをも切り抜けたカプアは、帝政期にかけてさらに繁栄を続けることになるだろう。(94)

註

(1) もちろん、これには土井正興氏の貢献が大きい。たとえば、土井(一九八八)。
(2) Frederiksen (1959/1984).
(3) Franciosi (2002b).
(4) D'Isanto (1993).
(5) Harvey (1982), 149.
(6) ゲルツァー(一九五九/二〇一三)、五―六頁。
(7) Broughton (1952), 63.
(8) Harvey (1982), 154.
(9) Gabba (1951/1976), 56-59.
(10) Harvey (1981), 300-311.
(11) Shackleton Bailey (1976), 28.
(12) ただし、共和政期のカプアで確認されるその名前も、「マギステル碑文」中の欠損が甚だしい箇所で見られるものにすぎない。

(13) Camodeca (1991), 25.

(14) Camodeca (1991), 25; Minieri (2002), 253.

(15) Harvey (1982), 167-168.

(16) *CIL* X, p. 368. 古い研究の中で、同じく否定はBeloch (1890), 321-322、肯定はPais (1923), 219-220。

(17) Pais (1923), 220.

(18) D'Isanto (1993), 20; Franciosi (2002a), 243-248; Minieri (2002), 254.

(19) Chouquer/Favory (1987), 219-220, 224-225.

(20) となると、「植民市カプア」はカエサルによる植民市建設を前提とした上での表記か。

(21) D'Isanto (1993), 20; Franciosi (2002a), 244.

(22) Beloch (1879/1890), 361-367.

(23) Harvey (1982), 169-170; D'Isanto (1993), 20.

(24) ウルバナの併合時期について、Camodeca (1991), 26はアウグストゥスの植民以前を、Carella (2002), 303は紀元後六九年の内乱時を想定している。

(25) たとえば、Gabba (1951/1976), 68-69は個人的土地分配に含める。

(26) Camodeca (1991), 26. これは、前一九四年に「カプアの土地」から一部が割かれ、プテオリ、ウォルトゥルヌムそしてリテルヌムといった三植民市がそれを取り囲むような形で建設されたのと似たような状況だったのかもしれない(Liv. 34. 45. 1-2)。

(27) Minieri (2002), 254-256.

(28) 詳しくは、砂田(二〇一五)参照。

(29) Brunt (1971/1987), 62-64; Frederiksen (1984), 249-250; D'Isanto (1993), 18.

(30) Sacchi (2002), 19-26. 同様のことが「カンパニア人」(Campaniani)についてもいえる。帝政期の著作家であるリウィウスが「カンパニア人」という語を用いている場合、それが「カプア人」のみを指すのか、あるいは広く「カンパニア人」を指すのか、判別が難しい場合が間々ある。

(31) Fronda (2010), 122-130.
(32) Chouquer/Favory (1987), 199-206.
(33) Roselaar (2010), 118.
(34) 「ギリシア人の水路(Fossa Graeca)から海岸に達する地域」とされており、カプア領を越えて広義の「カプアの土地」である可能性もある。
(35) Roselaar (2010), 116-117.
(36) Roselaar (2010), 116, 132.
(37) Manzo (2002), 147.
(38) Manzo (2002), 156; Roselaar (2010), 117.
(39) Scardigli (1983), 42 の解釈による。
(40) Heurgon (1939), 6.
(41) Frederiksen (1959/1984), 309.
(42) 毛利(一九九五)。
(43) Frederiksen (1959/1984). なお、同論文は、Frederiksen (1984)にも収められているが(285-318)、「マギステル碑文」はFrederiksen (1984)所収の別の未発表論文の末尾に置かれている(281-284)。
(44) Solin (1990), 154. ソーリンは、二四番も duplicate copy とする。
(45) no. 17, 20.
(46) no. 6, 12(?), 14, 15, 16.
(47) no. 4, 5, 6, 7, 8, 9, 10, 15, 16, 22.
(48) Boak (1916).
(49) no. 3, 4, 5, 6, 7, 11, 14, 19, 24, 25, 26, 28.
(50) no. 1, 2, 8, 15, 16, 17, 18, 23.
(51) no. 9, 10, 20.
(52) *CIL* X, p. 367.

(53) Frederiksen (1984), 265. Boak (1916)もモムゼン支持。
(54) Frederiksen (1984), 265.
(55) 毛利(一九九五)、六二頁。
(56) 二〇番の碑文にも、パグス名は不明ながら「パグスの決議」が出てくる。
(57) Beloch (1879/1890), 320–321.
(58) パグスの古い起源を強調する最近の研究としては、Sacchi (2012)がある。他方、Pobjoy (1997)は、パグス・ヘルクラネウスの決議のうちに、土着の要素よりむしろローマの制度からの影響力の強さ(他の都市法との類似性)を読み取る。
(59) *CIL* X, p. 366–367.
(60) モムゼンやベーロッホが複数のパグスを想定するのに対して、フレデリクセンは、「単一のパグス」説を主張する。それによると、一七番碑文のパグス・ヘルクラネウスが都市カプアにあったと思われる劇場に関する決議を行っていることからして、このパグス・ヘルクラネウスこそがカプアの中心機関と呼べるような存在であり、様々なマギステルはすべてそれに従属していたのではないかという。つまり、パグス・ヘルクラネウスが都市当局不在期のカプアにおいて、その行政機能を担っていたとする理解といってよいだろう。Frederiksen (1984), 266–267. Solin (1990), 155も、パグス・ヘルクラネウスの中心性を強調する。
(61) Flambard (1983).
(62) このような理解を、D'Isanto (1993)は支持。
(63) 毛利(一九九五)、六一―六二頁。
(64) D'Isanto (1993).
(65) クラウディウスは前二一二年の執政官、リウィウスは前二一九年の執政官と考えられている。Fronda (2010), 104, n. 20.
(66) アティリウス(Atilii)、コルネリウス(Cornelii)、ファビウス(Fabii)、フルウィウス(Fulvii)、ユニウス(Iunii)など。
(67) D'Isanto (1993), 20.
(68) Dudley (1941), 94–96.
(69) Frederiksen (1959/1984), 304–305.
(70) Fronda (2010), 130–146.

(71) Camodeca (1987), 17. アンニウス、ホルデオニウス(Hordeonii)、オクタウィウス、スエッティウス(Suettii)、セクスティウス(Sextii)、ブロッシウスなどが挙げられている。ちなみに、ホルデオニウスはアウグストゥス時代におけるプテオリの有力氏族のひとつであり、紀元後四七年には補充執政官を出している。Camodeca (1987), 29. ホルデオニウスについては、D'Arms (1974)も参照。

(72) Solin (1990), 159-160.

(73) ルッルスの農地法については、第五章第二節参照。

(74) ウェッレイウス・パテルクルスとスエトニウスは単一の農地法を伝えているようにも見えるが(Vell. Pat. 2. 44. 4; Suet. *Iul.* 20. 3)、先行研究を慎重に検討したオリヴィエーロが主張するように、これらの史料は、経済的機能からしてより重要な第二の法にのみ言及したのであろう。Oliviero (2002), 275-278.

(75) 以下の記述は、ゲルツァー(一九五九／二〇一三)、六二—六五頁による。

(76) 第五章で論じたように、ウォラテッラエの土地と関連させてキケロがカエサルの措置に言及しているのは、おそらくこの第一の農地法であろう。

(77) Beloch (1879/1890), 369; Sacchi (2002), 32-41. 地図としては、Talbert (2000)参照。

(78) Chouquer/Favory (1987), 200, Fig. 63.

(79) ゲルツァー(一九五九／二〇一三)、七〇頁(訳文一部変更)。

(80) Broughton (1952), 191-192.

(81) 前五七年の末になっても、このカンパニアの土地の処分を再び問題化しようとする動きが元老院内で燻っていたことがキケロの書簡から知られる(Cic. *Q. fr.* 5. 1SB)。

(82) *CIL* X, p. 368; Beloch (1879/1890), 368; Camodeca (1991), 32.

(83) *CIL* X, p. 368; Beloch (1879/1890), 371; Camodeca (1991), 32.

(84) Beloch (1879/1890), 360-374.

(85) もっとも、カプア以外の地域には植民は行われたが独自の植民市は建設されなかったケースも考えられる。D'Isanto (1993), 21.

(86) Crawford (1989); Crawford (1996b), no. 54.

(87) ただし、前五九年後もコンウェントゥスは残存していた。

(88) Carella (2002), 292-294.

(89) Carella (2002), 294-295.

(90) D'Isanto (1993), 23-24, 299.

(91) アケッラティウス(Acerratii)、ポンティディウス(Pontidii)、ポピッリウス(Popil(l)ii)、タンピウス(Tampii)、トレバティウス(Trebatii)。

(92) D'Isanto (1993), 23, 65.

(93) クルティウス(Curtii)、ユニウス(Iunii)、ポンポニウス(Pomponii)、ティティウス(Titii)など。また都市公職のリストにはないが、プロソポグラフィの項では(260)、パンチェーラ説をもとに、ウィビウス(Vibii)も当該範疇に挙げられている。同様の主張はすでにFrederiksen (1959/1984), 309に見られる。

(94) Carella (2002), 299-304.

終章　内乱とイタリアの一体化

以上、スッラの退役兵植民について考察してきたが、力点を置いたのは、スッラの退役兵政策そのものというより、対象となった都市がどのような影響を受けたのか、またどのようにそれに対処したのかという、いわばイタリア都市側の体験であった。W・シャイデルの歴史人口学的研究によれば、スッラ以降の退役兵植民は、イタリア内に住民の配置転換(relocation)、つまり半ば強制的な人口移動を引き起こし、ひいてはイタリアの政治的統一、イタリアの文化的統合に寄与したという。(1) これは、序章で紹介した、退役兵植民の意義をめぐるM・クロフォードの指摘に合致している。たしかに大局的に眺めればこのような理解は誤りではないし、また退役兵植民の積極的な評価として注目すべき論点であろう。しかしながら、入植対象となった都市にとっては、これにより失われたものも大きい。つとにE・T・サーモンは、スッラの植民の結果、「ローマ化」は進行したが、イタリア内の非ラテン的要素が消滅することになったと指摘している。(2) そこまではないにしても、本書で検討した諸都市の事例から明らかなように、退役兵植民に直面した個々の都市は少なからぬ犠牲を払いながらこの難題に対処しなければならなかった。そのために、あらゆる手段を講じなければならなかったのである。各都市についてのまとめは、それぞれの章で行っているので、ここでは本書全体とかかわる知見(問題点)をまずは提示していきたい。

第一に、そもそも退役兵植民の対象となった理由が明らかではない都市がいくつかあるという点である。本書で取り上げた都市でいえば、ポンペイとファエスラエがそれにあたる。いずれも前八〇年代の内乱時にキンナ派に加担したのではないかと推測しておいたが、史料的にそれが確定できないのである。他の可能性としては、同盟市戦争にまで遡っての処罰がまず思い浮かぶ。しかし、イタリア帰還時のスッラが同盟市民に対して非常に友好的な態度を示していることからして、おそらくそれはありえない。またA・キーヴニーは、「懲罰的な植民」とは別に、戦乱による人口減少と荒廃への対応策として「救済的な植民」もあったのではないかと主張するが[3]、少なくともポンペイとファエスラエについては、そのような動機もありえそうにない。となると、ここで生ずるのは、退役兵植民の対象となる都市の選出が、もっぱら退役兵の好みを優先してなされた場合もあったのではないかという疑念である。実際のところ、ポンペイが位置したカンパニア地方などは一般的に人気の土地であり、政界引退後のスッラが晩年を送ったのもこのカンパニアであった。第二章で紹介したように、ポンペイの他にも多くの退役兵植民市がカンパニアで見られたことはこの人気と無関係とは思われない。

もちろん、序章でふれた〈友–敵〉関係を重んずるスッラのことを考えれば、この種の想定には不自然さが伴う。そこで、関連する出来事として注目しておきたいのが、非常に悪名高い前四一年の退役兵植民である[4]。これは、前四一年のピリッピの戦いの後に、退役兵のために実施された植民であり、対象となったのは、カプア、ウェヌシア、ベネウェントゥム、ヌケリア、アリミヌムなど全一八都市であった。これらの都市の選出にあたって特徴的なのは、先行する内乱時の動向とは無関係に、ただ繁栄していたという理由だけで選び出された点にある。どうやらこの植民は、すでに前四三年一〇月のボノニア会談（＝第二回三頭政治の成立）の時点で、その対象都市が決められていたようである。実施を任されたのはオクタウィアヌスであり、オクタウィアヌスはこれによりイタリア内でひどく評判を落としたのみならず、政治生命の危機にさえ直面した。なんとも強引なこの植民は、スッラの退役兵植民との対比で、三頭政治家の専制的性格から説明されるのが一般的であるが、スッラの退役兵植民という形で実は先例が存在していたのかもしれない。

第二に、スッラの退役兵植民とカティリナ陰謀事件との繋がりの深さという点である。前六三年に生じたカティリナ陰謀事件は、ローマ共和政末期の歴史において必ずといってよいほどに言及される有名な事件であるが、どちらかといえば、都市ローマ内での事件の推移が中心となりがちであった。これは主要史料としてのキケロの自慢話に起因する。しかし、イタリア全体に目を転ずるならば、地方都市にも少なからぬ影響を与えていたことがわかるのである。というより、前六三年のイタリアには全体にわたって不穏な空気が漂っており、それを背景にして初めてこの事件が発生しえたというのがより正確なところであろう。本書で取り上げた都市に限っても、第四章のファエスラエと第五章のアッレティウムはエトルリア地方における騒乱の主要な震源地であったし、また、第六章のカプアでは、なるほどセスティウスにより事件は未然に防がれたものの、なんらかの陰謀計画が進行していた。第三章で取り上げたポンペイについては、当時ネアポリスに住んでいたとされるプブリウス・スッラがポンペイの旧住民を陰謀へと駆り立てたという点が、彼に対する訴因のひとつとなっていた。さらには、本書では詳しく取り上げることができなかったが、最後までキンナ派の拠点となり非常に厳しい処分をこうむったプラエネステに関しても、カティリナから働きかけがあったことがわかっている。つまり、カティリナ陰謀事件の遠因はスッラの退役兵植民、さらには前八〇年代の内乱に求められるのであり、この内乱の結果としてイタリア内のいくつかの都市が抱え込むことになった矛盾のありかを、この事件は如実に示しているのである。

第三に、退役兵入植者のその後の運命がいまひとつ見えてこないという点である。彼らが農業に不向きであったので早々に分与地を手放したのではないかという議論は、以前から見られる(5)。しかしながら、ファエスラエやアッレティウムの場合でいえば、少なくとも前六三年のカティリナ陰謀事件の時点まで彼らはなんらかの形で当該都市の領域に住み続けていた。しかし、この「なんらかの形」が見えてこないのである。また、カティリナ陰謀事件を機に退役兵入植者のかなりの部分が姿を消した可能性もあるが、キケロが仄めかすように、おそらくすべてというわけではないだろう。これらの点は退役兵と旧住民との関係を考える上でポイントとなるだけに、検討が不十分であったとの思いは拭いきれない。「二重共同体」説が成り立たないとすると、状況がより複雑化したということでもあるが、退役兵入植者と旧住民との居住状態に始まって、彼ら相互の関係や地方政治への関与の度合いの解明が待たれる。その際、ポンペイからの知見の解釈が重要になってくると思われるが、第三章でふれたように、プロソポグラフィにもとづくポンペイのデータも、決定打に欠けるというのが現状である。

退役兵植民者は、受け入れを行う地方都市にとっては、たしかに招かれざる客であり、はっきりと厄介者でさえあった。本書はまさにこの点を強調してきた。しかし彼らとて、イタリア内のどこかの地で農業に従事していたかあるいは従事しようとしていたがそれがうまくいかず（土地の喪失や相続上の問題等々）、軍務と除隊後の土地獲得に活路を求めたのであろう。「職業軍人化」という理解に引きずられて、われわれは時として退役兵入植者をローマ市民団の中でも異質な存在と捉えがちだが、決してそうではなかったのである。最近では、「市民としての兵士」といった論点も強調されている（第一章第一節）。退役兵入植者を一人悪者にして作り上げられる歴史像はなるほどわかりやすいかもしれないが、あまりにも単純なものとなるのではなかろうか。

第四に、本書では、ローマ当局と各都市とを媒介する地方貴族（地方エリート）の活動を主要な論点としたが、彼らがそのような活動を実際に行っていたという証拠が史料からなかなか得られないという点である。ウォラテッラエのカエキナ一族が唯一確実な事例かと思われるが、他の例はあくまでも状況証拠的なものにすぎない。地方貴族の存在が確認されるだけのケースすらある。しかしながら、地方都市がローマの中央政界の動きに応じてなんらかの決断を下さなければならない時、あるいは当該都市に関するローマ当局の決定に対してなんらかの応答をしなければならない時、全体としての都市が速やかにそれをなしえたとは思われない。各都市においてイニシアティヴを発揮した地方貴族（地方エリート）の存在が想定されなければならないであろう。彼らが史料上に現れないのは、むしろ史料の性格の問題であり、彼ら地方貴族がローマ政界との結びつきを最大限に利用しながら、自身が属する都市の存続を賭けて様々な問題に立ち向かっていたのは確実といえよう。

C・アイラーズは、「都市パトロン」に関する研究の中で、共和政末期には有力元老院議員が中心であったイタリア都市のパトロンが、帝政期になると次第に当該都市の出身者や近隣都市の出身者によって占められるようになったと指摘し、それを都市パトロンの「衰退」と表現している(6)。しかしながら、共和政末期からすでにローマ側の有力政治家と並んで地方貴族もまた各都市のために動いていた。彼らの活動がなければおそらく当該都市の利害は貫徹しえなかったであろう。もちろん、正式に「都市パトロン」という呼称が用いられているかどうかは重要であるが、正式の呼称にあまりにもこだわった理解は、かえって実態を捉え損ねることになるのではないか。

序章でもふれたように、共和政ローマがイタリア支配を進めるにあたって、地方貴族の協力・協調がいかに重要であったかについてはこれまでにも多くの研究がなされてきた。また地方貴族の側も、地元における自らの支配を確固たるものにするため、ローマとの結びつき、ローマの影響力を巧みに利用していた。たとえば、M・P・フロンダの近著は、第六章でふれたカプアの事例をはじめとして、ハンニバル戦争時にハンニバル陣営へと寝返った都市の、あるいはローマ陣営にとどまった都市のこのような内部事情を見事に描き出している(7)。他方で、帝政期における「都市パトロン」の重要性についても、近年、盛んに研究がなされている(8)。当該都市への皇帝からの利益誘導、あるいは当該都市への直接的な恵与慣行（エウェルジェティズム）の主体として都市パトロンは活躍していたのである。本書が対象としたのはまさにこれら二つの時期の中間にあたるが、この時期、都市貴族が各都市とローマ当局とのパイプ役となるような変化、つまり「都市パトロン」へ向けての変容が着実に進行しつつあったといえるであろう。

さて、共和政末期に実施されてきた退役兵のための植民市建設は、イタリアにおいては前一四年で一旦中止される。本書で見てきたように、イタリア内で退役兵のために土地を確保することは、少なからぬ政治問題を引き起こしてきたからである。そこで、アウグストゥスは軍制改革の一環としてそれを現金の支給へと切り替えたのであった。(9) ネロ帝の治世などで復活されはするものの、以後、その中心は属州へと移り、属州では、ハドリアヌス帝時代まで退役兵のための植民市が盛んに建設され続けることになる。(10) 本書で得られた知見がこのような帝政期における退役兵植民市の考察にどのようにかかわるのか、あるいはかかわらないのかは興味深い問題であるが、残念ながら本書の範囲と私の能力を超えている。そこで以下、本書の考察結果を同盟市戦争後のイタリアという文脈中に位置づけることで本書を終えることにしたい。スッラによる退役兵植民の対象となった都市の体験をもとにすれば、同盟市戦争後のイタリアに関して新たに何が明らかになってくるのであろうか。

この点を考えていくにあたってポイントとなるのは、内乱とイタリアとのかかわりであろう。本書が取り扱った時代は、グラックス改革から帝政の成立にいたる、いわゆる「内乱の一世紀」(前一三三〜前二七年)の後半部分にあたる。グラックス改革から五〇年ばかりの間は、内乱の舞台は都市ローマであり、それはまだ都市の騒擾と呼べるようなレベルであった。ところが、前八〇年代に入って、全イタリアをも巻き込んだ本格的な内乱が勃発するのである。序章でもふれたように、R・サイムはこの内乱を「ローマ革命」と表現した。共和政末期の内乱を「革命」と捉える理解自体はサイム以前にも見られたが、(11) 一九三九年に打ち出されたサイムの論の特徴は、アウグストゥスによる元首政を、「ローマに対するイタリアの勝利」と捉えた点にある。(12) すなわち、ローマ支配のもとで被抑圧的な地位に甘んじていたイタリア地方都市の有力者が、同じくイタリア地方都市の出身者であるオクタウィアヌスのもとに集結し、ローマのノビレス貴族を犠牲にして最終的に勝利したと捉えるのである。またその際、各所に散りばめられて断片的ではあるものの、内乱とイタリアの一般民衆（貧民）との関連についても独自の論が展開されている。[13] サイムによれば、イタリアへのローマ市民権拡大後のローマ兵士はイタリアの最貧困層から徴兵されるようになり、彼ら最貧困層からなる兵士は、ローマ国家に忠誠心を感ずるような存在ではなかった。「ローマ革命」により、このようなイタリアのプロレタリア（最貧困層）は、もはやローマのために血を流すことを強いられることはなくなり、かくして「ローマ革命」は、彼らイタリア貧民による「社会革命」でもあったという。これはいわば、マリウス以来の軍隊の変質というロジックをローマ市民権の拡大に応じてイタリア全体にまで及ぼそうとした議論であり、単なるローマにおける政治家間の争いといった次元を超えて、イタリア大のスケールで共和政から帝政への転換が説明されているのである。そして、このような問題関心は、一九五〇年代になると、イタリア人研究者であるE・ガッバの研究に一層先鋭な形で引き継がれることになった。ガッバは、ノビレス貴族の権力独占は、まずは「イタリア地方都市貴族の攻撃」によって、ついで「軍務によりその地位を向上させた社会的下層民の攻撃」によって瓦解したと力説する。[14]

共和政から帝政への移行を「ローマ革命」と呼べるかどうかは、「革命」の定義次第といったところであろう。サイム自身、タイトルのみならず本文中でも何度か「革命」といった言葉を用いてはいるものの、それをどこまで本気で考えていたのかは疑わしい。[15] また、サイムの論を引き継いで「革命」を唱える研究者は、現在ではほぼ皆無のように見える。[16] しかしながら、「ローマ革命」論が着目した、共和政から帝政への移行におけるイタリアの関与、その重要性といった論点は依然として有効であり、本書もそのような問題関心を引き継いでいる。ただし、「革命」というテーマを掲げたせいか、サイムの考察では、独裁官カエサルやその後継者であるアウグストゥスの措置が重要視され、「カエサル党」の勝利や、あるいはそれを引き継いだ「アウグストゥスの党派」の勝利が強調される傾向にある。たとえば独裁官カエサルの権力掌握に関しては、同盟市戦争や、マリウスの企てや、レピドゥスあるいはカティリナの蜂起に参画して苦杯をなめたイタリア地方都市の人々がカエサルを支持し、勝利を収めて復讐を果たしたかのような

記述となっているのである。(17)

しかしながら、本書で考察したイタリア都市の体験を通して見えてくるのは、退役兵植民を受け入れたイタリア都市がその失地回復を求めてローマ当局との間で行った不断の交渉であり、また都市内部の状況改善に向けた粘り強い努力である。それは、一旦敗者となったイタリア都市がカエサルあるいはアウグストゥスとともに勝利を得るという単純な話ではなかった。たとえば、第三章で取り上げたポンペイや第四章で取り上げたファエスラエの転機は、カエサル時代(独裁官の時代)ではない。第五章のウォラテッラエなどは、むしろカエサル時代に退役兵植民の危機に直面していた。執政官カエサルの植民市建設により念願を果たしたカプアにしても、その後の内乱では、ポンペイウス派を支持し、アントニウスや三頭政治家により再植民の危険にさらされているのである。いうまでもなく、そもそも同盟市戦争を含め共和政末期の内乱においては、イタリアが全体としてローマに対峙し、勝ったり負けたりしたわけではない。その時々の内乱の結果として、イタリア内には勝者もいれば敗者もいた。ここで強調されるべきは、内乱への関与とそれによるイタリアの最終的な「勝利」というより、むしろ一連の内乱の結果としてイタリアに一体化がもたらされたという側面であるように思える。

ここでいうイタリアの「一体化」とは、政治的な次元でのそれを指している。ローマ人が属したラテン系の要素を含め、実に多様な社会的、文化的そして宗教的な背景からなるイタリアが、社会的・文化的に一体化を成し遂げるには非常に長い時間を要した。ついぞそれが実現されなかった可能性すらある。それに対して、政治的な一体化は実現したが、これも少なくともアウグストゥス時代まで待たなければならなかった。従来強調されてきた同盟市戦争の結果としてのローマ市民権の付与は、制度的な面でイタリアが均質化したという事実にすぎない。同盟者とはいえ実質的にはローマ支配に甘んじてきた人々がローマの一部となる過程は、それほど容易でも速やかでもなかったのである。そしてこのアウグストゥス時代へ向けての変化を大きく加速させることになったのが、他ならぬ一連の内乱ではなかったかと思えるのである。

市民権の付与により新たにローマ市民となったイタリア人は、前八〇年代、イタリアを戦場としたローマ史上初めての内乱に主体的に関与し、またそこで、大きな役割を演じてもいた。その結果、スッラ派に与した都市共同体は最終的に勝者となったが、キンナ派に与した都市共同体は敗者となった。内乱後、勝者となった都市共同体はもちろんのこと、敗者となった都市共同体も、否、敗者となった都市共同体こそ、ローマ当局との間でこれまで以上に緊密で有機的な結びつきを必要とした。自らの都市ができるだけ不利益をこうむらないよう、あらゆる手段を用いてローマ当局との間で交渉にあたらねばならなかったからである。ローマ市民権の剝奪や退役兵の植民、そして本書では詳しく紹介することができなかった追放・財産没収（プロスクリプティオ）への対処がそれにあたる。このような内乱時や内乱後の諸活動の結果として、イタリア内の各地域はローマとの結びつきを強めていっただけではなく、ローマ市民としての政治的自覚を次第に高めていった。これこそが、サイムが「イタリアの勝利」と呼んだものの正体であろう。

ローマ共和政末期の内乱の理解としては、支配領域の拡大に対応しきれなくなった共和政ローマが、帝政へと向けた産みの苦しみの中で内乱を経験したとするのが一般的である。だがそれだけではなく、他ならぬこの内乱がイタリアの一体化を生み出したとする理解も必要であろう。共和政末期の幾度かの内乱を経て初めてイタリア内の各都市はローマへと統合され、帝政初期に見られたようなイタリア内の一地方都市という位置づけを獲得していったように思えるのである。もちろん内乱は、関係した人々の間で、少なくとも一時的には分断をもたらす。しかしながらここでは、内乱がもたらしたイタリアの一体化という逆説的な現象の重要性を指摘することで本書を終えることにしたい。

註

（1）Scheidel (2006). Bradley (2007), 306 も退役兵植民がもたらした「イタリアの一体化」を強調する。
（2）Salmon (1969), 131.
（3）Keaveney (1982b), 533.
（4）Keppie (1983), 58-69.
（5）Brunt (1971/1987), 309-310.
（6）Eilers (2015).
（7）Fronda (2010).
（8）邦語文献としては、島田（一九九〇）（一九九二）、飯坂（二〇一四）、新保（二〇一六）など。
（9）Keppie (1996), 377.
（10）市川（一九七九）。
（11）たとえば、モムゼン（一九〇三／二〇〇六）、七四—八五頁。
（12）サイム（一九三九／二〇一三ｂ）、二四四—二四五頁。
（13）サイム（一九三九／二〇一三ａ）、二二頁、五八頁、サイム（一九三九／二〇一三ｂ）、三三八頁。
（14）Gabba (1954/1976), 96-100.
（15）小池和子氏の「訳者解説」による。サイム（一九三九／二〇一三ｂ）、三五九頁。
（16）ただし、Alston (2013), 210: Alston (2015) は、とりわけ兵士の役割を重要視しながら、アウグストゥスの新体制を「革命」と捉える。
（17）サイム（一九三九／二〇一三ａ）、一三九頁。

あとがき

本書は、二〇〇六年に『共和政ローマとトリブス制――拡大する市民団の編成』(北海道大学出版会)と題して拙著を出すことができて以来、ここ一〇年間の研究成果である。

前著を書き終えた時点で、爾後の研究テーマとしてはいくつかのことを考えていた。グラックス改革をはじめとした共和政末期の政治史の見直し、ケンスス(戸口調査)と統治といった問題、そして同盟市戦争後のイタリアの変容である。このうち、本書が取り扱ったのは最後に挙げたテーマとなる。はっきりとした展望もなく「前八〇年代の内乱」とポンペイについて調べていくうちに、スッラの退役兵植民を核に据えたならば、同盟市戦争後のイタリアの変容に迫れるのではないかと考えるにいたった。初出一覧に挙げた諸論考が試行錯誤の軌跡である。各論考の「はじめに」の部分では、研究の方向性を常に確認しながら考察を進めたが、その内容は本書の序章に盛り込まれている。

実は、学生として研究を始めた頃、漠然と(碑文史料の利用も含めて)このような研究をしたいと思いながらも、現時点では無理と諦めたことがある。無理と判断したのは、イタリアでの地方史研究の現状を全く把握できていなかったことによる。その後、それを克服すべく意図的に努めてきたわけではないものの、今回、設定したテーマとの関連でイタリア語の文献を読む必要に迫られ、はからずもかつて思い描いたような研究に辿り着くことができた。その意味で、本書の出版には――出来不出来は別として――それなりの感慨がある。とはいえ、「イタリア通」でもない筆者にとって、これが自身にふさわしい領域でないことは自覚している。本書が、同様の問題関心によってなされる研究に少しでも資すれば幸いである。

前八八年のスッラの「ローマ進軍」から研究を始めた筆者にとって、月並みな表現ながらこれは原点回帰となる。とりたててスッラに魅了されて共和政期のローマ史研究へと入り込んだわけではないが、カール・シュミットの「政治的なものの概念」、「独裁」論や「例外状態」論と考え併せるならば、依然としてスッラには思考を駆り立てる何かがあるといえよう。共和政から帝政への移行を考える際に鍵となる人物は、ポンペイウスやカエサルではなく、やはりスッラであるように思える。いずれ、同じく原点回帰として、修士論文のテーマであった「元老院最終決議」に立ち返り、その他の諸制度(本書でふれた独裁官職、「公敵」宣言、追放・財産没収など)を付け加えながら、非常事態という視角から共和政ローマの特質を浮かび上がらせる作業を行いたいと考えている。その際、ジョルジョ・アガンベンの一連の仕事も関連してくるだろう。

前著からの変化として感じているのは、制度から人物への関心の移動である。『共和政ローマとトリブス制』では、あまりにも大政治家に焦点が当てられがちな政治史研究への反発から、人物は論じまいと思い定め、制度を中心に据えてローマ社会の特質を解明しようとした。主役は、あくまでも「トリブス」という一制度であり、あえて主役を制度に求めた。だがその後、もう少し人物に注目した形での歴史叙述も必要なのではないかと思い始めた。これには大学で講義をするなかでの学生からの反応が大いにかかわっている。もちろん、人物に注目した形での歴史は、即「偉人伝」を意味するわけではない。とはいえ、共和政ローマの名の知れた政治家たちの行動が、同時代とその後の歴史に大きな影響を与えたのも否定しえない事実であろう。本書で取り上げたスッラでいえば、重要なのは彼が退役兵植民によって何を成し遂げたかというより、むしろその影響をこうむった各地方都市の対応のほうである。これらの地方都市に生きた人々の体験に寄り添う形でローマ共和政末期の政治史を描き直そうとしたのが小書といえようか。

本書は、北海道大学大学院文学研究科研究叢書として出版されるものである。まずは、査読をお引き受けいただいた先生に感謝申し上げたい。内外の用務が急増する中、ご多忙の身であるにもかかわらず、査読いただいたことに唯々感謝申し上げる次第である。貴重なご指摘は、できる限り叙述に反映させたつもりであるが、それでも残された不十分さは著者の力不足による。加えて、審査の業務に携わられた研究推進委員会および研究推進室の方々にも厚くお礼申し上げたい。また、これは半年間のサバティカル研修の成果でもある。サバティカル研修中にご不便をおかけした西洋史学講座の山本文彦先生、長谷川貴彦先生そして松嶌明男先生にも、改めてお礼申し上げたい。

編集の段階では、北海道大学出版会の今中智佳子さんと佐藤貴博さんに大変お世話になった。とりわけ佐藤さんの「ご質問」にお答えする形で記述を補足したことにより、本書が専門外の読者への配慮も含め随分と読みやすいものになったのではないかと確信している。また、飯坂晃治氏には校正段階で目を通していただき、貴重なご意見をいただいた。昨年の四月から別府大学に移り、新任校でご多忙中と知りながらも、無理なお願いをした。いつもありがとう。

昨年(二〇一七年)は、私にとって忘れることのできない一年となった。五月に恩師である長谷川博隆先生がお亡くなりになった。ご病気であることは知りながらも、先生がまだまだお元気だと信じたいがゆえに、晩年、お会いするのを控えていたのが悔やまれる。自分の年齢で先生が何を成し遂げておられたのかを思うにつけ、彼我の差を痛感させられる日々である。それに先立つ四月に、國原吉之助先生もお亡くなりになっていたことを知った。いまだに迷いかつ「ぼやく」教え子を、お二人は寛大に受け入れ、貴重なお言葉をかけてくださっていた。それがもう聞けない。暮れもおしせまった一二月三〇日、父・砂田隆を亡くした。言葉少ないながらも、故郷の町から見守ってくれていた父である。

故人の思い出に本書を捧げたい。

二〇一八年八月

砂田　徹

初出一覧

序　章　新稿

第一章　「前八〇年代の内乱とイタリアの関与――ローマ市民権拡大との関連で」『北海道大学文学研究科紀要』一三一号、二〇一〇年を大幅に加筆修正

第二章　「スッラの退役兵植民とエトルリアの騒擾――ファエスラエの事例を中心に」『北海道大学文学研究科紀要』一四〇号、二〇一三年、第一章を大幅に加筆修正

第三章　「スッラの退役兵植民とポンペイ――「二重共同体」説の検討を中心に」『北海道大学文学研究科紀要』一三七号、二〇一二年を加筆修正

第四章　「スッラの退役兵植民とエトルリアの騒擾――ファエスラエの事例を中心に」第二章および第三章を大幅に加筆修正

第五章　「スッラの「エトルリア処分」をめぐって――ウォラテッラエ、アッレティウム、クルシウム」『北海道大学文学研究科紀要』一四三号、二〇一四年、第一章および第二章を加筆修正

補　論　「スッラの「エトルリア処分」をめぐって――ウォラテッラエ、アッレティウム、クルシウム」第三章を加筆修正

第六章　新稿

終　章　新稿

北海道大学大学院文学研究科
研究叢書

2	万葉歌人大伴家持 ——作品とその方法——	廣川晶輝著	A5判・330頁 定価 5000円
4	海音と近松 ——その表現と趣向——	冨田康之著	A5判・294頁 定価 6000円
7	人麻呂の方法 ——時間・空間・「語り手」——	身﨑　壽著	A5判・298頁 定価 4700円
8	東北タイの開発と文化再編	櫻井義秀著	A5判・314頁 定価 5500円
11	北魏胡族体制論	松下憲一著	A5判・250頁 定価 5000円
12	訳注『名公書判清明集』 官吏門・賦役門・文事門	高橋芳郎著	A5判・272頁 定価 5000円
13	日本書紀における中国口語起源二字漢語の訓読	唐　煒著	A5判・230頁 定価 7000円
14	ロマンス語再帰代名詞の研究 ——クリティックとしての統語的特性——	藤田　健著	A5判・254頁 定価 7500円
15	民間人保護の倫理 ——戦争における道徳の探究——	眞嶋俊造著	A5判・186頁 定価 3000円
16	宋代官僚制度の研究	宮崎聖明著	A5判・330頁 定価 7200円
17	現代本格ミステリの研究 ——「後期クイーン的問題」をめぐって——	諸岡卓真著	A5判・254頁 定価 3200円
18	陳啓源の詩経学 ——『毛詩稽古編』研究——	江尻徹誠著	A5判・216頁 定価 5600円
19	中世後期ドイツの犯罪と刑罰 ——ニュルンベルクの暴力紛争を中心に——	池田利昭著	A5判・256頁 定価 4800円
20	スイスドイツ語 ——言語構造と社会的地位——	熊坂　亮著	A5判・250頁 定価 7000円
21	エリアーデの思想と亡命 ——クリアーヌとの関係において——	奥山史亮著	A5判・330頁 定価 8200円
22	日本語統語特性論	加藤重広著	A5判・318頁 定価 6000円
23	名付けえぬ風景をめざして ——ランドスケープの文化人類学——	片桐保昭著	A5判・218頁 定価 7000円
24	立憲民政党と政党改良 ——戦前二大政党制の崩壊——	井上敬介著	A5判・344頁 定価 6000円
25	ローマ帝国の統治構造 ——皇帝権力とイタリア都市——	飯坂晃治著	A5判・250頁 定価 5000円
26	郭店楚簡『五行』と伝世文献	西　信康著	A5判・196頁 定価 6000円
27	戦国秦漢出土術数文献の基礎的研究	大野裕司著	A5判・322頁 定価 7200円
28	日本のアクティブエイジング ——「少子化する高齢社会」の新しい生き方——	金子　勇著	A5判・320頁 定価 5800円

〈定価は消費税含まず〉

北海道大学出版会刊

砂 田　徹（すなだ とおる）

1959年　輪島市生まれ
1983年　金沢大学法文学部卒業
1986年　金沢大学大学院文学研究科修士課程修了
1988年　名古屋大学大学院文学研究科博士後期課程中退
現　在　名古屋大学文学部助手，北海道大学大学院文学研究科助教授を経て，同教授
著　書：『共和政ローマとトリブス制――拡大する市民団の編成』（北海道大学出版会，2006 年）

北海道大学大学院文学研究科　研究叢書 29
共和政ローマの内乱とイタリア統合
退役兵植民への地方都市の対応

2018 年 11 月 30 日　第 1 刷発行

著　者　砂　田　　徹
発行者　櫻　井　義　秀

発行所　北海道大学出版会
札幌市北区北 9 条西 8 丁目　北海道大学構内（〒060-0809）
Tel. 011（747）2308・Fax. 011（736）8605・http://www.hup.gr.jp

アイワード／石田製本

ISBN978-4-8329-6843-1

人名索引

ア 行

アウグストゥス→オクタウィアヌス
アエブティウス(カエセンニアの代理人) 145-146
アップレイア 119
アティウス(前59年の土地分配二〇人委員) 209
アニニウス(ポンペイの二人委員) 101
アンティスティウス(カプアの公職者) 214
アントニウス 186, 212-213, 216, 230
アントニウス・ヒブリダ(前63年の執政官) 130
アンニウス一族(カプアの地方貴族) 205
ウァッロ(前59年の土地分配二〇人委員、著作家) 209
ウァルグス(ポンペイの二人委員) 81-82, 98-99, 102, 104, 151-152
ウァレリウス・フラックス(前82年の中間王、騎兵長官) 59
ウィッリウス一族(カプアの地方貴族) 204
ウィベッリウス一族(カプアの地方貴族) 187
ウウリウス(ポンペイの二人委員) 101
ウェディウス(ピケヌムの地方貴族) 35-36
ウェンティディウス兄弟(アウクシムムの地方貴族) 35-37
オクタウィアヌス(アウグストゥス) 4, 63, 121, 129, 160, 224, 228-229, 230
オクタウィウス(前87年の執政官) 22
オフェッラ(スッラ派の指揮官) 38, 44-45
オルカ(前57年の法務官) 154-155

カ 行

カエキナ(ウォラテッラエの地方貴族) 145-146, 158, 169
カエキナ(小)(カエキナの息子) 159
カエキナ・セウェルス(前1年の執政官) 160
カエキナ・パエトゥス(紀元後37年の補充執政官) 160
カエサル 3-4, 6-7, 92, 121, 126, 128, 150-151, 153-155, 157, 185-186, 207-210, 213, 216, 229-230
カエセンニア(カエキナの妻) 145-146, 159
カストゥリキウス(プラケンティアの公職者) 33
カッリナス(前82年の法務官) 38, 43-45, 69, 115, 161-162
カティリナ 87, 163, 225, 229
カト(前89年の執政官) 117
カト(小)(前62年の護民官) 128, 154, 208
カトゥルス(前102年の執政官) 57
カトゥルス(前78年の執政官) 118-119, 122-123, 125
カフォ(アントニウス派の百人隊長) 212
カラウィウス一族(カプアの地方貴族) 204
カラカッラ帝 67
カルボ 16, 31, 33, 35, 38, 42, 44-45, 176
キケロ 127-129, 137, 146, 149-151, 153-155, 159-160, 166, 170, 187, 207, 210-211, 213, 216, 225
キルニウス一族(アッレティウムの地方貴族) 168
キンナ 15-16, 22-27, 30-32, 39, 61, 143
クスピウス(ポンペイの二人委員) 88
グッタ(キンナ派のカンパニア人) 190
クラウディウス(前79年の執政官) 118
グラックス兄弟 4, 20, 191, 205
クラッスス 38, 44, 46, 69, 150-151, 169
クルティウス(キケロの知人、元老院議員) 155
クロディウス(前58年の護民官) 146, 211
ケンソリヌス(カルボの副官) 38, 45-46, 57, 61
コルネリウス氏 54, 71

コルネリウス・スッラ(前250年のユピテル神官、スッラ家の始祖)　55
コルネリウス・メルラ(前87年の補充執政官)　23
コルネリウス・ルフィヌス(前334年の独裁官)　55
コンシウス(植民市カプアの公職者)　187–189

サ　行

サエニウス(エトルリア出身の元老院議員)　132–133
サクサ(アントニウス派の百人隊長)　212
サトゥルニヌス(前103年と前100年の護民官)　7, 119
サルティウス(植民市カプアの公職者)　187, 189
シキニウス(クルシウムの公職者)　177
シラヌス(前62年の執政官)　128
スカエウォラ(大神官、前95年の執政官)　44
スキピオ(大)　90, 144
スキピオ・アシアティクス(前83年の執政官)　38, 41–42, 145, 190
スッラ　3, 4, 6–11, 15–16, 18–19, 21–24, 27–28, 30–31, 37–46, 54–60, 77–78, 80–83, 86, 89–90, 97, 99, 115, 117–121, 123, 131–132, 134–136, 144–146, 156, 164
スッラ(独裁官スッラの甥)　81, 93, 105, 225
スルピキウス(前88年の護民官)　18–19, 21–22, 40
セスティウス(前63年の財務官)　210–211, 225
セルウィリウス(前202年の独裁官)　58
セルウィリウス・イサウリクス(前48年の執政官)　160
セルウィリウス・ウァティア(前79年の執政官)　118, 161–162, 170
セルトリウス(前83年の法務官)　38, 42, 115, 122, 126, 167
センティウス・サトゥルニヌス(クルシウムあるいはアティナの地方貴族)　179–180
ソレクス(役者)　99

タ　行

ダマシップス(前82年の法務官)　38, 44–46
テレシヌス(サムニウム人の指揮官)　38, 45–46
ドルスス(前91年の護民官)　2, 18, 167

ナ　行

ニコポリス(スッラの知人)　57
ニンニウス一族(カプアの地方貴族)　204
ネロ帝　228
ノルバヌス(前83年の執政官)　38, 41–42, 44–45, 61, 115, 189–190

ハ　行

ハドリアヌス帝　228
ハンニバル　185, 195, 204
ビウェッリウス一族(カプアの地方貴族)　205, 214
ピソ(前58年の執政官、カプアの二人委員)　214
ビブルス(前59年の執政官)　208
フィリップス(前91年の執政官)　122, 148
フラウィウス(前60年の護民官)　153
フラックス(前212年の執政官)　194
フラミニウス(前232年の護民官)　70
フラミニウス(カティリナの副官)　132, 163
フリウス(カティリナの副官)　132
ブルトゥス(前83年の護民官)　122, 186–189
フルファヌス(シキリア総督)　159
ブロッシウス一族(カプアの地方貴族)　187, 205–206
ヘルウィウス一族(カプアの地方貴族)　205, 214
ペルシウス(詩人)　160
ペルペルナ(前82年の法務官)　115, 122, 126, 167
ヘレンニウス(ポンペイの都市参事会員)　87
ポストゥミウス(前173年の執政官)　198
ボックス(マウレタニア王)　57–58
ポピディウス(ポンペイの公職立候補者)　80
ホラティウス(詩人)　71
ポルキウス(ポンペイの二人委員)　81–82, 98–99, 102, 104

ポルセンナ(クルシウム王)　176
ポンペイウス　6, 34–36, 38–39, 43–44, 61, 69, 118–119, 122, 148, 153, 159, 169, 179, 207, 209, 211, 213–214
ポンペイウス・ストラボ(前89年の執政官、ポンペイウスの父)　119
ポンペイウス・ルフス(前88年の執政官)　19

マ 行

マエケナス一族(アッレティウムの地方貴族)　167–169
マギウス(前87年の護民官)　188
マギウス一族(カプアの地方貴族)　195, 205
マリウス　7, 15–16, 22, 25–27, 55–58, 66, 117, 119, 143, 229
マリウス(小)　15, 38, 42–46, 190
マルキウス(前64年の執政官)　129
マルケッリヌス(前56年の執政官)　179
マルケッルス(カティリナの支持者)　210
マンリウス(カティリナの副官)　129–132, 134, 163
ミトリダテス6世(ポントス王)　6, 19
ムレナ(前62年の執政官)　128
メウラヌス(カティリナの支持者)　210
メッティウス一族(カプアの地方貴族)　214
メテッルス・ケレル(前63年の法務官)　130
メテッルス・ヌミディクス(前109年の執政官)　56
メテッルス・ピウス(前89年の法務官、前80年の執政官)　28, 38–39, 42–43, 45, 118

ヤ 行

ユグルタ(ヌミディア王)　56–57

ラ 行

ランポニウス(ルカニア人の指揮官)　38, 45
ルクレティウス(前172年の護民官)　198
ルッルス(前63年の護民官)　150–152, 187, 207, 209, 216
レピドゥス　147–148, 229
レピドゥス(前78年の執政官候補)　118
レントゥルス(前165年の法務官)　192, 199
レントゥルス(前63年の法務官)　127, 129
ロレイウス(ポンペイの二人委員)　88

事項・地名索引

ア 行

カ 行

サ　行

タ　行

ナ　行

ハ　行

マ　行

ヤ　行

ラ　行

参考文献表

史　料

(1)　本書における史料の略号は，S. Hornblower/A. Spawforth (eds.), *The Oxford Classical Dictionary*, 4th ed., Oxford 2012 による。ただし，一部例外もある(Livy → Liv.)。

(2)　本文中で特記したもののほかに，本書で参照した史料の翻訳は以下の通りである。ただし，一部訳文を変更した箇所もある。

ウェッレイウス・パテルクルス

西田卓生・高橋宏幸訳『ローマ世界の歴史』京都大学学術出版会，2012 年。

カエサル

國原吉之助訳『内乱記』講談社学術文庫，1996 年。

キケロ

竹中康雄訳「ロスキウス・アメリーヌス弁護」『キケロー選集 1』岩波書店，2001 年所収。

上村健二訳「クルエンティウス弁護」同上所収。

宮城徳也訳「セスティウス弁護」同上所収。

谷栄一郎訳「ムーレーナ弁護」『キケロー選集 2』岩波書店，2000 年所収。

山沢孝至訳「ピーソー弾劾」同上所収。

山沢孝至訳「ミロー弁護」同上所収。

小川正廣訳「カティリーナ弾劾」『キケロー選集 3』岩波書店，1999 年所収。

根本英世・城江良和訳「ピリッピカ――アントーニウス弾劾」同上所収。

大西英文・谷栄一郎・西村重雄訳「ウェッレース弾劾 I」『キケロー選集 4』岩波書店，2001 年所収。

大西英文・谷栄一郎・西村重雄訳「ウェッレース弾劾 II」『キケロー選集 5』岩波書店，2001 年所収。

根本和子・川崎義和訳「アッティクス宛書簡集 I」『キケロー選集 13』岩波書店，2000 年所収。

高橋英海・大芝芳弘訳「アッティクス宛書簡集 II」『キケロー選集 14』岩波書店，2001 年所収。

高橋宏幸・五之治昌比呂・大西英文訳「縁者・友人宛書簡集 I」『キケロー選集 15』岩波書店，2002 年所収。

大西英文・兼利琢也訳「縁者・友人宛書簡集 II」『キケロー選集 16』岩波書店，

2002 年所収。

根本和子訳「弟クイントゥス宛書簡集」同上所収。

スエトニウス
国原吉之助訳「アウグストゥス」『ローマ皇帝伝 上』岩波文庫，1986 年所収。

国原吉之助訳「カエサル」同上所収。

(大)プリニウス
中野定雄・中野里美・中野美代訳『博物誌』Ⅰ-Ⅲ巻，雄山閣，1986 年。

(小)プリニウス
國原吉之助訳『プリニウス書簡集』講談社学術文庫，1993 年。

トゥキュディデス
藤縄謙三訳『歴史 1』京都大学学術出版会，2000 年。

プルタルコス
高橋秀訳「スッラ」『プルタルコス英雄伝 中』ちくま文庫，1996 年所収。

風間喜代三訳「キケロ」『プルタルコス英雄伝 下』ちくま文庫，1987 年所収。

吉村忠典訳「ポンペイウス」同上所収。

柳沼重剛訳「リュサンドロスとスラ」『プルタルコス英雄伝 3』京都大学学術出版会，2011 年所収。

柳沼重剛訳「ピュロスとマリウス」同上所収。

柳沼重剛訳「アゲシラオスとポンペイユス」『プルタルコス英雄伝 4』京都大学学術出版会，2015 年。

ホラティウス
鈴木一郎訳『歌集』『ホラティウス全集』玉川大学出版部，2001 年所収。

鈴木一郎訳『諷刺詩』同上所収。

ポリュビオス
城江良和訳『歴史 1〜4』京都大学学術出版会，2004〜2013 年。

リウィウス
岩谷智訳『ローマ建国以来の歴史 1』京都大学学術出版会，2008 年。

岩谷智訳『ローマ建国以来の歴史 2』京都大学学術出版会，2016 年。

毛利晶訳『ローマ建国以来の歴史 3』京都大学学術出版会，2008 年。

毛利晶訳『ローマ建国以来の歴史 4』京都大学学術出版会，2014 年。

安井萠訳『ローマ建国以来の歴史 5』京都大学学術出版会，2014 年。

吉村忠典・小池和子訳『ローマ建国以来の歴史 9』京都大学学術出版会，2012 年。

邦語文献(翻訳を含む)

合阪學・鷲田睦朗(2008)翻訳・註解『カティリーナの陰謀』大阪大学出版会。

浅香正(1994)「ポンペイ近郊における出土ウィラの一覧表とその研究課題」『古代學研究所研究紀要』4 号，53-87 頁。

浅香正(2000)「ポンペイ領における農業ウィッラ」『古代文化』52巻7号，17-28頁。

飯坂晃治(2014)『ローマ帝国の統治構造――皇帝権力とイタリア都市』北海道大学出版会。

石川勝二(1991)『古代ローマのイタリア支配』溪水社。

市川雅俊(1979)「ローマの軍隊」弓削達編『地中海世界』有斐閣新書所収，166-185頁。

岩井経男(1985/2000)「共和政ローマの植民政策――植民市建設と個人的土地分配」岩井(2000)所収(初出は1985年)，135-151頁。

岩井経男(1988/2000)「同盟市戦争後のイタリアをめぐる諸問題――ローマ市民権」岩井(2000)所収(初出は1988年)，107-131頁。

岩井経男(1994/2000)「ムニキピウム・ポンペイ(MUNICIPIUM POMPEIANUM)の再検討」岩井(2000)所収(初出は1994年)，203-221頁。

岩井経男(2000)『ローマ時代イタリア都市の研究』ミネルヴァ書房。

片岡輝夫(1986)「Livius Ⅷ, 14, 8とⅨ, 20, 10：ローマ初期の市民植民市Antiumの社会構造」片岡輝夫他『古代ローマ法研究と歴史諸科学』創文社所収，3-73頁。

K・グリーン(1986/1999)本村凌二監修　池口守・井上秀太郎訳『ローマ経済の考古学』平凡社。

M・ゲルツァー(1959/2013)長谷川博隆訳『ローマ政治家伝Ⅰ　カエサル』名古屋大学出版会。

R・サイム(1939/2013a)逸身喜一郎他訳『ローマ革命――共和政の崩壊とアウグストゥスの新体制』(上)岩波書店。

R・サイム(1939/2013b)逸身喜一郎他訳『ローマ革命』(下)岩波書店。

坂井聰(1993)「スッラによる退役兵入植とローマ植民市ポンペイの成立」『古代學研究所研究紀要』3号，37-58頁。

坂井聰(2016)「ポンペイはいつ埋没したのか――噴火の日付をめぐる論争」豊田浩志編『モノとヒトの新史料学――古代地中海世界と前近代メディア』勉誠出版所収，160-186頁。

桜井万里子・本村凌二(1997)『世界の歴史5　ギリシアとローマ』中央公論社。

篠崎三男(2013)『黒海沿岸の古代ギリシア植民市』東海大学出版会。

柴田光蔵(1974)「ローマ法における特示命令訴訟の一考察――キケローCiceroの「カエキーナ弁護論pro Caecina」をめぐって」『法学論叢』94巻3・4号，117-181頁。

島田誠(1990)「帝政期イタリアにおける都市パトロン」『西洋古典学研究』38号，73-82頁。

島田誠(1992)「元首政期のパトロキニウム」長谷川博隆編『古典古代とパトロネジ』名古屋大学出版会所収，219-236頁。

島田誠(1993)「ローマ都市におけるパトロネジとエウエルジェティズム」『東洋大学

紀要』(教養課程篇)32 号，1-15 頁。

新保良明(2016)『古代ローマの帝国官僚と行政――小さな政府と都市』ミネルヴァ書房。

砂田徹(1986)「前 88 年のスッラのローマ進軍について」『歴史学研究』559 号，16-25 頁。

砂田徹(1989)「「元老院最終決議」考――ローマ共和政末期における政治的殺人」『史学雑誌』98 編 8 号，1-35 頁。

砂田徹(1997)「共和政期ローマの社会・政治構造をめぐる最近の論争について――ミラーの問題提起(1984 年)以降を中心に」『史学雑誌』106 編 8 号，63-86 頁。

砂田徹(2006)『共和政ローマとトリブス制――拡大する市民団の編成』北海道大学出版会。

砂田徹(2008a)「「グラックス改革」再考――前 133 年の出来事をめぐる近年の研究から」『西洋史論集』11 号，1-26 頁。

砂田徹(2008b)「古代ローマのイタリア支配と戸口調査(ケンスス)――「ヘラクレアの青銅板」の検討を中心に」『西洋史研究』新輯 37 号，1-22 頁。

砂田徹(2015)「同盟市戦争後のケンスス(戸口調査)と文書行政の進展」『北海道大学文学研究科紀要』147 号，1-40 頁。

土井正興(1988)『新版　スパルタクスの蜂起――古代ローマの奴隷戦争』青木書店。

中川亜希(2017)「古代ローマ西方の聖域と社会」浦野聡編『古代地中海の聖域と社会』勉誠出版所収，173-218 頁。

長谷川博隆(1963/2001)「フレゲッラエの叛乱考――ローマ市民権とラテン市」長谷川(2001a)所収(初出は 1963 年)，298-411 頁。

長谷川博隆(1966/1971/2001)「プロウォカティオの権利をめぐる二，三の問題」長谷川(2001a)所収(1966 年および 1971 年の学会報告)，415-463 頁。

長谷川博隆(1976/2001)「キケロの法廷弁論にあらわれるコロヌス」長谷川(2001b)所収(初出は 1976 年)，104-169 頁。

長谷川博隆(1986/2001)「ローマ支配下のイタリアの貴族と民衆――同盟市の場合」長谷川(2001a)所収(初出は 1986 年)，464-471 頁。

長谷川博隆(2001a)『古代ローマの政治と社会』名古屋大学出版会。

長谷川博隆(2001b)『古代ローマの自由と隷属』名古屋大学出版会。

平田隆一(1982)『エトルスキ国制の研究』南窓社。

毛利晶(1995)「カプア・ミントゥルナエ出土の「マギステル碑文」と共和政期ローマのコンピトゥム祭儀」『西洋史学』178 号，59-69 頁。

毛利晶(2007)「古代ローマの municeps ――古代の学者が伝える定義の解釈を中心に」『史学雑誌』116 編 2 号，38-65 頁。

毛利晶(2009)「ローマによるカエレ併合と civitas sine suffragio(投票権なき市民権)の起源」『史学雑誌』118 編 4 号，39-63 頁。

毛利晶(2010a)「Tabulae Caeritum 考」『神戸大学文学部紀要』37 号，35-59 頁。

毛利晶(2010b)「古代ローマの市民権とケーンスス(戸口調査)——所謂 ius migrandi に考察の手掛かりを求めて」『西洋史研究』新輯 39 号，1-32 頁。

本村凌二(2011)『帝国を魅せる剣闘士——血と汗のローマ社会史』山川出版社。

T・モムゼン(1903/2006)長谷川博隆訳『ローマの歴史 Ⅲ』名古屋大学出版会(原著初版は 1855 年，翻訳の底本となっているのは 1903 年の第 9 版)。

安井萠(2005)『共和政ローマの寡頭政治体制——ノビリタス支配の研究』ミネルヴァ書房。

山田安彦(1999)『ケントゥリア地割と条理』大明堂。

吉原達也(2011)吉原訳／キケロ『カエキーナ弁護論』『広島法学』34 巻 2 号，71-83 頁，同 35 巻 1 号，111-126 頁，同 35 巻 2 号，217-231 頁。

吉原達也(2014)「キケロ『カエキーナ弁護論』における争点に関する一考察」『日本法學』80 巻 1 号，1-37 頁。

吉村忠典(1962-63/2003)「属州クリエンテーラと補助軍」吉村忠典『古代ローマ帝国の研究』岩波書店所収(初出は 1962-63 年)，79-123 頁。

吉村忠典(1981)『支配の天才ローマ人』三省堂。

米本雅一(2010)「キケロの『農地法について』における「歴史」の利用」『歴史家協会年報』6 号，1-17 頁。

U・ラッフィ(2003)田畑賀世子訳『古代ローマとイタリア』ピーザ。

R・リング(2005/2007)堀賀貴訳『ポンペイの歴史と社会』同成社。

欧語文献

(1)　雑誌略号は，*L'année philologique* による。
(2)　そのほかにも以下の略号を用いる。

OCD[4]: S. Hornblower/A. Spawforth (eds.), *The Oxford Classical Dictionary*, 4th ed., Oxford 2012.

RE: G. Wissowa *et al.* (eds.), *Paulys Real-Encyclopädie der classischen Altertumswissenschaft*, Stuttgart 1894-1980.

Alston, R. (2013), Augustan Imperialism, in D. Hoyos (ed.), *A Companion to Roman Imperialism*, Leiden/Boston 2013, 197-211.
Alston, R. (2015), *Rome's Revolution. Death of the Republic and Birth of the Empire*, Oxford.
Amodio, G. (1996), Sui *vici* e le circoscrizioni elettorali di Pompei, *Athenaeum* n. s. 84, 457-478.
Andreau, J. (1980), Pompéi: Mais où sont les vétérans de Sylla? *REA* 82, 183-199.
Badian, E. (1958), *Foreign Clientelae (264-70 B.C.)*, Oxford.

Badian, E. (1962/1964), Waiting for Sulla, in Badian, *Studies in Greek and Roman History*, New York 1964, 206-234 (= *JRS* 52, 1962, 47-61).

Badian, E. (1976), Lucius Sulla: The Deadly Reformer, in A. J. Dunston (ed.), *Essays on Roman Culture. The Todd Memorial Lectures*, Toronto 1976, 35-74.

Beloch, K. J. (1879/1890), *Campanien. Geschichte und Topographie des antiken Neapel und seiner Umgebung*, 2nd ed., Breslau.

Beloch, K. J. (1886/1979), *Die Bevölkerung der griechisch-römischen Welt*, Leipzig 1886 (New York 1979).

Beloch, K. J. (1926), *Römische Geschichte bis zum Beginn der punischen Kriege*, Berlin/Leipzig.

Benelli, E. (1994), *Le iscrizioni bilingui etrusco-latine*, Firenze.

Benelli, E. (2009), La società chiusina fra la guerra annibalica e l'età di Augusto. Osservazioni archeologiche ed epigrafiche, *Ostraka* 18, 303-322.

Berrendonner, C. (2003), L'Étrurie septentrionale entre la conquête et Auguste: des cités sans magistrats? in M. Cébeillac-Gervasoni/L. Lamoine (eds.), *Les élites et leurs facettes. Les élites locales dans le monde hellénistique et romain*, Roma 2003, 149-169.

Berry, D. H. (1996) (ed.), *Cicero. Pro P. Svlla Oratio*, Cambridge.

Bispham, E. (2006), *Coloniam deducere*: How Roman was Roman Colonization during the Middle Republic? in Bradley/Wilson (2006), 73-160.

Bispham, E. (2007), *From Asculum to Actium. The Municipalization of Italy from the Social War to Augustus*, Oxford.

Bispham, E. (2016a), The Social War, in Cooley (2016), 76-89.

Bispham, E. (2016b), The Civil Wars and the Triumvirate, in Cooley (2016), 90-102.

Blösel, W. (2015), The Etruscan and Italic *Clientelae* of Scipio Africanus Maior (Livy 28. 45) - A Fiction? in Jehne/Pina Polo (2015), 93-103.

Boak, A. E. R. (1916), The *magistri* of Campania and Delos, *CPh* 11, 25-45.

Boitani, F. *et al.* (1975), *Etruscan Cities*, London.

Borghi, R. (2002), *Chiusi*, Roma.

Bowman, A. K. *et al.* (eds.) (1996), *The Cambridge Ancient History* X, 2nd ed., Cambridge.

Bradley, G. (2007), Romanization. The End of the Peoples of Italy? in Bradley *et al.* (2007), 295-322.

Bradley, G./Wilson, J. -P. (eds.) (2006), *Greek and Roman Colonization: Origins, Ideologies and Interactions*, Swansea.

Bradley, G. *et al.* (eds.) (2007), *Regions without Boundaries*, Exeter.

Brennan, T. C. (1992), Sulla's Career in the Nineties; Some Reconsiderations, *Chiron* 22,

103–158.

Briscoe, J. (1981), *A Commentary on Livy Books XXXIV–XXXVII*, Oxford.

Broadhead, W. (2007), Colonization, Land Distribution, and Veteran Settlement, in Erdkamp (2007), 148–163.

Broughton, T. R. S. (1951), *The Magistrates of the Roman Republic* I, New York.

Broughton, T. R. S. (1952), *The Magistrates of the Roman Republic* II, New York.

Brunt, P. A. (1971/1987), *Italian Manpower 225 B. C.–A. D. 14*, Oxford (with a postscript).

Bruun, P. *et al.* (eds.) (1975), *Studies in the Romanization of Etruria*, Roma.

Bulst, C. M. (1964), "*Cinnanum Tempus*": A Reassessment of the "*Dominatio* of Cinnae", *Historia* 13, 307–337.

Buonocore, M. (1998), Un'inedita testimonianza di *munificentia* femminile a Teramo, *Athenaeum* n. s. 86, 463–467.

Buonocore, M. (2009), Istituzioni e famiglie di *Arretium* romana, in Camporeale/Firpo (2009), 187–196.

Cagniart, P. (2007), The Late Republican Army (146–30 BC), in Erdkamp (2007), 80–95.

Camodeca, G. (1987), Nuovi dati sui senatori romani d'origine puteolana, *Puteoli* 11, 1987, 13–36.

Camodeca, G. (1991), La colonizzazione dal II secolo a. C. all'età imperiale, in *Soria del Mezzogiorno* I-2, Napoli 1991, 11–39.

Campbell, B. (2000), *The Writings of the Roman Land Surveyors. Introduction, Text, Translation and Commentary*, London.

Camporeale, G. (2009), Arezzo in età etrusca: Profilo storico, in Camporeale/Firpo (2009), 55–82.

Camporeale, G./Firpo, G. (eds.) (2009), *Arezzo nell'antichità*, Roma.

Capdeville, G. (1997), I Cecina e Volterra, in *Aspetti della cultura di Volterra etrusca fra l'età del ferro e l'età ellenistica e contributi della ricerca antropologica alla conoscenza del popolo etrusco*, Firenze.

Carella, V. (2002), L'*ager Campanus* dopo Cesare, in Franciosi (2002b), 287–304.

Carlsen, J. (2009), Land, Labour and Legislation in Late Republican Italy, in J. Carlsen/E. Lo Cascio (eds.), *Agricoltura e scambi nell'Italia tardo-repubblicana*, Bari 2009, 303–315.

Castrén, P. (1975/1983), *Ordo populusque Pompeianus: Polity and Society in Roman Pompeii*, 2nd ed., Roma.

Cébeillac - Gervasoni, M. (ed.) (1996), *Les élites municipales de l'Italie péninsulaire des Gracques à Néron*, Napoli/Roma.

Chouquer, G./Favory, F. (1987), Reconnaissance morphologique des cadastres antiques

de l'aire latio-campanienne, in G. Chouquer *et al.*, *Structures agraires en Italie centro-méridionale. Cadastres et paysages ruraux*, Roma 1987, 79–258.

Ciampoltrini, G. (1981), Note sulla colonizzazione augustea nell'Etruria settentrionale, *SCO* 31, 41–55.

Ciampoltrini, G. (1984), Senatori aretini, in M. G. Marzi Costagli/L. Tamagno Perna (eds.), *Studi di antichità in onore di G. Maetzke* III, Roma 1984, 503–507.

Coarelli, F. (2000), Pompei: Il foro, le elezioni, le circoscrizioni elettorali, *AION* n. s. 7, 87–111.

Cooley, A. E. (ed.) (2016), *A Companion to Roman Italy*, Oxford.

Cornell, T. J. (1988), Review of Keaveney's *Rome and the Unification of Italy*, *JRS* 78, 202–205.

Cornell, T. J. (1995), *The Beginnings of Rome. Italy and Rome from the Bronze Age to the Punic Wars (c. 1000–264 BC)*, London.

Crawford, M. H. (1989), The Lex Iulia Agraria, *Athenaeum* n. s. 67, 179–190.

Crawford, M. H. (1996a), Italy and Rome from Sulla to Augustus, in Bowman *et al.* (1996), 414–433.

Crawford, M. H. (ed.) (1996b), *Roman Statutes* I–II, London 1996.

Cristofani, M. *et al.* (eds.) (1975), *Urne volterrane 1. I complessi tombali* (*Corpus delle urne etrusche di età ellenistica 1*), Firenze.

Crook, J. A. *et al.* (eds.) (1994), *The Cambridge Ancient History* IX, 2nd ed., Cambridge.

Dahlheim, W. (1993), Der Staatsstreich des Konsuls Sulla und die römische Italienpolitik der achtziger Jahre, in J. Bleicken (ed.), *Colloquium aus Anlaß des 80. Geburtstages von Alfred Heuss*, Kallmünz 1993, 97–116.

D'Arms, J. H. (1974), Tacitus, *Histories* 4. 13 and the Municipal Origins of Hordeonius Flaccus, *Historia* 23, 497–504.

Dart, C. J. (2014), *The Socil War, 91 to 88 BCE. A History of the Italian Insurgency against the Roman Republic*, Farnham.

De Blois, L. (1994), Sueton, *Aug.* 46 und die Manipulation des mittleren Militärkaders als politisches Instrument, *Historia* 43, 324–345.

De Blois, L. (2000), Army and Society in the Late Roman Republic: Professionalism and the Role of the Military Middle Cadre, in G. Alföldy *et al.* (eds.), *Kaiser, Heer und Gesellschaft in der Römischen Kaiserzeit*, Stuttgart 2000, 11–31.

De Blois, L. (2007), Army and General in the Late Roman Republic, in Erdkamp (2007), 164–179.

Degrassi, A. (1949/1962), Quattuorviri in colonie romane e in municipi retti da duoviri, *MAL* 8.2, 1949, 281–344 (= Degrassi, *Scritti vari di antichità* I, Roma 1962, 99–177).

Deniaux, E. (1991), Les recommandations de Cicéron et la colonisation césarienne: les

terres de Volterra, *CCGG* 2, 215–228.

D'Isanto, G. (1993), *Capua romana. Ricerche di prosopografia e storia sociale*, Roma.

Dobbins, J. J./Foss, P. W. (eds.) (2007), *The World of Pompeii*, London/New York.

Drummond, A. (2000), Rullus and the Sullan *possessores*, *Klio* 82, 126–153.

Dudley, D. R. (1941), Blossius of Cumae, *JRS* 31, 94–99.

Dyson, S. L. (1992), *Community and Society in Roman Italy*, Baltimore/London.

Dzino, D. (2002), *Annus mirabilis*: 70 BC Re-Examined, *Ancient History* 32, 99–117.

Eilers, C. (2015), Change and Decline in Civic Patronage of the High Empire, in Jehne/Pina Polo (2015), 321–335.

Erdkamp, P. (ed.) (2007), *A Companion to the Roman Army*, Oxford.

Farney, G. D. (2007), *Ethnic Identity and Aristocratic Competition in Republican Rome*, Cambridge.

Ferrary, J. - L. (1988), *Rogatio Servilia agraria*, *Athenaeum* n. s. 66, 141–164.

Firpo, G. (2009), *Status* di *Arretium* in età tardorepubblicana e imperiale, in Camporeale/Firpo (2009), 177–185.

Flambard, J. - M. (1983), Les collèges et les élites locales à l'époque républicaine d'après l'exemple de Capoue, in M. Cébeillac - Gervasoni (ed.), *Les «Bourgeoisies» municipales italiennes aux IIe et Ier siècle av. J. - C.*, Paris/Napoli 1983, 75–89.

Franciosi, G. (2002a), I Gracchi, Silla e l'*ager Campanus*, in Franciosi (2002b), 229–248.

Franciosi, G. (ed.) (2002b), *La romanizzazione della Campania antica* I, Napoli.

Franklin, J. (2007), Epigraphy and Society, in Dobbins/Foss (2007), 518–525.

Frederiksen, M. (1959/1984), Economy and Society in Republican Capua, in Frederiksen (1984), 285–318 (= *PBSR* 27, 1959).

Frederiksen, M. (ed. by N. Purcell) (1984), *Campania*, Roma 1984.

Frier, B. W. (1971), Sulla's Propaganda: The Collapse of the Cinnan Republic, *AJPh* 92, 585–604.

Frier, B. W. (1985), *The Rise of the Roman Jurists. Studies in Cicero's* pro Caecina, Princeton.

Fronda, M. P. (2010), *Between Rome and Carthage. Southern Italy during the Second Punic War*, Cambridge.

Gabba, E. (1951/1976), The Roman Professional Army from Marius to Augustus, in Gabba (1976), 20–69, 181–214 (= Gabba, Ricerche sull'esercito professionale romano da Mario ad Augusto, *Athenaeum* n. s. 29, 1951, 171–272).

Gabba, E. (1954/1976), The Origins of the Social War and Roman Politics after 89 BC, in Gabba (1976), 70–130, 214–250 (= Gabba, Le origini della Guerra Sociale e la vita politica romana dopo l'89 a. C., *Athenaeum* n. s. 32, 1954, 41–114, 293–345).

Gabba, E. (ed.) (1958), *Appiani Bellorum Civilium liber primus*, Fireze.

Gabba, E. (1959), Sui senati delle città siciliane nell'età di Verre, *Athenaeum* n. s. 37, 304–320.

Gabba, E. (1966/1973), Nota sulla rogatio agraria di P. Servilio Rullo, in Gabba, *Esercito e società nella tarda Repubblica romana*, Firenze 1973, 449–458 (= *Mélanges d'Archéologie et d'Histoire offerts à A. Piganiol*, Paris 1966, 769–775).

Gabba, E. (tr. by P. J. Cuff) (1976), *Republican Rome, the Army and the Allies*, Oxford.

Galsterer, H. (2006), Rom und Italien vom Bundesgenossenkrieg bis zu Augustus, in Jehne/Pfeilschifter (2006), 293–308.

Gehrke, H. - J. (1983), Zur Gemeindeverfassung von Pompeji, *Hermes* 111, 471–490.

Guidobaldi, M. P. (1995), *La romanizzazione dell'*ager Praetutianus *(secoli III–I a. C.)*, Napoli.

Guidobaldi, M. P. (2001), Transformation and Continuities in a Conquered Territory: The Case of the *Ager Praetutianus*, in Keay/Terrenato (2001), 85–90.

Hampl, F. (1952), Zur römischen Kolonisation in der Zeit der ausgehenden Republik und des frühen Prinzipates, *RhM* 95, 52–78.

Hardie, C. (1965), The Origin and Plan of Roman Florence, *JRS* 55, 122–140.

Hardy, E. G. (1924/1976), *The Catilinarian Conspiracy in Its Context: A Re-Study of the Evidence*, Oxford.

Harris, W. V. (1971), *Rome in Etruria and Umbria*, Oxford.

Harvey, P. B. (1973), Socer Valgus, Valgii and C. Quinctius Valgus, in E. N. Borza/R. W. Carrubba (eds.), *Classics and the Classical Tradition. Essays Presented to Robert E. Dengler on the Occasion of His Eightieth Birthday*, Pennsylvania 1973, 79–94.

Harvey, P. B. (1981), Cicero, Consius, and Capua: I. The *nomen* Consius Cic. *leg. agr.* 2. 92–93, *Athenaeum* n. s. 59, 299–316.

Harvey, P. B. (1982), Cicero, Consius, and Capua: II. Cicero and M. Brutus' Colony, *Athenaeum* n. s. 60, 145–171.

Hayne, L. (1972), M. Lepidus (cos. 78): A Re-appraisal, *Historia* 21, 661–668.

Haynes, S. (2000), *Etruscan Civilization. A Cultural History*, Los Angeles.

Heurgon, J. (1939), Les *magistri* des collèges et le relèvement de Capoue de 111 à 71 avant J.- C., *MEFR* 56, 5–27.

Hillman, T. P. (1998), Pompeius' Imperium in the War with Lepidus, *Klio* 80, 91–110.

Hinard, F. (1985), *Les proscriptions de la Rome républicaine*, Roma.

Hohti, P. (1975), Aulus Caecina the Volaterran. Romanization of an Etruscan, in Bruun *et al.* (1975), 405–433.

Jehne, M./Pfeilschifter, R. (eds.) (2006), *Herrschaft ohne Integration? Rom und Italien in republikanischer Zeit*, Frankfurt am Main.

Jehne, M./Pina Polo, F. (eds.) (2015), *Foreign* clientelae *in the Roman Empire. A*

Reconsideration, Stuttgart.

Jongman, W. M. (1991), *The Economy and Society of Pompeii*, Amsterdam.

Jongman, W. M. (2007), The Loss of Innocence: Pompeian Economy and Society between Past and Present, in Dobbins/Foss (2007), 499-517.

Kaiser, A. (2000), *The Urban Dialogue. An Analysis of the Use of Space in the Roman City of Empúries, Spain*, Oxford.

Katz, B. R. (1975), The First Fruits of Sulla's March, *AC* 44, 100-125.

Katz, B. R. (1976), The Siege of Rome in 87 B. C., *CP* 71, 328-336.

Keaveney, A. (1982a), Young Pompey: 106-79 B. C., *AC* 51, 111-139.

Keaveney, A. (1982b), Sulla and Italy, *SC* 19, 499-544.

Keaveney, A. (1982c), *Sulla. The Last Republican*, London/Canberra.

Keaveney, A. (1987), *Rome and the Unification of Italy*, London.

Keaveney, A. (2005), *Sulla. The Last Republican*, 2nd ed., London/New York.

Keaveney, A. (2007), *The Army in the Roman Revolution*, London/New York.

Keay, S. /Terrenato, N. (eds.) (2001), *Italy and the West: Comparative Issues in Romanization*, Oxford.

Keppie, L. (1983), *Colonisation and Veteran Settlement in Italy 47-14 B. C.*, Rome.

Keppie, L. (1984), *The Making of the Roman Army from Republic to Empire*, London.

Keppie, L. (1996), The Army and the Navy, in Bowman *et al.* (1996), 371-396.

Konrad, C. F. (2006), From the Gracchi to the First Civil War (133-70), in Rosenstein/Morstein-Marx (2006), 167-189.

Labruna, L. (1975), *Il console 'sovversivo'. Marco Emilio Lapido e la sua rivolta*, Napoli 1975.

Laurence, R. (1994), *Roman Pompeii. Space and Society*, London/New York.

Laurence, R. *et al.* (2011), *The City in the Roman West c. 250 BC - c. AD 250*, Cambridge.

Lepore, E. (1950/1989), Orientamenti per la storia sociale di Pompei, in *Pompeiana. Raccolta di studi per il secondo centenario degli scavi di Pompei*, Napoli 1950, 144-166 (= Lepore, *Origini e strutture della Campania antica*, Bologna 1989, 123-146).

Ling, R. (2007), Development of Pompeii's Public Landscape in the Roman Period, in Dobbins/Foss (2007), 119-128.

Lintott, A. W. (1994), Political History, 146-95 B.C., in Crook *et al.* (1994), 40-103.

Lo Cascio, E. (1996), Pompei dalla città sannitica alla colonia sillana: le vicende istituzionali, in Cébeillac-Gervasoni (1996), 111-123.

Lo Cascio, E. (2001), Il *census* a Rome e la sua evoluzione dall'età《Serviana》alla prima età imperiale, *MEFRA* 113, 565-603.

Lomas, K. (2003), Public Building, Urban Renewal and Euergetism in Early Imperial

Italy, in K. Lomas/T. Cornell (eds.), *'Bread and Circuses'. Euergetism and Municipal Patronage in Roman Italy*, London/New York 2003, 28-45.

Lomas, K. (2004/2014), Italy during the Roman Republic, 338-31 B. C., in H. I. Flower (ed.), *The Cambridge Companion to the Roman Republic*, 2nd ed., Cambridge 2014, 233-259.

Lopes Pegna, M. (1974), *Firenze dalle origini al medioevo*, 2nd ed., Firenze.

Lovano, M. (2002), *The Age of Cinna: Crucible of Late Republican Rome*, Stuttgart.

Malitz, J. (trans. and comm.) (2003), *Nikolaos von Damaskus: Leben des Kaisers Augustus*, Darmstadt.

Mansuelli, G. A. (1993), Problemi delle fonti antiche letterarie ed epigrafiche relative al territorio clusino, in *La civiltà di Chiusi e del suo territorio. Atti del XVII convegno di studi etruschi ed italici*, Firenze 1993, 39-52.

Manzo, A. (2002), L'*ager Campanus*: Dalla *deditio* di Capua alla redazione *forma agri Campani* di Publio Cornelio Lentulo, in Franciosi (2002b), 125-159.

Marshall, B./Beness, J. L. (1987), Tribunician Agitation and Aristocratic Reaction 80-71 B. C., *Athenaeum* n. s. 65, 361-378.

Mason, H. J. (1974), *Greek Terms for Roman Institutions*, Toronto.

May, J. M. (2002), Cicero: His Life and Career, in J. M. May (ed.), *Brill's Companion to Cicero. Oratory and Rhetoric*, Leiden 2002, 1-21.

McGushin, P. (1977), *C. Sallustius Crispus. Bellum Catilinae. A Commentary*, Leiden.

McGushin, P. (1992), *Sallust. The Histories* I, Oxford.

McGushin, P. (1994), *Sallust. The Histories* II, Oxford.

Meier, C. (1980), *Res publica amissa. Eine Studie zu Verfassung und Geschichte der späten römischen Republik*, 2nd ed., Wiesbaden.

Minieri, L. (2002), La colonizzazione di Capua tra l'84 e il 59 a. C., in Franciosi (2002b), 249-267.

Mommsen, T. (1883/1908), Die italischen Bürgercolonien von Sulla bis Vespasian, *Hermes* 18, 1883, 161-213 (= Mommsen, *Gesammelte Schriften* V, Berlin 1908, 203-253).

Mommsen, T. (1887/1908), Die römische Tribuseintheilung nach dem marsischen Krieg, in Mommsen, *Gesammelte Schriften* V, Berlin 1908 (Zürich/Hildesheim 1994), 262-267 (= *Hermes* 22, 1887, 101-106).

Moormann, E. M. (2007), Villas Surrounding Pompeii and Herculaneum, in Dobbins/Foss (2007), 435-454.

Morstein-Marx, R. (2004), *Mass Oratory and Political Power in the Late Roman Republic*, Cambridge.

Mouritsen, H. (1988), *Elections, Magistrates and Municipal Elite. Studies in Pompeian*

Epigraphy, Roma.
Munzi, M. /Terrenato, N. (1994), La colonia di Volterra. La prima attestazione epigrafica ed il quadro storico e archeologico, *Ostraka* 3-1, 31–42.
Nicolet, C. (1974), *L'ordre équestre à l'époque républicaine (312–43 av. J.- C.)* II, Paris.
Nielsen, M. (2013), The Last Etruscans: Family Tombs in Northern Etruria, in J. M. Turfa (ed.), *The Etruscan World*, London/New York 2013, 180–193.
Odahl, C. M. (2010), *Cicero and the Catilinarian Conspiracy*, New York/London.
Oliviero, G. M. (2002), La riforma agraria di Cesare e l'*ager Campanus*, in Franciosi (2002b), 269–286.
Onorato, G. O. (1951), Pompei municipium e colonia romana, *RAAN* 26, 115–156.
Pack, E./Paolucci, G. (1987), Tituli Clusini. Nuove iscrizioni e correzioni all'epigrafia latina di Chiusi, *ZPE* 68, 159–191.
Pais, E. (1923), *Storia della colonizzazione di Roma antica* I, Roma 1923.
Pani, M. (1991), Colonia Vibina, *ZPE* 87, 125–131.
Parslow, C. (2007), Entertainment at Pompeii, in Dobbins/Foss (2007), 212–223.
Pasquinucci, M./Menchelli, S. (1999), The Landscape and Economy of the Territories of *Pisae* and *Volaterrae* (Coastal North Etruria), *JRA* 12, 122–141.
Patterson, J. R. (2006a), Colonization and Historiography: the Roman Republic, in Bradley/Wilson (2006), 189–218.
Patterson, J. R. (2006b), Rome and Italy, in Rosenstein/Morstein-Marx (2006), 606–624.
Patterson, J. R. (2012), Contact, Co-operation, and Conflict in Pre-Social War Italy, in Roselaar (2012), 215–226.
Patterson, J. R. (2016), Local Elites, in Cooley (2016), 483–497.
Pfiffig, A. J. (1966), *Die Ausbreitung des römischen Städtewesens in Etrurien und die Frage der Unterwerfung der Etrusker*, Firenze.
Pfiffig, A. J. (1979), Sulla, Etrurien und das römische Bürgerrecht, *GB* 8, 141–152.
Pina Polo, F. (1995), Procedures and Functions of Civil and Military *contiones* in Rome, *Klio* 77, 203–216.
Pobjoy, M. (1997), The Decree of the *pagus Herculaneus* and the Romanisation of 'Oscan' Capua, *Arctos* 31, 175–195.
Porena, P. (2009), Gaio Cilnio Mecenate, in Camporeale/Firpo (2009), 197–204.
Pozzi, E. (1913/14), Studi sulla guerra civile Sillana, *Atti della Reale Accademia delle Scienze di Torino* 49, 641–679.
Quilici, L./Quilici Gigli, S. (1993), Sulle fortificazioni di Tusculum, *Archeologia Laziale* 11, 245–269.
Rawson, E. (1978/1991), Caesar, Etruria, and the *Disciplina Etrusca*, in E. Rawson, *Roman Culture and Society. Collected Papers*, Oxford 1991, 289–323 (= *JRS* 68,

1978, 132-152).

Roselaar, S. T. (2010), *Public Land in the Roman Republic. A Social and Economic History of* Ager Publicus *in Italy, 396-89 BC*, Oxford.

Roselaar, S. T. (2016), State-Organised Mobility in the Roman Empire: Legionaries and Auxiliaries, in L. de Ligt/L. E. Tacoma (eds.), *Migration and Mobility in the Early Roman Empire*, Leiden/Boston 2016, 138-157.

Roselaar, S. T. (ed.) (2012), *Processes of Integration and Identity Formation in the Roman Republic*, Leiden/Boston.

Rosenstein, N./Morstein-Marx, R. (eds.) (2006), *A Companion to the Roman Republic*, Oxford.

Rudolph, H. (1935/1965), *Stadt und Staat im römischen Italien. Untersuchungen über die Entwicklung des Munizipalwesens in der republikanischen Zeit*, Göttingen.

Ruoff-Väänänen, E. (1975a), The *civitas Romana*-Areas in Etruria before the Year 90 B. C., in Bruun *et al.* (1975), 31-68.

Ruoff-Väänänen, E. (1975b), The Etruscans and the *civitas Romana* Problems during the Years 91-84 B.C., in Bruun *et al.* (1975), 69-83.

Sacchi, O. (2002), L'ager Campanus fino alla deditio dei 211 a. C., in Franciosi (2002b), 19-86.

Sacchi, O. (2012), Settlement Structures and Institutional 'Continuity' in Capua until the *deductio coloniaria* of 59 BC, in Roselaar (2012), 273-288.

Salmon, E. T. (1964), Sulla redux, *Athenaeum* n. s. 42, 60-79.

Salmon, E. T. (1969), *Roman Colonization under the Republic*, London.

Salmon, E. T. (1982), *The Making of Roman Italy*, London.

Santangelo, F. (2007), *Sulla, the Elites and the Empire. A Study of Roman Policies in Italy and the Greek East*, Leiden/Boston.

Santangelo, F. (2014), Roman Politics in the 70s B. C.: A Story of Realignments? *JRS* 104, 1-27.

Santangelo, F. (2016), Performing Passions, Negotiating Survival: Italian Cities in the Late Republican Civil Wars, in H. Börm *et al.* (eds.), *Civil War in Ancient Greece and Rome*, Stuttgart 2016, 127-148.

Savino, E. (1998), Note su Pompei colonia sillana: popolazione, strutture agrarie, ordinamento istituzionale, *Athenaeum* n. s. 86, 439-460.

Scardigli, B. (1983), Grani Liciniani reliquiae. *Introduzione, commento storico e traduzione*, Firenze.

Schanz, M./Hosius, C. (1922/1969), *Geschichte der römischen Literatur* III, München.

Scheidel, W. (2006), The Demography of Roman State Formation in Italy, in Jehne/Pfeilschifter (2006), 207-226.

Seager, R. (1979/2002), *Pompey the Great. A Political Biography*, 2nd ed., Oxford.

Seager, R. (1994a), Sulla, in Crook *et al.* (1994), 165–207.

Seager, R. (1994b), The Rise of Pompey, in Crook *et al.* (1994), 208–228.

Shackleton Bailey, D. R. (ed.) (1965), *Cicero's Letters to Atticus* I, Cambridge.

Shackleton Bailey, D. R. (1976), *Two Studies in Roman Nomenclature*, New York.

Shackleton Bailey, D. R. (ed.) (1977), *Cicero: Epistulae ad familiares* II, Cambridge.

Sherwin-White, A. N. (1939/1973), *The Roman Citizenship*, 2nd ed., Oxford.

Smith, C. (2007), Latium and the Latins. The Hinterland of Rome, in Bradley *et al.* (2007), 161–178.

Solin, H. (1990), Republican Capua, in H. Solin/M. Kajava (eds.), *Roman Eastern Policy and Other Studies in Roman History. Proceedings of a Colloquium at Tvärminne 2–3 October 1987*, Helsinki 1990, 151–162.

Sordi, M. (2009), Roma, l'Etruria e *Arretium* nel I secolo a. C., in Camporeale/Firpo (2009), 169–175.

Stewart, R. (1995), Catiline and the Crisis of 63–60 B. C.: The Italian Perspective, *Latomus* 54, 62–78.

Strisino, J. (2002), Sulla and Scipio 'not to be trusted'? The Reasons why Sertorius captured Suessa Aurunca, *Latomus* 61, 33–40.

Sumner, G. V. (1963), The Last Journey of L. Sergivs Catilina, *CPh* 58, 215–219.

Suolahti, J. (1955), *The Junior Officers of the Roman Army in the Republican Period. A Study on Social Structure*, Helsinki.

Syme, R. (1955), Missing Senators, *Historia* 4, 52–71.

Syme, R. (1961/1979), Who was Vedius Pollio? in Syme, *Roman Papers* II, Oxford 1979, 518–529 (= *JRS* 51, 1961, 23–30).

Syme, R. (1964), *Sallust*, Berkeley.

Syme, R. (ed. by F. Santangelo) (2016), *Approaching the Roman Revolution. Papers on Republican History*, Oxford.

Talbert, R. J. A. (ed.) (2000), *Barrington Atlas of the Greek and Roman World*, Princeton/Oxford.

Tatum, W. J. (2006), The Final Crisis (69–44), in Rosenstein/Morstein-Marx (2006), 190–211.

Taylor, L. R. (1960), *The Voting Districts of the Roman Republic. The Thirty-five Urban and Rural Tribes*, Rome.

Terrenato, N. (1998), *Tam firmum municipium*: The Romanization of Volaterrae and Its Cultural Implications, *JRS* 88, 94–114.

Terrenato, N. (2001), The Tale of Three Cities: The Romanization of Northern Coastal Etruria, in Keay/Terrenato (2001), 54–67.

Thein, A. (2011), Sulla's Veteran Settlement Policy, in F. Daubner (ed.), *Militärsiedlungen und Territorialherrschaft in der Antike*, Berlin/New York 2011, 79-99.

Thein, A. (2016), Booty in the Sullan Civil War of 83-82 B. C., *Historia* 65, 450-472.

Toher, M. (trans. and comm.) (2017), *Nicolaus of Damascus: The Life of Augustus and the Autobiography*, Cambridge.

Torelli, M. (1969), Senatori etruschi della tarda repubblica e dell'impero, *DdA* 3, 285-363.

Torelli, M. (1977), Senatori etruschi della tarda repubblica e dell'impero: qualche *addendum*, *Arheološki vestnik* 28, 251-254.

Torelli, M. (1982/1995), Entry into the Senate and Ties with the Italian Territory of Origin: *Regio VII* (Etruria), in M. Torelli (tr. by H. Fracchia/M. Gualtieri), *Studies in the Romanization of Italy*, Edmonton 1995, 43-77 (= Torelli, Ascesa al senato e rapporti con i territori d'origine: Italia: regio VII (Etruria), in *Epigrafia e ordine senatorio* II, *Tituli* V, Roma 1982, 275-299).

Tweedie, F. C. (2011), The Case of the Missing Veterans: Roman Colonisation and Veteran Settlement in the Second Century B. C., *Historia* 60, 458-473.

Weber, V. (1975), Entstehung und Rechtsstellung der römischen Gemeinde Pompeji, *Klio* 57, 179-206.

Weigel, R. D. (1992), *Lepidus. The Tarnished Triumvir*, London/New York.

Welch, K. (1994), The Roman Arena in Late-Republican Italy: A New Interpretation, *JRA* 7, 59-80.

Wiseman, T. P. (1969), The Census in the First Century B. C., *JRS* 59, 59-75.

Wiseman, T. P. (1971), *New Men in the Roman Senate 139 B. C.- A. D. 14*, Oxford.

Wiseman, T. P. (1994), The Senate and the *populares*, 69-60 B. C., in Crook *et al.* (1994), 327-367.

Zanker, P. (1988), *Pompeji. Stadtbilder als Spiegel von Gesellschaft und Herrschaftsform*, Mainz.

Zanker, P. (trans. by D. L. Schneider) (1998), *Pompeii. Public and Private Life*, Cambridge, MA/London.

Zevi, F. (1995), Personaggi della Pompei sillana, *PBSR* 63, 1-24.

Zevi, F. (1996), Pompei dalla città sannitica alla colonia sillana: per un'interpretazione dei dati archeologici, in Cébeillac-Gervasoni (1996), 125-138.